The
Letters
of
Jane
Austen

简·奥斯汀
书信集

[英] 简·奥斯汀 ◎ 著

汪 燕 ◎ 译

华东师范大学出版社

·上海·

图书在版编目（CIP）数据

简·奥斯汀书信集/（英）简·奥斯汀著；汪燕译. —
上海：华东师范大学出版社，2023
（简·奥斯汀全集）
ISBN 978 - 7 - 5760 - 3706 - 7

Ⅰ. ①简… Ⅱ. ①简…②汪… Ⅲ. ①奥斯汀（Austen，
Jane 1775-1817）—书信集 Ⅳ. ①K835. 615. 6

中国国家版本馆 CIP 数据核字（2023）第 042884 号

简·奥斯汀书信集

著　　者　［英］简·奥斯汀
译　　者　汪　燕
策划编辑　彭　伦
责任编辑　陈　斌
审读编辑　许　静
责任校对　姜　峰　　时东明
装帧设计　卢晓红

出版发行　华东师范大学出版社
社　　址　上海市中山北路 3663 号　邮编 200062
网　　址　www. ecnupress. com. cn
电　　话　021 - 60821666　行政传真 021 - 62572105
客服电话　021 - 62865537　门市（邮购）电话 021 - 62869887
地　　址　上海市中山北路 3663 号华东师范大学校内先锋路口
网　　店　http://hdsdcbs. tmall. com

印 刷 者　上海颛辉印刷厂有限公司
开　　本　889 毫米×1194 毫米　1/32
印　　张　11.375
字　　数　251 千字
版　　次　2023 年 6 月第一版
印　　次　2023 年 6 月第一次
书　　号　ISBN 978 - 7 - 5760 - 3706 - 7
定　　价　78.00 元

出 版 人　王　焰

（如发现本版图书有印订质量问题，请寄回本社客服中心调换或电话 021 - 62865537 联系）

简·奥斯汀（Jane Austen, 1775—1817）

简·奥斯汀家谱图。

目　录

译者序

熟悉简·奥斯汀的读者一定不会对书信感到陌生。奥斯汀的每部小说都包含书信，书中的人物通过书信传递信息，表达内心的想法，真实自然地推动了故事的发展。

《傲慢与偏见》中有二十多封完整书信，另有十来封夹杂在叙事中的信件，其中最长且最重要的，当然是达西在求婚被拒后写给伊丽莎白的解释信。《理智与情感》中情意绵绵的玛丽安到达伦敦后接连给威洛比写了三封信，渴望与他相见，得到他的解释与承诺，却只收到冷淡的回复，以及返还的信件与一缕头发，让她心痛不已。

《爱玛》中的贝茨小姐会为每个客人仔细阅读外甥女简·费尔法克斯的每一封来信。一次她先为简"写了这么短的信"向爱玛道歉，因为"几乎算不上两页纸"；再解释"她总是写满一张纸，再在反面交叉着写半张"。因为字实在太小，她会"仔仔细细地看，直到认出每一个字"。《曼斯菲尔德庄园》中自私倦惰，始终处于半醒状态的伯特伦夫人酷爱写信，"形成了自己的一套值得赞赏、平淡琐碎、洋洋洒洒的风格，因此一件很小的事情对她而言已经足够"。

书信是简·奥斯汀时代信息交流的重要方式，通过书信和亲人朋友保持联系也是女性家庭责任的重要方面。简·奥斯汀的侄女卡罗琳从未见过姑妈写小说，却常常看见她在客厅的写字桌前写信。

简·奥斯汀一生书写的信件可能多达数千封，但保留下来的只有161封，其中大部分是写给姐姐卡桑德拉的。卡罗琳在《我的姑妈简·奥斯汀》（1867）中提到，写给卡桑德拉姑妈的信一定"坦诚又私密"，然而卡桑德拉在去世前两三年烧掉了大部分信件。她将剩余书信交给了奥斯汀最爱的侄女范尼，即后来的纳奇布尔夫人。1882年范尼去世，她的儿子布雷伯恩勋爵将继承的94封奥斯汀书信及其他信件加以整理和说明，于1884年出版了《简·奥斯汀书信集》。

奥斯汀的其他后代也逐渐同意让她的信件进入公众视野，最终授权罗伯特·威廉·查普曼（1881—1960）出版了《简·奥斯汀书信集》（1952），而迪尔德丽·勒·费耶（1933—2020）在1995年所做的第三版更新最受认可。

此奥斯汀书信集包含99封信件，源于以勒·费耶版本为基础的牛津世界经典丛书之《简·奥斯汀书信选集》（2009），以及剑桥大学出版社重印的布雷伯恩勋爵版《简·奥斯汀书信集》（2009），包括两本书信集共同收藏的59封信，另有31封单独选自牛津版，9封单独选自剑桥版。其中写给卡桑德拉的信件有55封，还有4封分别由出版商、读者和卡桑德拉书写。简·奥斯汀的95封信书写时间为1796年1月9—10日至1817年5月28—29日，跨越了她短暂人生的后半段。

在当时的英国，马车与公路体系迅速发展，邮政业已经非常高效发达。因为邮资不低且按页收费，由收件人支付，为使收信人感到物有所值，写信者通常以最小的字体将信件的正反两页写满，不分段落以节省空间。奥斯汀多次夸赞姐姐字迹小而娟秀、内容满满的书信，同时对自己可能字迹过大或未写满信纸而解释或道歉。为方便阅读，此书信集主要沿用剑桥版的分段式排版；同时保留个别牛津版的大段书信风格，给读者以较为真实的阅读体验。

最早的两封信写于 1796 年 1 月，记录了简·奥斯汀的一段短暂爱情经历。当时刚过 20 岁的简·奥斯汀显然对和自己年龄相差不到一个月的汤姆·勒弗罗伊一见倾心。她得意地让姐姐"自己想象跳舞和坐在一起时最轻浮放荡，令人震惊的所有行为"，虽然她知道汤姆一个星期后将要离开村子。奥斯汀调侃穿了浅色晨礼服的汤姆一定受了伤，告诉姐姐"的确希望在晚上得到我朋友的求婚。不过，我会拒绝他，除非他答应送走那件白色外套"。她在舞会上对别的仰慕者毫不在意，"只想把我的未来交给汤姆·勒佛伊先生"。然而汤姆听从家人的要求很快离开，留下给姐姐写信的奥斯汀"想到这件悲伤的事情泪如泉涌"。年轻的简·奥斯汀第一次体会到贫穷对爱情的致命打击。

之后的简·奥斯汀继续兴致勃勃地参加各种乡村舞会，并不厌其烦地向姐姐描述舞会上的宾客与自己的感受。三年后的一场舞会上，她告诉姐姐"最让我高兴的是有两场舞我都坐在那儿，以免让博尔顿勋爵的大儿子当我的舞伴。他舞跳得太差，令人无法忍受"。

1801 年，简·奥斯汀的父亲决定将牧师职位和家中住宅传给长子詹姆士，带着妻女搬到巴斯，很可能希望两位已经不算年轻的女儿在这座社交之城找到归宿。简不想离开家乡，她听到消息后伤心得晕了过去。

在1801年1月3—5日的信中，简·奥斯汀以看似超脱，实则不舍的口吻向姐姐诉说了她的心情：

> 我们在这儿已经住了太久，贝辛斯托克的舞会当然不如从前，所以离开的忙碌也有些乐趣；想到将来的夏天能在海边或威尔士度过，还是很令人愉快。我常常羡慕水手或士兵妻子的许多好处，在一段时间里，我们自己也能拥有了——但绝不要让大家认为离开村子没有让我牺牲很多——或是我想让大家对抛在身后的一切不感到丝毫柔情或兴趣。

在5月5日的信中，简·奥斯汀告诉姐姐她进入巴斯时的失望与失落。在生命的最后两年，她将同样的感觉赋予了《劝导》中的安妮。

> 在好天气中第一眼看到的巴斯没满足我的期待；我想透过雨水能看得更清楚。太阳完全躲在后面，从金斯当山顶端看去，一切都潮湿、模糊、迷茫、混乱。

之后的几封信主要和搬家与寻找新住所有关，介绍了几场舞会和舞会上的人，5月26日的信件提到了愉快的出行，随后便戛然而止，直到1805年1月21日简写信告诉弗兰克父亲的死讯。

简·奥斯汀在巴斯的生活并不愉快。她不喜欢潮湿的天气，喧嚣的社交以及那儿的人们，和姐姐都未能如父母所愿，或像安妮那样，在巴斯得到自己的一生所爱。

父亲去世后，简·奥斯汀母女三人过了一段漂泊的生活，于1806 年离开巴斯，次年住在南安普敦的弗兰克家中。1808 年，爱德华的妻子伊丽莎白在产下第十一个孩子后忽然去世，悲伤的爱德华邀请母亲和妹妹住进他在乔顿大宅附近的乔顿乡舍。简·奥斯汀从此安顿下来，享受着大家庭的温馨时光，在愉悦的生活和丰富的社交中度过了人生的最后十年，接连修改、创作了她的六部小说，其中四部成功出版。

1809 年 4 月 5 日，简·奥斯汀以 M. A. D. 为笔名催促克罗斯比公司尽快出版《苏珊》（即《北怒庄园》），同时愿意提供另一份手稿；倘若没有回复，她将联系其他出版商。虽然此番努力没有结果，但简显然已经开始恢复写作的热情。

1811 年 4 月 25 日，简·奥斯汀向卡桑德拉汇报了新侄子的喜讯，同时写道，"我从来没有忙得想不到 S&S。我就像一个忘不了待哺婴儿的母亲那样忘不了它。"她提及亨利对印刷商的催促，出版的收入，并感谢奈特太太的兴趣，认为"她会喜欢我的埃莉诺"。

1813 年 1 月 29 日，简·奥斯汀兴奋地告诉卡桑德拉"我已经从伦敦得到我亲爱的宝贝"，接着谈到广告以及几本小说的出版价格。她认为伊丽莎白"是至今出版过的书籍中最可爱的人儿，我不知道该怎样忍受那些连她都不喜爱的人"。五天后，她在给姐姐的下一封信中说道：

这部作品实在太轻松活泼灿烂：它需要阴影——有些地方需要被延展为长的章节——在有理智之处应该展现理智；如果没有，则以郑重其事、似是而非的废话，说些与情节毫无关联的问题，比如该怎样写作，对沃尔特·斯科特的批评，或波拿巴的历史——或以任何事情做对比，让读者更加愉悦地感受活泼诙谐的总体风格。

四个月后，简·奥斯汀愉快地告诉姐姐她在一个画展中见到了宾利太太的一幅小型画像，"正是她应有的模样"，可惜最终没能见到达西太太。"我只能想着达西先生太珍爱她的照片，不想让它暴露于公众的视野。我能想象他会有这种感觉——那种爱意、骄傲与敏感的交织。"

简·奥斯汀在当年 7 月 3 日的信件末尾告诉哥哥弗朗西斯（弗兰克）S&S 全部售出，给她带来了 140 英镑，"因此我已经从写作得到了 250 英镑，这只会使我想要更多"，同时提起她"手上有一本书，希望能借助 P&P 的声誉而畅销，虽然那本书不及这本一半有趣"。

在 1814 年 3 月 2—3 日写给卡桑德拉的信中，简·奥斯汀写道：

亨利在继续阅读《曼斯菲尔德庄园》。他喜欢亨利·克劳福德：我说实话，这是一位聪明并且讨人喜爱的男子。我尽量告诉你这本书的妙处，因为我知道你会多么喜欢它。

1815 年 11 月 15 日至 1816 年 4 月 1 日的 12 封信件大多与《爱玛》有关，包括整本书信集中最短的一封信。这封信由简在 1815 年 12 月某日至 1 月写给侄女安娜，她刚于 10 月 20 日产下第一个孩子。

我亲爱的安娜：

因为我非常想见你的杰迈玛，我相信你也会想见我的爱玛，因此我极其愉悦地把它寄来给你阅读。你想保留多久都行，这儿的所有人都已经读过。

奥斯汀在此期间与摄政王的图书馆管理员詹姆士·斯塔尼尔·克拉克以及出版商约翰·默里有多次书信往来，联系将《爱玛》献给摄政王以及出版事宜。

克拉克在信中同时盛赞《曼斯菲尔德庄园》，建议简·奥斯汀在下一本书中描写一位像比蒂的吟游诗人般的英国牧师。简坦言她**"做不到"**，说自己"也许能胜任这个人物的喜剧部分，但在正直、热情和文学方面无能为力"。对于克拉克希望她能创作一部历史传奇的提醒，她如此回复：

我完全清楚一部历史传奇，以萨克斯堡庄园为背景，也许比我写出的乡村家庭生活画面更能获益或更受欢迎。但我既写不了史诗，也写不出传奇。除非性命攸关，我无法严肃地坐在那儿写出一部严肃的传奇。如果必须让我保持严肃，绝不能轻松地嘲笑自己或别人，我肯定在写完第一章之前就已经悬梁自缢。

1817 年 3 月 13 日，简告诉她最喜爱的侄女范尼关于她最后两部小说的信息：

> "凯瑟琳小姐"（《北怒庄园》）此时被放在书架上，我不知她究竟能否出版；但我有一本能够出版的书，也许会在一年后出现。它很短——大约是《凯瑟琳》的长度。只是告诉你。索尔兹伯里先生或怀尔德曼先生都不会知道。

在随后的两封信中，简·奥斯汀与两位侄女讨论着文学与感情，之后的信件都写于极度的病痛之中，表达了她的挣扎与不舍，以及对上帝旨意的接受。

在布雷伯恩勋爵看来，"独一无二的简"始终忠实于天性。她不以绝妙的描写或精彩的情节引起想象，然而她非常真实直白地描述日常生活，语言风格之纯粹难以企及，甚至无人可以超越。他认为简·奥斯汀的书信展示了她本人普通的日常生活，任何人为她书写的传记都不可能如此真实，或引起读者更大的兴趣。

简·奥斯汀的书信都是私人信件，只为必要的交流而写，是真情的流露。虽然卡罗琳认为留下的信件"过于谨慎"，然而这些信不仅让读者依稀看见奥斯汀的作家之路，也能见到一个真实立体的简·奥斯汀。

简·奥斯汀与姐姐卡桑德拉相差两岁，都终身未婚，有着相似的才华和品位。姐妹二人情深意切，在分开的日子以频繁的书信互诉衷情。

简·奥斯汀在 1796 年 9 月 1 日的信中写道：

我最亲爱的卡桑德拉：

此时收到的你的来信让我乐不可支。我会笑死的，就像人们在学校时常说的那样。你的确是当今时代最好的喜剧作家。

在给姐姐的信中，简·奥斯汀也尽情展示自己的喜剧天分。她在同年 9 月 15 日的信中如此描述自己的两位哥哥：

爱德华和福莱昨天一早穿上猎服出去了，回来时垂头丧气，因为他们什么也没打到。他们今天又出去了，还没回来。真是令人愉快的运动！他们刚到家；爱德华带着他的两对野兔，弗兰克有两对半。多么可爱的年轻人！

她在 1813 年 9 月 15—16 日写给姐姐的信也非常可爱：

爱德华发现他的住处温馨安静。我必须得到一支更软的笔。这支太硬了。我很痛苦。我还没见到克拉布先生。玛莎的信已寄出。

我打算只写短句。每行都要有两个句号。莱顿和希尔是在贝德福德商店。如果可能，我们打算早餐前去那儿，因为我们越来越感到要做的事情太多而时间太少。

在姐姐面前，她是个淘气撒娇的小女孩，能理直气壮地声称自己最有权利得到她的爱。如 1798 年 11 月 25 日的信件：

我亲爱的姐姐：

我期待今天早上能收到你的来信，但没有信件到来。我无须再费心告诉你玛丽的孩子更多的消息，如果你不感谢我的消息，却总是坐下来写信给詹姆士。我相信谁也不如我这么期待你的来信，我也认为谁都不及我那么应该收到你的信。

现在我已经发泄了心中的怨气，能接着告诉你玛丽一切都好，母亲也不错。

卡桑德拉对妹妹的深情，从她在简·奥斯汀去世后写给侄女范尼的信中清晰可见。

我出门很多，能够做点事。当然那些事情对我非常适合，能让我尽情想念已经失去的她，我的确会想起各种情形下的她。我们亲密交谈的快乐时光，因为她而更加愉悦的家庭聚会，她躺在病房里，她临终之时，以及（我希望）作为天国的子民。哦！如果有一天我能和她在那儿重逢该多好！我知道我对她不再朝思暮想的时候终将到来，但我不愿想到这些。如果我更少想到她在尘世的样子，愿上帝让我永不停止地想着她住在天国，永不停息我想和她一起前往那儿的卑微努力（愿能取悦上帝）。

简·奥斯汀和她的兄弟同样手足情深。她让姐姐告诉她舞会上"哪个玛丽和我的詹姆士哥哥跳舞最多"（1796.9.5）；为爱德华失去妻子而担忧悲痛（1808.10.15）；得知亨利生病后，立即提出要去陪伴他（1813.11.3）；为弗兰克的升职而欣喜（1978.12.28）；而弟弟查尔斯（1801.5.26—27）出海时给她和卡桑德拉购买的琥珀十字架和金链子，成了《曼斯菲尔德庄园》中威廉和埃德蒙共同赠送给范尼的礼物。

在众多的侄子侄女中，简·奥斯汀最喜爱的是1793年出生的安娜和范尼，分别为詹姆士和爱德华的长女。安娜酷爱写作，在结婚生子后依然坚持，简姑妈多次为她仔细修改点评。她在1814年9月9—18日的信中对安娜作品的评价，与自己同年1月开始创作的《爱玛》的气息十分契合。

现在你将你的人物愉快地聚集在一起，让他们恰好进入一种我所喜爱的场景。一个乡村中的三四户人家是最好的写作对象，我希望你能再写许多这样的故事，趁他们安排得如此合理时好好加以利用。

简·奥斯汀在1814年11月给侄女范尼写了两封信，给为情所困的范尼提出自己的想法和意见。对于一位在境遇、家庭、朋友、品格、才华等各方面都出类拔萃，同时深爱着范尼，而范尼也曾经觉得自己为他倾心的年轻人，简·奥斯汀在列举了这位年轻人所有难能可贵的方面后，给了范尼这样的忠告：

> 比起没有爱情的婚姻，一切皆可选择或忍受。如果他举止上的缺陷等一切方面，对你而言超过了他所有的好品质，如果你依然对此非常在意，那就立即放弃他。

"比起没有爱情的婚姻，一切皆可选择或忍受"源于《傲慢与偏见》，是简在得知妹妹伊丽莎白接受了达西的求婚后对她的劝告。伊丽莎白和达西成就了奥斯汀小说中堪称完美的爱情故事，范尼却在姑妈去世六年后才找到自己的另一半。然而，因为范尼的儿子布雷伯恩勋爵的决定与努力，简·奥斯汀的信件才得以为世人所见，几乎成就了一种奇妙的生命轮回。

无论二十岁与汤姆·勒弗罗伊的短暂爱恋与失去，还是二十七岁接受又拒绝家境富裕的长子哈里斯·比格的求婚，简·奥斯汀始终将爱情视为婚姻最重要的基础。她清楚贫穷的可怕，却绝不愿为了安定的生活而进入无爱的婚姻。她不再渴望在舞会上遇见合适的人选，却依然享受着舞会的乐趣，为获得夸赞感到高兴。她逐渐接受了单身生活，甚至觉得这是更适合自己的状态。她的创作为她带来了经济与精神的独立；她不愿陷入无休无止的生育状态（1817.3.13、3.23），也认为自己不可能在无尽的家庭琐事中继续文学创作（1816.9.8—9），然而她从未停止对真爱的追求。

1815 年 4 月，完成了《爱玛》，已经四十岁的简·奥斯汀悄悄开始了《劝导》的创作。她让二十七岁，已经失去青春美貌的安妮·埃利奥特与八年前分手的情人温特沃斯在巴斯再次相遇，他们历经思念、误解与痛苦的考验，跨越了阶层、财富，甚至生死的障碍，最后有情人终成眷属。

然而，这并非伊丽莎白与达西般轻松、活泼、灿烂的童话结局。"安妮的朋友们希望她少一些温柔，担心未来的战争可能给她灿烂的生活蒙上阴影。"然而无论温特沃斯舰长能否从不久后的滑铁卢战役平安归来，无论经历怎样的风雨，安妮都将是能够坚强面对一切的简·奥斯汀女主角。

《劝导》于 1816 年 8 月完成，简·奥斯汀的身体也日渐衰弱。她在 1817 年 5 月 28—29 日的最后一封信中感谢最亲爱的姐姐与焦虑不安的家人。备受病痛折磨的她说自己"已是太想抱怨"。7 月 18 日凌晨，简·奥斯汀因病在温彻斯特与世长辞，葬于令她非常仰慕的温彻斯特教堂。

简·奥斯汀在世时只匿名发表了四部小说，获得的稿费不足七百英镑。当时的她一定不敢想象，她的作品会跨越时空历久弥新，而她本人将成为世界文坛举足轻重的伟大作家。

本人于 2017 年 9 月至 2018 年 9 月期间获国家留学基金委奖学金，在加拿大滑铁卢大学英语系作为访问学者，师从弗雷泽·伊斯顿（Fraser Easton）教授进行简·奥斯汀研究。访学期间，我遇见时任滑铁卢大学孔子学院中方院长周敏教授，在她的指引下走上了奥斯汀翻译之路。感谢群岛图书出版人彭伦老师，华东师范大学出版社许静和陈斌老师一直以来的帮助、鼓励与认可。感谢华东师范大学出版社对我的信任，同时感谢给我支持与帮助的师长、家人、同事和朋友们！

愿《简·奥斯汀书信集》能让读者们了解更加真实可爱的简·奥斯汀，以及她的生活与精神世界！

汪燕

2022 年 5 月 20 日

1. 致卡桑德拉·奥斯汀

1796 年 1 月 9 日星期六—1 月 10 日星期天

史蒂文顿

首先我祝愿你平安健康。昨天是汤姆·勒弗罗伊先生的生日，你今天二十三岁了①。

在这必要的开场白后，我要接着告诉你我们昨天举办了一场极好的舞会。我没见到查尔斯·福勒，感觉很失望，因为之前听说邀请了他。哈伍德家的舞会除我们之外，还有格兰特一家、圣约翰一家、里弗斯夫人、她的三个女儿和一个儿子，以及希思科特先生与小姐、勒费夫尔太太、两位沃特金斯先生、J. 波特尔先生、迪恩斯小姐、两位勒吉斯小姐。和他们一同过来的高个子牧师，他的名字玛丽·〔劳埃德〕永远也猜不到。

我们的马车上已经有三个人，可还是好心捎上了詹姆士②。说实话，他最近跳舞进步很大，值得这样的鼓励。希思科特小姐挺好看，但没我期待的一半漂亮。H. ③ 先生一开始和伊丽莎白跳舞，后来又和她跳了一次，但**他们**不知道怎样**特别对待**④。但我

---

① 汤姆·勒弗罗伊的生日是 1 月 8 日，比卡桑德拉早一天。卡桑德拉比汤姆年长 3 岁。

② 此处马车的英文为泛指词 "carriage"，暗指较为拥挤简陋的马车，很可能是租用的马车。当时年收入 800 英镑以上的家庭才能购买马车，奥斯汀父亲的收入大约为 350—400 英镑。

③ 希思科特先生（Heathcote）。奥斯汀书信中常出现首字母简称。

④ 指"调情"或"献殷勤"。伊丽莎白·比格和威廉·希思科特于 1799 年结婚。

认为要是我能连续给他们三次指点，他们会大有收获。

在我刚收到的这封漂亮的长信中，你一直责备我，让我几乎不敢告诉你我和我那位爱尔兰朋友的表现。你自己想象跳舞和坐在一起时最轻浮放荡，令人震惊的所有行为吧。**我能**揭露我自己，不过只会**再有一次**了，因为他下星期五后将很快离开村子，但无论如何我们那天**会**在阿什跳舞。我向你保证他是个风度翩翩、相貌英俊、令人喜爱的年轻人。不过说起我们的见面，除了之前的三场舞会，我没什么可说。他在阿什因为我而大受嘲讽，害羞得不敢到史蒂文顿来，几天前我们去拜访勒弗罗伊太太时也逃开了。

我们昨晚回家时在迪恩大门前和沃伦告别，他正在去城里①的路上。他让我捎上对你的爱与问候，我会在我们见面时交给你。亨利今天去哈登读硕士学位。我们会深切感受到两位最可爱的年轻人的离开带来的损失，在库柏②一家星期二到来前将无可慰藉。因为他们要在这儿住到下个星期一，也许卡罗琳会陪我一起去阿什的舞会，虽然我敢说她不愿去。

我昨晚和沃伦跳了两次舞，和查尔斯·沃特金斯跳了一次。令我特别惊讶的是，我完全逃脱了约翰·莱福德。不过，我是很努力才做到了这一点。我们吃了一顿丰盛的晚餐，暖房被烛光照得很优雅。

昨天早上本杰明·波特尔先生来拜访我们，他的眼睛和从前一样漂亮。人人都极其盼望你回来，但因为你不能在阿什的舞会

---

① 原文为"town"，指伦敦，下文同。
② 原文为"Cooper"，当地居民的姓氏。

前回家，我很高兴没给他们错误的期待。詹姆士和阿莱西娅跳了舞，昨晚很尽力地切了火鸡。你只字未提丝袜的事，我很高兴查尔斯·［福勒］还没买，因为我付不起；我所有的钱都花在买白手套和粉色波丝绸上了。我希望查尔斯去了梅尼唐①，因为那样他就能对你说起我的朋友，我想你一定迫不及待地想听到一些他的消息。

亨利依然想加入正规军，由于他现在已经不再考虑购买牛津郡副官职位的计划，他打算从新组建的八十六团谋得少尉军衔，当上副职，他认为能被派去好望角②。我衷心祝愿他像往常一样，能够事与愿违。我们已经把妈妈做的所有旧纸帽修饰一番送给别人，希望你不会因为自己的损失而难过。

写完上述这些后，汤姆·勒弗罗伊先生和他的乔治表弟过来拜访。乔治现在的确表现非常得体；至于另一位，他只有**一个**缺点，我相信时间会将其彻底改正——那就是他早晨的外套颜色太浅。他特别崇拜汤姆·琼斯，所以穿了同样颜色的衣服。我想，**他**会在受伤时这样做③。

星期天——你要到 19 日才回来，刚好错过和库柏一家见面，我猜你希望如此。我们有一段时间没收到查尔斯·［奥斯汀］的来信④。想来他们此时一定在航行，因为风向太好了。汤姆·

---

① 原文为"Manydown"，位于汉普郡。
② "正规军"主要是为了抵抗法军袭击（1793 年法国向英国与荷兰宣战），"副官"的主要任务是传达指令和传递信件等。八十六团 1796 年被派遣至好望角，1799 年被派往印度，保护英国的商业利益。
③ 源自英国小说家亨利·菲尔丁（1707—1754）的《汤姆·琼斯》（1749），书中的同名男主角在受伤时穿着白色衣服。
④ 查尔斯当时是海军少尉，在代达罗斯号战舰上服役。

［福勒］的船只的名字真可笑①！但我们都很清楚，他对名字毫无品位，我敢说是他本人起的名。我为比奇家失去小女儿感到难过，尤其是这个孩子那么像我。

我同情 M. 小姐的失去，也同情伊丽莎·［福勒］的获得。

你永远的

J. A.

---

① 船名为 Ponsborne。这艘船隶属的舰队将去西印度保护英国的商业及奴隶贸易不受法国侵犯。

2. 致卡桑德拉·奥斯汀

1796 年 1 月 14 日星期四—1 月 15 日星期五

史蒂文顿

我刚收到你和玛丽的来信，谢谢你们二人，虽然信的内容可以更令人愉快些。我完全不期待星期二见到你，因为事情变得这么糟糕。如果你在那天之后才能回来，我们几乎无法在星期六前派人接你。就我自己而言，我根本不在意那场舞会，要是能提前两天见到你，就算放弃也毫不可惜。我们为可怜的伊丽莎生病感到特别难过，但我相信自从你写信以来她在不断恢复，而且你们谁也没有因为照顾她而累坏身体。查尔斯竟然预定了丝袜，真是个一无是处的家伙！我希望他这辈子都会为此羞愧难当！

我昨天给你往伊布特罗普寄了封信，我想你在金特伯里收不到。信不太长也不太有趣，所以你要是永远收不到也没关系。我写信主要告诉你库柏一家到了，身体很好。他们说小男孩很像库柏博士，小女孩会长得像简·［库柏］。

我们明晚去阿什的一行人包括爱德华·库柏，詹姆士（因为舞会缺了**他**将毫无乐趣），此时和我们在一起的布勒，还有我——我对此很迫不及待，因为我的确希望在晚上得到我朋友的求婚。不过，我会拒绝他，除非他答应送走那件白色外套。

你对我上封信的夸奖让我很高兴，因为我写信只为名声，完全不作金钱的考虑。

今天爱德华和他的朋友约翰·莱福德出去了，明天才回来。安娜此时在这儿，她乘马车过来和她的堂弟堂妹们共度一天，但她不太喜欢他们，也不喜欢他们的任何东西，除了卡罗琳的纺车。我很高兴从玛丽那儿得知福勒先生和太太都喜欢你。我希望你会继续令人满意。

你写信告诉我汤姆·［福勒］的消息真是无礼，好像我自己没机会收到他的信。我收到他的**最后**一封信是在 8 日星期五，他告诉我如果星期天风向很好，也的确如此，他们那天会从法尔茅斯出航。所以我想此时他们在巴巴多斯。里弗斯一家还在梅尼唐，明天会去阿什。要是昨天天气不错，我本想去拜访比格斯小姐。卡罗琳、安娜和我刚才大吃了一些冷腌肉，很难说清谁最喜欢。

告诉玛丽我把哈特利先生和他的所有财产都交给她，供她未来独自享用。不仅是他，还有她能找到的我的其他所有仰慕者，甚至包括 C. 波利特想要给我的吻，因为我只想把我的未来交给汤姆·勒弗罗伊先生，但我根本不在乎他。同时我最后一次，毋庸置疑地向她证明沃伦对我毫不在意，因为他果真为我画了那位先生的画像，交给我时没发出一声叹息。

星期五——我和汤姆·勒弗罗伊最后一次调情的这天终于到来了。当你收到这封信时一切都将结束①——写信时我想到这件

---

① 汤姆·勒弗罗伊的家人担心他和几乎身无分文的简·奥斯汀之间的恋情，很快就让他离开了史蒂文顿。

悲伤的事情泪如泉涌。威廉·丘特昨天来了。我不知道他那么文雅是什么意思。据说汤姆·〔丘特〕要和一个利奇菲尔德的女孩结婚了。约翰·莱福德和她妹妹今天要带爱德华回家，和我们一起吃饭，然后我们都会去阿什。我知道我们要挑选舞伴。我会迫不及待地等着你的下一封信，这样我也许就能得知伊丽莎的情况，以及你何时回来。

献上我最深切的爱，我是你挚爱的——

J. 奥斯汀

3. 致卡桑德拉·奥斯汀

1796 年 8 月 23 日星期二上午

科克街

我亲爱的卡桑德拉：

我又进入了放荡堕落的状态，我已经开始发觉自己道德败坏。我们昨天不知什么时候到了斯坦斯，没有我以为的那样热得难受。我们今天早晨七点又出发了，旅途非常愉快，因为早上多云，特别凉爽。我从赫特福德桥一路乘马车过来。

爱德华和弗兰克两人都出去碰运气了，后者会很快回来帮我们找运气。前者我们也许永远都见不到了。我们今晚要去阿斯特利①，我为此很高兴。爱德华今天早上收到亨利的来信。他没有去赛马，完全没有，除非能算上那天送皮尔逊小姐去罗林。我们星期四会在那儿见到他。

我希望在我们昨天悲伤的告别后你已经振作精神，并且做成了你想做的事情。

----

① 阿斯特利的圆形露天竞技场，位于威斯敏斯特桥下方的赛马场。

上帝保佑你。我必须停下来，因为我们要出去了。你最挚爱的——

J. 奥斯汀

大家都问候你。

4. 致卡桑德拉·奥斯汀

1796 年 9 月 1 日星期四

罗林

我最亲爱的卡桑德拉：

此时收到的你的来信让我乐不可支。我会笑死的，就像人们在学校时常说的那样。你的确是当今时代最好的喜剧作家。

自从我上次写信以来，我们几乎就要回到史蒂文顿，甚至会在下个星期。有那么一两天，那就是我们亲爱的亨利哥哥的计划，但现在情况又回去了，不是之前的样子，因为我似乎会离开更久。我为此而难过，可我能做什么呢？

亨利明天要离开我们去雅茅斯①，因为他很想去看他那儿的医生，那是他特别信任的人。他刚来时比之前身体好，尽管绝对算不上很好。根据他目前的计划，他在 23 日前不会回家。如果可以，他要请三个星期的假，因为他特别想去戈德默舍姆打打猎，爱德华和伊丽莎白十月初会去那儿②。如果这个计划不变，我在那个月中旬前几乎回不了史蒂文顿。但你要是离不开我，我想我可以回来，如果弗兰克能回来，我就和他一起。他在这儿特

---

① 位于诺福克的海滨小镇。
② 去看望爱德华的资助人凯瑟琳·奈特太太。奈特太太 1797 年将戈德默舍姆赠与爱德华和他的家人。

别开心，因为他刚学会了加工木头。他特别喜欢这个活计，整天都在做。

我很抱歉你认为我的上封信过于简单。我必须在我们见面时努力给你补偿，说些具体的细节，我马上就能写出来。

我的新长裙已经做好了，真是一件绝妙的外衣。很遗憾我的那件彩色新长裙已经洗褪色了，虽然我让每个人都好好爱护它。我希望你的也是这样。我们的兄弟们去戈德默舍姆时天气并不好，因为他们去的大部分时间和回来的整个路上都在下雨。他们发现奈特太太状态特别好，也很有兴致。看来她不久会再次结婚。我来到这儿后已经抱过一次小乔治，我自认为做得不错。我已经告诉范尼她的项链珠子的事情，她很想知道你在哪儿找到的。

明天我会像达博斯特先生凉亭上的卡米拉①那样，因为我的莱昂内尔将带走我来这儿的梯子，至少是我打算离开的工具，我必须在这儿待到他回来。不过，我的境遇比她好一些，因为我在这儿很开心，尽管我很乐意月底前回家。我不知道皮尔逊小姐要和我一起回来。

查尔斯·［奥斯汀］先生真是个好人，哄我们给他往科克写了两封信！我特别欣赏他的聪明，尤其当他获利颇丰时。

凯奇先生和太太与布里奇斯先生和太太昨天和我们一起吃了饭。范尼·［凯奇］似乎和别人一样高兴见到我，不停询问你的情况，说她认为谁会做你的结婚礼服。她还是那么漂亮，胖了

---

① 源自弗朗西斯·伯尼（1752—1840）的《卡米拉》（1796），指卡米拉因为梯子被哥哥拿走，受困于未完工的凉亭上的情节。

些。我们度过了很愉快的一天，晚上喝了点**烈性酒**。路易莎·[布里奇斯]的身材好多了，和以前一样结实。她的脸，据我一天晚上所见，似乎完全没有改变。她和那位先生星期一晚上走过来——她是早上和凯奇一家从海斯来的。

黑尔斯夫人和她的两个小女儿已经来看过我们。卡罗琳一点不比以前粗俗，哈丽特也完全没有更精致。我很高兴听说沙尔代先生非常好，只担心我长期在外也许会让他故态复萌。我每天都尽最大努力练习——我希望更是为了他。我[来这儿后]从未听说过玛丽·罗宾逊①的消息。我料想每次提起这个话题，都会因为胆敢怀疑而饱受一番责备。

弗兰克为范尼做了个很漂亮的黄油小搅拌器。我相信谁都没注意到他们落下的宝贝，我也没听到安娜手套的下落。事实上我至今也没有打听过。

我们忙着做爱德华的衬衫，我很骄傲地说，所有人中我缝得最整齐。他们说今年附近有许多鸟儿，或许**我**也能打死几只。我很高兴听说林普雷先生和 J. 洛维特一切都好。我不知母亲的手帕在哪儿，但我敢说我很快会找到。

我是你非常挚爱的

简

---

① 在罗林的一个不错的仆人。

5. 致卡桑德拉·奥斯汀

1796 年 9 月 5 日星期一

罗林

我亲爱的卡桑德拉：

我迫不及待地想听到你舞会的消息，也希望得到对每个细节冗长详尽的描述，让我读得不胜厌烦。告诉我除他们自己的十四个人以及赖特先生和太太之外，迈克尔会设法用他们的马车装多少人，他要说服多少先生、乐师和侍者身着猎装前来。我希望约翰·洛维特的意外不会使他无法参加舞会，否则你只能一整晚都和廷克顿先生跳舞了。让我知道比格斯小姐不在时 J. 哈伍德表现如何，哪个玛丽和我的詹姆士哥哥跳舞最多。

告诉你，**我们**星期六参加了舞会。我们在古尼斯通吃了饭，晚上跳了两支乡村舞和布朗哲尼。我和爱德华·布里奇斯领舞，其他的舞伴有刘易斯·凯奇和哈丽特，弗兰克和路易莎，范妮和乔治。伊丽莎白弹了一首乡村舞曲，布里奇斯夫人弹了另一曲，她让亨利和她一起跳舞，芬奇小姐弹了布朗哲尼。

读着最后的三四句，我意识到我的表达过于模糊，要是我不说清楚，你也许以为布里奇斯夫人在弹琴的同时让亨利和她跳舞。这即使并非不可能，在你看来也一定很不得体。但跳舞的是伊丽莎白。我们在那儿吃了晚餐，在两把雨伞的遮挡下走回了家。

今天古尼斯通的一群人开始散开，前往国外。凯奇先生和太太与乔治去了海斯。沃尔瑟姆夫人、布里奇斯小姐和玛丽·芬奇小姐去往多佛，为了前两位的健康。我完全没见到玛丽安。星期四布里奇斯先生和太太要返回丹伯里，哈丽特·黑尔斯小姐回多塞特郡时顺路陪他们去伦敦。

克拉林博尔德农夫今天早晨死了，我想爱德华打算得到他的一些农场，如果他能在协议里骗过布鲁克爵士。

我们刚从戈德默舍姆得到些鹿肉，两个哈维先生明天过来吃，到星期五或星期六古尼斯通的人会把剩下的全都吃完。亨利星期五走了，按照他的计划，**没出差错**。你会很快收到他的信。我想是这样，因为他说起不久往史蒂文顿写信。理查德·哈维先生要结婚；但因为这是个大秘密，这儿只有一半人知道，你绝不要提起。那位女士叫马斯格雷夫。

我非常苦恼。我无法决定在我离开时应该给艾希斯半个畿尼，还是只用五先令①。给我个建议吧，可爱的奥斯汀小姐，告诉我最多给多少。

昨晚我们陪弗兰克走到克里克斯霍尔·拉夫，他似乎很受启发。小爱德华终于穿上马裤了，是被鞭抽一顿才做到的。

请你向每个没有问候我的人问好；那些问候了我的人，不用我嘱咐你也会做到。替我问候玛丽·马奇蒙特，告诉她无论何时她爱上一个年轻人，某位**令人尊敬**的马奇蒙特博士也许会让他们分离五卷书……

_____

① 1畿尼＝1.05英镑＝21先令。

6. 致卡桑德拉·奥斯汀

1796 年 9 月 15 日星期四—9 月 16 日星期五

罗林

我亲爱的卡桑德拉：

自从我写了上封信后我们一直很开心；在纳金顿用餐，乘着月光返回，一切优雅美妙，更不用说星期天看见克拉林博尔德先生的葬礼队伍经过了。

我相信在上一封信中我告诉你爱德华有点想用克拉林博尔德这个名字；但那个计划结束了，虽然要是任何人能给他足够的钱开始着手，那将是非常可行也非常愉快的安排。星期二我们真的指望米勒斯先生会这么做；但让我们非常惊讶的是，他对这个话题未置一词。除非你有能力资助你哥哥五六百英镑，否则他一定会彻底放弃这个想法。

在纳金顿时，我们在餐厅壁炉上方看见桑德斯夫人的画像，在一个前厅看到她三个孩子的画像，还有斯科特先生、弗莱彻小姐、托克先生和执事长林奇。弗莱彻小姐和我很亲密，但我是两人中稍显冷淡的一个。她穿着紫色细纱布衣服，很漂亮，但不适合她的肤色。她的性格有两点讨人喜欢；也就是说，她喜欢卡米拉[①]，而且

[①] 见信件 4 注释。

喝茶不加奶油。你要是能见到露西·[勒弗罗伊]，可以告诉她，我如她所愿，责备了弗莱彻小姐疏于写信，但没能让她产生适当的羞愧之情。告诉她弗莱彻小姐为自己辩护，说露西在坎特伯雷认识的每个人都已经离开，她没有任何能为露西写信的内容。说到**每个人**，我猜弗莱彻小姐是指一群新的军官到了那儿[①]，但这是我自己的想法。

米勒斯太太，约翰·托克先生，简而言之每个能怀着一丝温柔情感[②]问候你的人；我找了个机会向约翰·托克先生保证，他和他的父亲都不必再为你保持单身。

我们乘坐两辆马车去了纳金顿；但我们是怎么分开乘车的，我让你来猜测，只要想想因为伊丽莎白和我都既没戴檐帽也没戴软帽，原本乘坐马车会不太方便。我们经过了比弗伦斯，我带着忧伤的喜悦想到这是他的家，我曾经那样喜欢过他。我们今天在古尼斯通吃饭，见见我从马盖特来的菲尔丁姑妈[③]和一位克莱顿先生，据说是她的仰慕者；至少我会这么想。布里奇斯夫人已经听说玛丽安情况很好，她因为泡了温泉，身体当然好转了。

还有，尊贵的托马斯·威廉爵士终于起航了，报纸上说是"出海巡航"。但我希望他们是去科克，否则我的信就白写了。向简·[威廉斯]问好，我相信她昨天到了史蒂文顿。

我在给玛丽·劳埃德的信中替爱德华给迪格韦德先生转达了消息，她今天应该能收到。不过我知道哈伍德一家对他们的信件

---

① 驻扎的军官对年轻小姐们很有吸引力，可参考《傲慢与偏见》中的情节。
② 原文为"sensibility"，与《理智与情感》中的"情感"同词。
③ 简·奥斯汀三哥爱德华的妻子伊丽莎白的远房姑妈。

不太在意，我也对你说一声。请告诉迪格韦德先生，苏厄德因为生病，不能监管农场上打算进行的维修工程，但他会尽快过来。如果你认为合适，也可以告诉迪格韦德先生米勒斯先生和太太明天将在这儿吃饭，会邀请琼·纳奇布尔太太和他们见面。理查德·哈维先生的婚事要推迟到他得到更好的教名之后①，这一点他大有希望。

丘俊先生的两个儿子都要结婚了，约翰和乔治，他俩将有一个妻子；一位霍尔韦尔小姐，是加尔各答黑洞事件幸存者的后代。我相信很快能收到詹姆士的信，他答应告诉我舞会的情况，此时他一定收集了足够的想法，从跳舞的劳累中恢复后就能给我写封信。

爱德华和福莱②昨天一早穿上猎服出去了，回来时垂头丧气，因为他们什么也没打到。他们今天又出去了，还没回来——真是令人愉快的运动！他们刚到家；爱德华带着他的两对野兔，弗兰克有两对半。多么可爱的年轻人！

星期五——你的来信和亨利的一封信刚刚到达，两封信的内容都远超我敢于期待的状况。在一个细节上我希望能有所不同，因为亨利真是非常冷淡。但你绝不能期望我们能像 20 日星期三那么早。根据我们目前的计划，那天再过一个星期后，我们也许能和你在一起。弗兰克从未想过在 26 日星期一前离开。我会马上给皮尔逊小姐写信，催促她和我们一起回来，亨利认为这很有

---

① 奥斯汀家庭对"理查德"名字的家庭玩笑，在《北怒庄园》的开头也有体现。
② 弗兰克在家中的昵称。

可能，而且特别合适。

在我们知道她是否和我同行之前，我们无法答复父亲的好意邀请。至于我们怎么去城里，**我**想乘坐驿马车，但弗兰克不同意。因为下星期威廉斯和劳埃德家人可能来你这儿，那时你几乎没地方让我们住。

如果有谁想在城里买点什么，他们必须委托弗兰克，因为**我**只是路过那儿。

蜡烛商是彭林顿，在科文特花园查尔斯街的"皇冠与蜂巢"店铺。

无论如何都要为玛丽·哈里森买条长裙。钱我总会和你平分，虽然要是回家后能有些钱，我自己也会很想要一条。

7. 致卡桑德拉·奥斯汀

1796 年 9 月 18 日星期天

罗林

我亲爱的卡桑德拉：

我的早晨是在疑虑和思考中度过的；忙着制订计划，排除困难，因为今天发生了我原先认为不会在这个星期发生的事情。弗兰克得到命令，要登上由特里顿战舰指挥的约翰·戈尔上尉的船只，因此他星期三前必须到达城里。虽然我万分乐意在那天陪他一起去，但因为不确定皮尔逊家人是否在家而无法成行，要是他们不在我就无处可去了。

我星期五给皮小姐写了信，本来希望今天早上收到她的回复，能使一切变得轻松顺利，让我们明天可以离开这儿，因为弗兰克刚接到命令时就打算这么做。他留到星期三只为迁就我。我今天又给她写了信，希望她从原班邮车给我回信，这样星期二我就能明确得知他们星期三能否接待我。如果他们不能，爱德华已经好心答应下星期一带我去格林威治，那是之前定下的日子，不知是否对他们更合适。要是星期二我得不到任何答复，我只能认为玛丽·［皮尔逊］不在家，必须一直等到她的回信；因为在邀请她和我一起来史蒂文顿后，假如我不声不响地回了家，那不合适。

我希望父亲能好心把他挥霍浪费的女儿从城里接回家，除非他希望我去医院或教堂做工，或是值守圣·詹姆士皇宫①。弗兰克几乎没办法带我回家；不，肯定不行。我一到格林威治就会再写封信。

我们的天气热得难受！让人完全无法保持优雅。

如果皮尔逊小姐能和我一起回来，请当心期待见到个大美人。我不会假装在**第一眼见到**时这么说，她很符合我对她的评价。我相信母亲要是很不当心会感到失望。凭我对她画像的记忆，画得不是很像。

我很高兴想到了和弗兰克一起回家，因为亨利下次何时去肯特，在时间上很不确定，我只能**苦等下去**。我曾决定明天和弗兰克一起走，碰碰运气，但他们劝我别这样草率行事，考虑后我的确觉得也许是这样；因为如果皮尔逊家人不在家，我一定会受到某个胖女人的巧言迷惑，被她用啤酒灌醉②。

玛丽生了个男孩，母子平安。我的意思是，我让你猜猜是哪个玛丽③。再见，向你所有可爱的伙伴们问好。在我回来前绝不要让劳埃德一家离开，除非皮小姐能和他们一起。

我写得真糟糕。我开始恨我自己了。

你永远的 J. 奥斯汀

特里顿是刚刚在德特福德下水的崭新 32 门大炮护卫舰。想到戈尔上尉将听他指挥，弗兰克为此非常高兴。

---

① 简·奥斯汀的幻想。当时中产阶级女性几乎唯一的工作机会是当家庭教师。
② 在当时的伦敦，无家可归、身无分文的单身年轻女子可能受到欺骗，最终沦为妓女。
③ 很可能指信件 4 注释中提到的玛丽。通常怀孕的女仆会被直接解雇，显示社会制度逐渐变得宽容。

8. 致费拉德尔斐亚·沃尔特

1798 年 4 月 8 日星期天

史蒂文顿

我亲爱的表兄：

　　我的父亲今天上午从汉弗莱斯太太的信中得知了悲伤的消息。因为卡桑德拉此时不在家，你必须接受我的来信，表达我们最深切的悼念。失去一位如此善良慈爱的父亲，一定让他所有的孩子非常痛苦，对你而言尤其如此，因为你一直和他住在一起，能更长期密切地了解他所有的美德。但那些让你此时失去更多的情境，必定能使你逐渐更好地接受这件事。让他在世时令人珍爱的善良，会使他在天堂得到佑护。想到这点，一定能给你本人，我姨妈，以及他所有的家人朋友带来安慰。想到他过去一段时间几乎无法从这个世界上得到快乐，以及他临终前几个小时只有很小的痛苦，一定能让你们更觉安慰。我不会催促你在难以做到时写信，但如果你写信时能不再伤心，我希望能收到你的来信，告诉我们我姨妈和你本人都很好，期待你们在早期的悲伤时日能够安好。

　　我和我的父亲母亲一起送上最深切的问候，祝你安好，我亲爱的表兄。

你挚爱的

简·奥斯汀

9. 致卡桑德拉·奥斯汀

1798 年 11 月 25 日星期天

史蒂文顿

我亲爱的姐姐：

我期待今天早上能收到你的来信，但没有信件到来。我无须再费心告诉你玛丽的孩子①更多的消息，如果你不感谢我的消息，却总是坐下来写信给詹姆士。我相信谁也不如我这么期待你的来信，我也认为谁都不及我那么应该收到你的信。

现在我已经发泄了心中的怨气，能接着告诉你玛丽一切都好，母亲也不错。我星期五见到了玛丽，虽然星期二见面时她状态挺好，但我真为三天时间对她的提升感到惊讶。她神采奕奕、兴致勃勃，比我们离开戈德默舍姆时伊丽莎白说话的样子精神得多。我只瞥了一眼孩子，他正在睡觉；但德巴利小姐说他的眼睛又大又黑又漂亮。**她**和平时的样子差不多，在给自己织一件毛料长裙，戴着一顶伯奇太太口中的**硬顶帽**。这是对德巴利小姐简明扼要的介绍！

我想你已经从亨利本人那儿听说他的事情得到了愉快的解决②。我们不知是谁提供的帮助。默韦尔本该乐意帮忙，要不是

---

① 詹姆士和玛丽·奥斯汀的长子詹姆士·爱德华，出生于 11 月 17 日。
② 亨利在军队的升职。

他在牛津郡所有的财产都用于类似目的，以获得上校军衔。实在有趣！

此时家中事务乱成一团，因为南妮这三四天都卧床不起，身体疼痛，还在发烧，我们只好雇了两位女佣，这很不舒服。她现在好多了，但我估计还会有一段时间什么也不能做。我想你和爱德华要是知道南妮·利特沃特帮我梳头，会被逗乐的。

星期四的舞会真的很小，几乎不及牛津的小舞会。只有七对舞伴，屋子里只有二十七个人。

欧弗顿的苏格兰人好心让我花了些钱，换来六条裙子和四双长袜。那个爱尔兰人我不太喜欢，但价钱合乎我的心意，我没理由抱怨。每码布花了我三先令六便士。但比我们上次买的细致得多，布料没那么粗糙。

我们有了《菲兹-阿尔比尼》①，父亲无视我的想法买下了它。我们竟然会购买唯一让埃格顿家族感到羞愧的书，我对此不太满意。然而，这些顾虑完全没影响我的阅读，你会轻易相信这一点。至今我们谁也没读完第一卷。父亲很失望——**我**不失望，因为我没有期待更多。

从来没有哪本书能包含更多作者的内部线索。所有的感情完全是埃格顿的。几乎没有故事性，仅有的一点说得既奇怪又不连贯。

书中介绍了许多人物，显然只为被刻画一番。我们至今尚未记住其中的任何一个人，除了海伊博士和太太，以及不太被温柔

---

① 由塞缪尔·埃格顿·布里奇斯（1762—1837）创作的《阿瑟·菲兹-阿尔比尼，一部小说》（1798）。

对待的奥克森登先生。

你必须告诉爱德华，父亲以 25 先令一只的价格购买了苏厄德最后的羊群，作为对这个消息的回报，父亲希望得到一些关于爱德华小猪的消息。

我们得到了鲍斯韦尔①的《赫布里底群岛游记》，将会有他的《约翰逊传》。因为伯登的手里还有一些钱，会用来购买库珀②的作品。要是克拉克先生知道，他会高兴的。

顺便说一下，我除了别的写作外，已经给伯奇太太写了信，因此我期待不久能得到那个地方所有人的一些消息。我也给 E. 利太太写了信，希思科特太太真讨厌，给我写了封问询的信。因此总的来说我有点厌倦写信了，除非有母亲和玛丽的新消息告诉你，我会好多天都不给你写信。也许短暂停歇能恢复我对写信的喜爱。问问小爱德华·鲍勃·布朗在这么冷的天气是否穿了大衣。

---

① 詹姆斯·鲍斯韦尔（James Boswell，1740—1795），英国文学大师和传记作家。
② 威廉·库珀（William Cowper，1731—1800），简·奥斯汀非常喜爱的英国诗人。

10. 致卡桑德拉·奥斯汀

1798 年 12 月 1 日星期六—12 月 2 日星期天

史蒂文顿

我亲爱的卡桑德拉：

瞧我多好，这么快又给你写信，让你知道我刚刚收到弗兰克的来信。他 10 月 19 日在加的斯，活着并且很好，最近收到一封你的信，还是"伦敦号"在圣海伦港时写的。但他有关我们**真正**的最新消息是我 9 月 1 日写的信，在我们到达戈德舍姆不久后寄出的。十月初他给英格兰最亲爱的朋友们写了满满一包信件，由"卓越号"派送，但"卓越号"没有出航，似乎他把这封信寄给我时还没启航。里面有给我们两人的信，以及给斯宾塞勋爵、戴什先生和东印度公司理事的信件。在他写信时，圣文森特勋爵已经离开舰队前往直布罗陀，据说去监管从那儿出发，前往敌军港口的一场秘密探险的装配补给；梅诺卡或马耳他可能是目标。

弗兰克写得兴致勃勃，但他说我们未来的通信无法这么轻松地继续下去，因为加的斯和里斯本的通信不如以前频繁。因此，你和母亲绝不要因为他的信件间隔很久感到惊恐。我对你们两人提这个建议，因为你们是家中肠最软的人。

母亲昨天下午穿过羡慕的人群**首次**进入小客厅，我们这五个星期以来第一次全都坐在一起喝茶。她晚上过得不错，让今天出色的活动很有可能继续下去……［文本缺失］……

莱福德先生昨天在这儿。他在我们吃饭时来的，加入了我们优雅的娱乐。我毫不羞愧地请他坐在餐桌上，因为我们有一些豌豆汤、一块小排骨和一份布丁。他希望母亲穿黄色衣服，别太性急，但她都不会接受。

昨天上午我在迪恩。玛丽很好，但体力恢复得不是很快。当我第三天和第六天见到她那么健康时，以为她两个星期就能完全恢复。

詹姆士昨天去伊布特罗普看望他的岳母和孩子。莱蒂现在和玛丽在一起，当然非常开心，和孩子玩得欢天喜地。玛丽对事情的安排，没能让我自己也想生个孩子。她看上去不够整洁，坐在床上没有晨衣可穿，她的窗帘都太薄了，一切既不舒适也不优雅，这样的境遇无法令人羡慕。伊丽莎白戴着干净漂亮的帽子，衣服总是雪白整洁，看上去真漂亮。我们现在完全住在小客厅里，我很喜欢这样；我在小客厅总比在会客室感觉优雅得多。

还没有金特伯里的消息。伊丽莎·［福勒］在考验我们的耐心①。她上个星期四很好。玛丽亚·蒙特雷索小姐要和谁结婚了？马尔卡斯特小姐会怎样？

我发现我的毛料长裙特别舒适，但我希望你不要过多穿你的那件。自从回家后，我已经为自己做了两三顶晚上戴的帽子，它们免去了我梳理头发的极大折磨。现在我除了洗刷帽子别无麻烦，因为我的长头发总是盘得看不见，而短发的卷曲恰到好处，

---

① 玛丽·奥斯汀的姐姐。她即将分娩，于12月6日产下第五个孩子。

无需贴纸。我最近让巴特勒先生帮我剪了头发。

毕竟没理由认为摩根小姐死了。莱福德先生昨天夸赞了父亲的羊肉，让我们非常高兴，他们都认为这是他们吃过的最美味的羊肉。约翰·邦德开始发觉自己变老了，干不了多少体力活，其实他不该这样；因此雇了另一个人替他干活，约翰本人去照看羊群。我相信雇的人不比以前多，只是不年轻了。至少我是这么想的，但你知道我在这些事上很愚蠢。莉齐·邦德刚成了斯莫尔小姐的学徒，所以几年后我们也许就能看着她糟蹋长裙了。

父亲在罗伯特的请求下，向梅先生为他要一座啤酒房，还问了温彻斯特的迪恩先生。这是母亲的想法，觉得迪恩先生会为帮助爱德华的一个亲戚感到骄傲，作为对爱德华接受他的金钱给予的回报。他的确给了非常礼貌的答复，但现在没有空房子。梅可能不久会在法纳姆得到空房，因此南妮也许能有幸为主教做啤酒。我明天会给弗兰克写信。

查尔斯·波利特星期四举办了舞会，当然让他所有的邻居深感不安。你知道他极其热切地关心着他未婚妻们的状态，活着只想很快被毁掉。

我们很愿意喜欢我们的新女仆；说实话，她完全不懂照顾奶牛，在我们的家庭中真是个缺点，但这都会教她的。简而言之，我们感受了太久没有女仆的不便，所以下定决心要喜欢她，她会发现很难让我们不高兴。不过，她似乎做饭很好，异常结实，说自己的针线活做得不错。

星期天——父亲很高兴听到对爱德华小猪的一些极好的描述。他希望作为对他此番品位的鼓励，能够听说博尔顿勋爵对他的小猪兴趣极高，已经为它们建造了最优雅的猪舍，每天早上刚起床就去看它们。

你挚爱的

J. A.

11. 致卡桑德拉·奥斯汀

1798 年 12 月 18 日星期二—12 月 19 日星期三

史蒂文顿

你的信到得如同我期待的一样快，你的来信总是这样，因为我已经定下规则，在收到信之前不去期待，我想这样会使我俩都轻松些。

得知你的事情①能以某种方式解决，解决的方式几乎没给你带来不便，这让我们两人都非常满意。如果需要，你可以用父亲的名义或是请他帮忙。我也会保留**我的**十英镑，好在冬天穿得暖和些。

几天前我擅自让你的黑丝绒软帽把网纱借给我，它欣然答应，这使我大大提升了我帽子的尊严，之前它太**寒酸**，无法让我喜爱。我会在星期四戴上它，希望你不会感到恼火，因为我只部分接受了你的装饰建议。我依然大胆保留了窄窄的银边，绕了两圈，没系蝴蝶结。我没用黑色的军队羽毛，而是用了鲜艳的橙红色羽毛，因为这样更漂亮，而且今年冬天很流行橙红色。舞会结束后我也许会把它变成黑色。

我很遗憾我们亲爱的查尔斯开始因为不公正对待而感到尊严

---

① 可能指得到已故未婚夫汤姆·福勒赠予的 1 000 镑遗产。

受到冒犯。父亲会给甘比尔上将写信，他一定因为熟悉并帮助了弗兰克而觉得非常满意，我敢说他会乐意结识我们家庭中的另一位成员①。我认为查尔斯在此情形下寻求托马斯·〔威廉斯〕爵士的帮助非常正确；虽然我无法赞成**你的**计划，给他写信（几天前的晚上你和我说过），让他回家把你送到史蒂文顿②。不过为你说句公道话，你当时自己也担心这样做是否合适。

非常感谢我亲爱的小乔治捎来的消息，至少感谢他的**爱**，我想他的**责任**只是从他父母那儿听说我对他的好意打算带来的结果。然而，我为自己能够来到世上感到真心欢喜，因为这样我才能为他端上一杯茶。代我热切问候他。

今天早上我们过得很开心，因为两位可爱邻居的拜访，他们是霍尔德先生和约翰·哈伍德先生。

我收到了马丁太太的一份极其礼貌的便笺，她的图书馆1月14日开放，想让我成为订阅人，最好把你的名字也给她。母亲准备了钱，可能也会订阅，我为此高兴，但有些出乎意料。为诱使我们订阅，马丁太太告诉我她的书籍不仅有小说，还有各种文学及其他作品。她其实不必对**我们**家人这样装腔作势，因为我们特别爱读小说，并且不为此感到羞愧。但我想对于一半自负的订阅者来说，这很有必要③。

我希望，也认为爱德华·泰勒将要继承爱德华·迪尔林爵士

---

① 奥斯汀家庭借助远亲甘比尔上将的帮助，为弗兰克和查尔斯得到升职。
② 未婚女子由父兄之外的男性陪同不太得体。
③ 当时小说的社会地位不高。许多人不愿读小说，甚至当时的一些文学家也会否认自己读小说或公开贬低小说。

的全部财产，以及他父亲的所有财产。我特意告诉勒弗罗伊太太你拜访了她的母亲，她似乎很高兴。

我很喜欢上个星期的霜冻，在其中一天独自走到了迪恩①。我想我此生还从未做过这样的事情。

查尔斯·波利特一直病得很重，但已经再次好转。他的妻子完全符合邻居们对她的期待，愚蠢暴躁又奢侈挥霍。厄尔·哈伍德和她的朋友贝利先生昨天来到迪恩，不过只待一两天。厄尔得到了在朴茨茅斯一艘监狱船上的职位，他想要这份职位已经有一段时间了。他和他的妻子将来会在船上生活。

我们现在三点半吃饭，我想，吃完后你们还没开始。我们在六点半喝茶，我担心你会鄙视我们②。

父亲晚上为我们读库珀，我有时间就去听。你晚上怎么过的？我猜伊丽莎白会做针线活，你为她读书，爱德华去睡觉。

母亲一直很开心，胃口和睡眠都很好，但她有时会犯哮喘，有些水肿、胸闷，或是肝不舒服。爱尔兰勒弗罗伊家的第三位小姐要嫁给一位考特尼先生了，但我不知道是詹姆士还是查尔斯。勒弗罗伊小姐要同她哥哥和洛奇小姐去萨福克，人人都忙于为后两位增加收入。洛奇小姐只有八百英镑。对她本人而言，不能指望父亲会给她很多，因此邻居的好意帮助可以接受。约翰·勒弗罗伊打算教学生。

詹姆士·迪格韦德伤得很重。怎么回事呢？是因为他最近购

---

① 当时的女性通常不会独自散步，需要有人同行。

② 当时的社会风尚是将正餐时间推延至晚上，而奥斯汀的家庭依然保留了下午三点半吃饭的传统。

买的一匹小马，他想让马倒着进入马厩。马儿用前蹄把他踢倒，在他的头上踢了个大口子。他尽快挣扎着离开，但有一段时间很受惊吓，后来也受了不少伤痛。昨天他又骑上那匹马，因为害怕更糟糕的结果，只得翻下马来。

星期三——我已经改变主意，今天上午修改了帽子的花边；现在正如你建议的那样。我觉得要是不听从你的指令我就做不好事情，感觉这使我现在比以前更像卡宁厄姆夫人①，如今人人都想成为那样。我相信我**会**把新长裙做成礼服的样子，但礼服的背面和裙尾是一整块布料，我能用七码布做成那样吗？

玛丽星期天去了教堂②，要是天气很好，我们本该在今天之前能见到她。我也许会在梅尼唐住到星期一，但不能更久。

玛莎捎口信说她忙得现在无法给我写信，但从你的来信中，我应该能猜出她忙着学医，为搬到伊布特罗普做准备。写给甘比尔的信今天寄出。

我期待着一场愚蠢的舞会；没有人值得一起跳舞，除了凯瑟琳·[比格]，不值得与任何人交谈，因为我相信勒弗罗伊太太不会在那儿。露西会和拉塞尔太太一起去。

这儿的人们贫穷节约得实在可怕，让我对他们失去了耐心。肯特是唯一幸福的地方，那儿的人个个富有。不过，我必须公正地说温莎一带也是那样。我被迫让詹姆士和德巴利小姐拿了你的两张画纸，但他们不会再拿了。只剩三四张了，除了一张更小更

---

① 当时的时尚引领者。
② 应该是玛丽·詹姆士 11 月 17 日生下第二个孩子后首次在公共场合出现。

厚的那种。要是你回家路过城里，也许你会想再要一些，或者就多买点，在我看来，你不会是因为路过城里才想买纸的。

我刚收到玛莎和弗兰克的来信，他的信是 11 月 12 日写的。一切都好，无甚特别。

J. A.

12. 致卡桑德拉·奥斯汀

1798 年 12 月 24 日星期一—12 月 26 日星期三

史蒂文顿

我亲爱的卡桑德拉：

我得到一些愉快的消息，迫不及待地想告诉你，因此提前开始写信，虽然我不会比平时更早**寄出**。

甘比尔上将回复了父亲的请求，他是这样写的："鉴于通常会让年轻的军官留在小型船只上，此番做法因为他们缺乏经验而更加合理，同时这种境遇更利于他们学习自己的责任，你的儿子将继续留在'天蝎号'。但我已向海军委员会提出他想进入战舰的心愿，等有了合适的机会，同时能够判定他已经在小船上服役，我希望他能得到调遣。关于你此时在伦敦的儿子，我可以很高兴地向你保证，他的升职也许指日可待，因为斯宾塞勋爵很快会就那部分军队的升职问题进行提议，他好意说起会将他的名字包括在内。"

行了！也许我现在就能结束写信，离开座位，绞死自己，因为我相信无论我接着再写什么或是做什么，对你而言只会平淡乏味。**现在**我真的认为他很快就能升职，只希望我们能把对这件事的先行了解，说给最相关的他听。父亲已经给戴什写了信，等任命书寄出后，让他一旦可以就告诉我们。你的主要心愿马上就要实现了，如果斯宾塞爵士能够同时给玛莎幸福，他会让你怎样欢喜不已啊！

我已经把甘比尔带来的甜美汁液同样寄给了查尔斯，这个可怜的家伙！虽然他只沦为消息主角的卑微陪衬，我希望他能为眼前呈现的未来机遇感到满足。从上将的话语看，似乎他是被故意留在天蝎号上的。但我不会以猜测和假设折磨自己，事实将令我满意。

自从文森特勋爵被派遣到直布罗陀，弗兰克自从 11 月 12 日给我写信以来已经有十个星期没收到我们任何人的信件。不过当任命书寄出后，在路上的时间不会比我们的信件更久，因为所有的政府书信都从里斯本由陆路交给勋爵阁下，非常有规律。

我今天早上从梅尼唐回来，发现母亲的身体当然完全没有比我离开时更差。她不喜欢冷天，但在那方面我们无能为力。我和凯瑟琳安静愉快地度过了一段时间。布莱克福德小姐足够讨人喜欢；我不希望人们很讨人喜欢，因为能免去我太喜欢他们的麻烦。我星期四到达梅尼唐后只找到了她和凯瑟琳，我们一同吃了饭，再一起走到沃廷寻求克拉克太太的保护。迈尔德梅夫人，她的长子以及霍尔先生太太都和她在一起。

我们的舞会稀稀拉拉，但绝非不令人愉快。屋里共有 31 个人，其中只有 11 位女士，仅仅五位单身女子。关于在场的男士，你也许能想到我的一长列舞伴。伍德先生，G. 勒弗罗伊，莱斯，一位布彻先生（属于坦普尔斯家族，是个水手，不在第 11 轻骑兵队），坦普尔先生（并非最令人讨厌），威廉·奥德先生（金斯克利尔家的表亲），约翰·哈伍德先生和卡兰德先生。卡兰德先生像平常一样把帽子拿在手中，不时坐在我和凯瑟琳后面，让我们责备他不去跳舞。不过我们最终把他取笑得去跳舞了。分别这么久之后，我很高兴再次见到他，总的来说他是晚会上的天才和调情高手。他问候了你。

有二十支舞，我全都跳了，没有一丝疲惫。我很高兴自己能跳这么多舞，感觉很满意。我从阿什福德舞会（作为跳舞的集会）中没得到多少快乐，本来以为自己做不到。不过在冷天，只有几对舞伴时，我认为跳半个小时和跳几个星期差不多。我的黑帽子得到了勒弗罗伊太太的公开赞赏，我私下认为屋里的每个人都很欣赏。

星期二——谢谢你的长信，我会尽量把后面的内容写得紧凑些，努力让自己配得上这封信。你的很多消息让我充满喜悦。你竟然去了一场舞会，跳了舞，和王子①共进晚餐，你竟然会考虑买一条新细纱布长裙，真是令人愉快。**我决定只要可以就买一条漂亮长裙**，我对现在的衣服感到厌烦又羞愧，甚至看到装着它们的衣橱都会脸红。但我不会因为那件粗布衣服被嘲弄太久，我很快会把它变为衬裙。祝你圣诞快乐，但这个季节**无可**夸赞。

可怜的爱德华！他在这个世界上拥有他想要的一切，竟然不能有健康的身体，真令人难过。但我希望在胃痛、眩晕和恶心的帮助下，他能很快重获福佑。如果他的神经紧张源于本该抛开的一些事情带来的压抑——这并非不可能，或许这些最初的病痛其

---

① 威廉·弗雷德里克（1776—1834），乔治三世的弟弟威廉的儿子，正在肯特服兵役。

实是种治疗。我衷心希望会是如此，因为我不知道有谁能像爱德华那么配得上纯粹的幸福。

母亲的心情**没有**受到她身体不适的影响。相反，她的情绪总的来说和平时一样好，也别以为她总是想着这些病痛。她有时会想到已经消除的病痛，即痛风的肿胀和膝盖的不适。

我还没决定该拿我的新长裙怎么办；我希望这些都能购买成品①。我有点希望下星期四在迪恩的洗礼仪式上遇见玛莎，看看她能为我做点什么。我希望听到一些让我不假思索便能听从的建议。

我再说说你在阿什福德跳舞，和王子进餐带给我的喜悦。我完全理解凯奇太太的难过与困惑。她有太多愚蠢和不可理喻的感受，能使她幻想在那样的晚会上感觉不自在。但除了她的荒唐之外，我还是爱她的。请你下次见到爱德华·布里奇斯时替"另一位奥斯汀小姐"向他问好。

你一定要坚持购买一条新长裙的打算。我相信你一定想要一条，因为你一星期后会得到5畿尼，肯定能买得起。要是你觉得不行，我会给你衬裙。

你能得到我自从回家后帮助穷人的忠实记录——我给玛丽·哈钦斯、戴姆·裘、玛丽·斯蒂文斯和戴姆·斯特普尔斯每人一双绒线袜，给汉娜·斯特普尔斯一条筒裙，给贝蒂·道金斯一条围巾，加起来大约半畿尼。但我没理由认为巴蒂一家**愿意**接受任何东西，因为我还没给过他们。

---

① 当时的成品服装极为罕见。

我很高兴听见对哈丽特·布里奇斯那么好的描述，她正在以17岁女孩应有的样子进入社交圈，仰慕别人，也受人仰慕，比她三个姐姐的表现理智得多，她们很少有她这种青春状态。我敢说她认为埃尔金顿少校和沃伦一样讨人喜爱，如果她能这么想，那非常好。

我本想今天去迪恩吃饭，但天气太冷，我对下了点雪被困在家中不感到遗憾。星期五有人和我们一起吃饭：三位迪格韦德和詹姆士。我猜我们会是愉快沉默的一群人。请你收到这封信时尽快拿起剪刀。我只担心你动作太慢，得不到奖品。

海军委员会的勋爵们此时会收到太多申请，因为查尔斯在信里说他本人已经向斯宾塞勋爵写信要求调遣。我担心陛下会勃然大怒，命令砍掉我们几个人的脑袋[1]。

母亲想知道爱德华有没有按照计划建个鸡舍。我很高兴地听玛莎说她们当然继续待在伊布特罗普，我刚得知会在洗礼上见到玛莎。

你理应得到比这更长的信，但不幸的是，我极少给人应有的对待。

上帝保佑你。

你挚爱的简·奥斯汀

星期三——昨天的雪微不足道，所以我的确去了迪恩，晚上九点乘坐小马车回了家，没感觉特别冷。德巴利小姐星期五和我们一起吃饭，还有那位先生。

---

① 对《一千零一夜》的戏仿。

13. 致卡桑德拉·奥斯汀

1798 年 12 月 28 日星期五

史蒂文顿

我亲爱的卡桑德拉：

弗兰克升职了。他昨天升为中校军衔，被任命至"佩特雷号"护航舰上，此时在直布罗陀。戴什的来信刚刚宣布了这个消息，因为马修先生转录的由甘比尔上将写给将军的信件表达了同样的意思，这封非常友好的来信证实了这个消息，让我们没理由怀疑事情的真实性。

在稍稍喜极而泣后，你可以继续读信，进一步得知东印度公司已经在考虑**奥斯汀上尉**的请求。这个消息来自戴什，还有那个中尉。查尔斯·约翰·奥斯汀被调遣到**塔玛号**护卫舰上，这个消息来自上将。我们无法得知塔玛在哪儿，但我希望我们此时无论如何能见到查尔斯。

这封信将完全用于写好消息。如果你愿意给父亲寄一份你洗衣寄信的费用清单，他会寄给你一张全额支票，还有你下个季度的零花钱，以及爱德华的房租①。如果你有了这笔钱并且得知弗兰克的升职，还不去买一条细纱布长裙，我将永远都不原谅你。

---

① 史蒂文顿地产是爱德华从他的养父奈特先生那儿继承的产业之一。

勒弗罗伊太太刚捎来口信，说多尔切斯特夫人想邀请我参加她1月8日的舞会，这虽然和上面的内容相比只算不起眼的好事，我并不将它视为灾难。

　　现在我无法多写，但我已经写了足够的内容，能让你非常高兴，因此可以放心结束了。

你挚爱的

简

14. 致卡桑德拉·奥斯汀

1799 年 1 月 8 日星期二——1 月 9 日星期三

史蒂文顿

我亲爱的卡桑德拉：

今后你必须在寄信前把你的信至少读**五**遍，也许你就能和我一样觉得它们很有趣。我正在回复的这封信里好几处都让我大笑不已。

查尔斯还没有来，但他今天上午一定会来，否则他永远不知道我会对他做出什么。肯普肖特的舞会今晚举行，我已经帮他得到邀请，虽然我还没体贴到帮他找个**舞伴**。但他和伊丽莎·贝利的情况不一样，因为他还没有奄奄一息，因此也许能为自己找个舞伴。我相信我以前和你说过星期一是舞会之夜，为了这一点，以及我可能让你误解的其他所有错误，我卑微地请求你原谅。

伊丽莎白对我创作乐曲的事非常无情。作为对她的惩罚，我应该坚持一直把她今后要弹的曲子全都写完，就算我不会同时这样惩罚我自己。

我比较高兴地听说了爱德华的丰厚收入，和听到你我之外的任何人变得富有一样高兴。听说他送给你的礼物后我特别高兴。

我今晚终究不会戴我的白色缎面帽；我要戴一顶马穆鲁克帽，那是查尔斯·福勒送给玛丽的，她借给了我——如今非常时髦，人们会戴着它听歌剧，马尔德梅斯夫人在哈克伍德舞会上也戴了。我讨厌描述这些物品，我敢说你能猜出它是什么样子。我比预料中更好地度过了做衣服的难熬时期。我的长裙做得很像我蓝色的那条，你总说那条很合身，只有这些改动——是短袖，裙摆更大，罩了围裙，用同样的布料镶了一整圈花边。

我向你保证，我和你一样想到要去波科海姆就害怕，但也许会发生些什么阻止这件事，我对此并非不抱希望。

西奥输掉了在巴利的选举，也许他们有一段时间不能拉帮结派了。他们也说春天要去巴斯，或许他们会在去的路上翻了车，一整个夏天都躺在床上。

星期三——我得了感冒，一只眼睛好几天都不舒服，这使得写信既不愉快，也没什么好处，也许会让我无法自己完成这封信。母亲已经答应帮我写信，我会把肯普肖特的舞会留给她。

你对我可能被赫尔伯特太太的仆人在灌木林谋杀的事几乎无动于衷，我真想告诉你我有没有被杀。我只会说我那天晚上或接下来的晚上没有回家，因为玛莎好心地在她的床上给我腾出位置，是新育儿室里的折叠床。保姆和孩子睡在地上，我们就那样，有些混乱却无比舒适。那张床太适合我们了，让我们两人醒在那儿聊到两点钟，后来睡着了。我从来没有这么喜欢玛莎，等她回家后，我打算尽量去看看她。星期四我们都在哈伍德家吃了饭，第二天早上一群人才散开了。

眼睛的不适真让我心烦，因为自从星期五我就完全无法舒适地读书或做活，但其中有一点好处，等我感冒好了之后，我会在音乐上大有长进，能完全胜任**那门学科**，至少明年夏天能从伊斯特韦尔的鲁普先生那儿找个职位。我肯定伊丽莎白会推荐我，就算只为了哈丽特。关于我的绘画才能，我已经在信中给你看过样本。我无事可做，只能给星星们编几个深奥的名字[1]。

玛丽对她孩子美貌的问题变得更加理智，说她认为他不算太漂亮。但我怀疑那不过是妈妈们的谦虚。也许玛丽已经告诉你他们准备更多地参加宴会；比格一家和霍尔德先生明天去那儿吃饭，我会见到他们；我会在那儿睡觉。凯瑟琳有幸向一群人说出名字，包括两个威瑟，两个希思科特，一个布莱克福德，除她本人外，没有一个比格。她昨晚向我祝贺弗兰克的升职，好像真如她说的那样感到高兴。

我可爱的小乔治！听说他是个做鬼脸的天才，我真开心。我很喜欢他的黄色华夫饼，希望他会选择在华夫饼上给你写下一封信。我昨晚穿了绿鞋子，带着我的**白色扇子**；我很高兴他从未将它扔进河里。

奈特太太把戈德默舍姆庄园地产让给爱德华绝非看起来那样特别慷慨，因为她还是为自己从中保留了一份收入。这应该为人所知，让她的行为不会太被高估。我倒觉得爱德华在两人中表现得更加大度，以那么高的条件接受她的赠送[2]。

我越写眼睛就越舒服，因此在我把笔交给母亲前，我至少可

---

① 奥斯汀将此与当时女性在音乐、绘画、语言等方面的才艺相提并论，同时戏称可以去做家庭教师。《曼斯菲尔德庄园》的女主角范尼喜爱看星星。

② 奈特太太为自己保留了每年2 000英镑的收入，简·奥斯汀开始很为之担忧，但爱德华的收入极其丰厚。

以写到眼睛很好为止。

布拉姆施顿太太的小屋昨晚被她本人，H. 布莱克斯通太太，她的两个女儿和我几乎塞满了。我不喜欢布莱克斯通小姐们；事实上，我总是打定主意不喜欢她们，因此对她们就更无话可说。布拉姆施顿太太很礼貌，友好，吵闹。我过了个很愉快的夜晚，主要和梅尼唐的人在一起。晚餐和去年一样，同样缺少椅子。跳舞的人多得屋子几乎装不下，这在任何时候都足以被视为一场好舞会。

我觉得自己不大受欢迎。人们通常不太想邀请我，直到他们情不自禁。你知道人的重要性有时毫无理由地变化很大。有一位先生，是柴郡的军官，一位相貌英俊的年轻人，我听说他很想被介绍给我，但他的想法还没有强烈到让他不怕麻烦地促成此事，所以我们永远不可能结识。

我又和约翰·伍德先生跳了舞，和一位索思先生跳了两次，他是个来自温彻斯特的年轻人，我想和那个教区的主教毫无关系。我还和 G. 勒弗罗伊与 J. 哈伍德跳了舞，我认为哈伍德比以前更喜欢我。最让我高兴的是，有两场舞我都坐在那儿，以免让博尔顿勋爵的大儿子当我的舞伴。他舞跳得太差，令人无法忍受。查特里斯小姐们也在那儿，兴高采烈地扮演伊登小姐们的角色。查尔斯根本没来！淘气的查尔斯。我想他无法及时找人接替他。

德巴利小姐已经取下你的两幅画，换成两张更大更好的，所以我现在完全不为此耿耿于怀。安杜佛的勒德洛先生和皮尤小姐最近结婚了，贝辛斯托克的斯基特太太和药剂师弗兰奇先生也结婚了。

我对你想再看一遍《第一印象》①毫不奇怪，你难得读完，还是很久以前读的。我非常感谢你打算把我的旧衬裙丢掉。我早就暗暗希望能样做，但没勇气向你提出。

下次写信请务必提及玛丽亚·蒙特雷索情人的名字，母亲想知道，可我没勇气从你以前的信件中找出来。

我只能明天再寄这封信了，你星期五会感到失望。我对此很抱歉，但我也没办法。

杰弗里斯·图默和莱格解除了伙伴关系，两人都变得一贫如洗。杰弗里斯有可能因为拿了几位女主角的存款而宣布破产。我二十遍祝福你生日快乐。

我**应该**能今天把信寄出，这使我站上了人类幸福的巅峰，让我沐浴着希望的阳光，或给我以你可能喜欢的精致语言描述的其他任何愉悦情感。别因为我没有把信纸写满而生气，相信我是你挚爱的——

J. A.

---

① 《傲慢与偏见》的原名，小说初稿完成于 1797 年。

15. 致卡桑德拉·奥斯汀

1799 年 5 月 17 日星期五

皇后广场 13 号

我最亲爱的卡桑德拉：

我们昨天的旅行极其顺利，没发生任何让我们担惊受怕或被耽搁的事情。我们发现路上的秩序特别好，一路都有出色的马匹，在四点前轻松到达了迪韦齐斯。我想约翰已经告诉你我们离开安杜佛时是怎样分开乘车的，后来没做任何改变。我们在安杜佛有舒适的房间和丰盛的晚餐，一直吃到五点。我们还吃了芦笋和一只龙虾，我真希望你也在这儿。乳酪蛋糕使孩子们的晚餐变得特别愉快，这让他们很长时间都会喜爱安杜佛小镇。

好了，此时我们在巴斯；我们大约一点到达，已经来了一段时间，足以查看屋子，整理房间，对一切都感到很满意。可怜的伊丽莎，她从迪韦齐斯过来的旅途很不愉快，因为几乎一路都在下雨。我们第一眼见到巴斯时，它和去年十一月时一样阴沉。

我有太多事要说，太多同样无关紧要的事情，现在无法决定该说什么，所以打算和孩子们吃饭去。

我们中途在帕拉冈停留，但因为太潮湿泥泞无法出去，只能见见弗兰克①。他告诉我们他的主人情况很一般，但昨晚比之前睡得好些。我们在帕拉冈遇到福利太太和戴着黄围巾出去透气的道兹韦尔太太。在金斯当山脚下，我们遇见乘坐马车的一位先生，仔细辨认后，发现原来是霍尔先生。霍尔先生戴着那样的重孝，一定是他的母亲、妻子或者他本人死了。这些是我们见到的所有熟人。

我可能会为我的行李箱烦恼。几个小时前我有更多的箱子，但因为太重，无法放在托马斯和丽贝卡从迪韦齐斯过来的马车上，有理由认为这对其他任何马车都太沉重，很长一段时间我们没听说一辆能够运送的货运马车。不过最后，我们发现有一辆正要出发到这儿来。但无论如何，行李明天才能到。到目前为止我们安全了，谁知道不会发生些什么继续耽搁呢？

在安杜佛，我亲手把玛丽的信放进了邮局。

我们对房子极其满意，房间和我们期待的一样大，布罗姆利太太是个戴孝的胖女人，一只小黑猫在楼梯上跑来跑去。伊丽莎白住进了客厅里的房间；她想让母亲住，但因为里面的那间没有床，上楼梯很方便，或是母亲比在帕拉冈强壮得多，不在乎上下楼，于是决定我们住在上面。我们有两个大小适中的房间，被子很脏，一切舒适。我住在外面更大的一间，本该属于我；和我们家中的卧室几乎一样大，母亲的那间其实不比这间小。两张床都不小于史蒂文顿的任何一张床；我有一个带抽屉的漂亮箱子，还有个满是架子的壁橱——架子实在太满，别的什么也没有，因此我认为叫壁架比壁橱更合适。

---

① 奥斯汀舅舅和舅母的黑人男仆。

告诉玛丽我今天早上在迪韦齐斯的客栈看见一些木匠在干活，但因为不能确定他们是 W. 福勒太太的亲戚，我没向他们介绍自己。

我希望今天下午天气不错。我们刚到时，所有的雨伞都打开着，不过现在人行道又变得很白了。

母亲似乎完全没因为旅途而身体变差，我希望人人都是这样，尽管爱德华昨晚似乎很疲惫，今天早上也不太轻松。但我相信要茶、要咖啡和糖的忙乱，以及自己走出去品尝一块奶酪，会对他有好处。

昨天的报纸上有一长列来客名单，因此我们无需立即担心会与世隔绝。每天早晨在悉尼花园有公共早餐，所以我们不会忍饥挨饿。

伊丽莎白刚说她的三个小男孩都非常好。我希望你忙忙碌碌，舒适愉快。我发觉给眼睛涂抹膏毫无困难。我很喜欢我们的处境，比在帕拉冈开心得多，而且从我现在写信的客厅窗户看出去，景色如画，因为本来可以看到布罗克街左面的风景，只是被皇后街末尾那幢房子花园里的三棵白杨挡住了。

我迫不及待地想知道我最好的那条裙子的命运，但我想弗朗西斯过几天才能拿到箱子。与此同时，我非常感谢你不辞辛苦为我缝制，还给我的丝袜做了记号。

你非常挚爱的

简

大家都向你热情问好。

16. 致卡桑德拉·奥斯汀

1799 年 6 月 2 日星期天

皇后广场 13 号

我亲爱的卡桑德拉：

我为两封信而感谢你，一封来自你本人，另一封来自玛丽·[奥斯汀]，而直到昨天收到你的信之前我对另一封毫不知情。在检查了邮箱后，我才收到这封属于我的信。因为我在本该收到她的来信时已经给她写了信，我觉得她会暗自猜想我依然欠有债务，正如我也会那样认为她一样。

我要调动我仅有的一些鉴赏力，为安娜买一双她会喜欢的袜子；但我觉得根本完不成玛莎的任务，因为我不喜欢买鞋，而且无论如何它们都是平底鞋①。

关于爱德华，我该怎么对你说呢？真话还是假话？我会试试前者，下次你可以为自己选择。他昨天比两三天前好一些，和刚到史蒂文顿时差不多。他在赫特林泵房喝了矿泉水，明天去洗浴，星期二试试电疗——是他本人向费洛斯医生提出电疗的，医生毫不反对，但我想我们全都不指望有任何好处。现在我觉得我们不会在这儿住到下个月。

---

① 18 世纪 90 年代的女鞋大多是低帮薄底、拖鞋般的敞口平底鞋。

我上个星期收到查尔斯的来信，他们星期三会出航。

母亲的身体似乎非常好。舅舅一开始走路太多，现在只能乘轿子出门，但别的都很好。

我的披风送来了，里面还附了蕾丝的图案。如果你认为不够宽，我可以给你的那件每码多付三便士，总价不超过两畿尼，因为我的披风总共不到两英镑。我非常喜欢，现在能像 J. 邦德在干草丰收时那样开怀大叫："这是我在过去三年一直寻找的东西。"我昨天在巴斯街的一家商店看到一些窗帘，一码只要四先令，但既没我的好，也没我的漂亮。人们喜欢佩戴鲜花，水果更受欢迎。伊丽莎白有一串草莓，我见过葡萄、樱桃、李子和杏子——还有杏仁和葡萄干，杂货店里的法国李子和罗望子，但我从未在帽子上见过任何水果。一个李子或青梅得花 3 先令，我相信樱桃和葡萄要 5 先令，但这是几家最昂贵的商店里的价格。舅母告诉我一家很便宜的店，在沃尔科特教堂附近，我要去那儿为你买点东西。我从未在泵房见过一个上了年纪的女人。

伊丽莎白给了我一顶帽子，不仅是顶漂亮的帽子，还是一顶**款式**漂亮的帽子。有点像伊丽莎的，但并非完全的草帽，一半是窄窄的紫色花边——但我相信这番描述一点也没让你弄明白。哎呀，我怎么会这样鼓励你要求解释呢，我任何时候都不会清晰描述。但我绝不能再这样写下去……[剪切六七行]……是这样。

我星期五晚上和梅普尔顿在一起，虽然未曾期待，却过得很开心。六点到八点我们愉快地散了步，爬了比肯山，穿过一些田地，到达查尔库姆村。村庄愉悦地坐落于小小的绿色山谷中，景致和名字一样美好。玛丽安理智又聪颖，即使非常漂亮的简也没有令人不快。我们一行人中还有一位诺斯小姐和一位古尔德先生，后者喝完茶陪我走回了家。他非常年轻，刚进入牛津，戴着眼镜，听说《埃维莉娜》是约翰逊博士写的①.

我恐怕无法把玛莎的鞋子带回家，因为虽然我们来的时候箱子里有足够的空间，但我们要带回的东西多了许多，我必须承认还因为是由**我**来打包。

星期二晚上在悉尼花园将有一场盛大演出——一场音乐会，有灯火和烟花——我和伊丽莎愉快地期待着烟花；即使音乐会对我也有了不同寻常的魅力，因为花园很大，足以让我走得很远，听不见声音。早上威洛比夫人会给新月街的义勇骑兵队或其他部队发彩旗。这样的庆典也许会有个不错的开幕式，我们想去……〔剪切六七行〕……

我很高兴玛莎和勒弗罗伊太太想要我们帽子的图案，但对你给他们的做法不太喜欢——有些心愿，一些重要心愿，对于保持每个人的思想活力必不可少。在满足这些心愿后，你让他们只好形成某个别的心愿，也许不及这一半单纯。我不会忘记给弗兰克写信，既是责任也是爱。

你挚爱的简

舅舅对我如此频繁地收到你的来信感到很惊讶。但我们只要别让玛莎的舅舅得知我们通信的次数②，就不必担心我们的舅舅了。

---

① 作者是弗朗西斯·伯尼。
② 玛莎和她的寡母得到了舅舅的资助，而邮资也是不小的花费。

17. 致卡桑德拉·奥斯汀

1799 年 6 月 11 日星期二

皇后广场 13 号

我亲爱的卡桑德拉：

你昨天的来信让我非常开心。我真心为你能逃离肮脏的迪恩感到高兴，对于我们要在这儿住得更久并不遗憾。我大致确信我们下星期会离开，不过我们当然也可能一直待到 27 日星期四。我不知道我们该怎样安排今年夏天所有的游览计划。我愿意对阿德斯特罗普、哈登和波科海姆做出妥协，要是玛莎在史蒂文顿过夏天，就能当我们这些地方都去过了。

爱德华过去的一个星期很不错，因为矿泉水从未在任何方面对他不利，我们很希望他能最终因此得到好处。人人都为这样的期待给我们鼓励，他们都说矿泉水绝对没有副作用，这些水后来的好处常常会比当时更明显。他在这儿比我期待的更舒服，伊丽莎白也一样，虽然我相信他们都很乐意离开，尤其是后者——**不知怎的**，让人无法怀疑。皮奥兹太太到此结束[①]。我有点想以她的风格写完一整封信，但我相信我不会这么做。

虽然你在帽饰问题上给了我无限的权力，我还是不能决定该

---

① 英国作家赫丝特·林奇·施拉尔·皮奥兹（1741—1821），她是英国文学评论家与诗人塞缪尔·约翰逊（1709—1784）的好朋友。此句意指结束皮奥兹太太的写作风格。

做什么，因此在这封信以及未来的每一封信中，我都会不断要求你更多的指示。我们去了廉价商店，发现价格非常便宜，但那儿只有花饰，没有水果。因为我能以同样的价钱买到四五个漂亮的花枝，或者只买一个奥尔良李子，在收到你的下一封信前，我无法决定购买水果。而且我不禁想到，脑袋上长出鲜花会比长出水果更自然些——对于那个问题你怎么看？

我无论如何也不会让玛莎重读《第一印象》，我很高兴没让你来决定。她很狡猾，我看穿了她的伎俩。她打算凭着印象出版这本书，只要再读一遍肯定做得到。至于《菲兹-阿尔比尼》①，等我回家她就能得到，只要她愿意承认埃利奥特先生比兰斯先生更英俊，白皮肤的男子比黑皮肤的更可爱——因为我打算利用一切机会消除她的偏见。

本杰明·波特尔在这儿。真是太好了！我不知为何，但那句话自然而然跟在后面，我忍不住写了下来。母亲那天看到了他，但没让他看见她自己。

我很高兴你喜欢我的蕾丝，你和玛莎都喜欢——这样我们全都很高兴。我已经拿到你的披风，真令人愉快！——至少和半数得此称谓的情形一样令人愉快。

我不知今天怎么回事，我无法安静地写信；我总是心不在焉地发出某种感慨。幸运的是，我没有很特别的事情要说。

上星期的一天晚上，我们步行去了韦斯顿，非常喜欢那儿——非常喜欢**什么**呢？——韦斯顿？——不——是**步行**去韦斯

① 见信件 9 注释。

顿——我没把我的想法表达清楚，但我希望你能理解我。

我们最近没去任何公共场所，除了在巴斯皇后广场 13 号的日常活动外什么都没做——但我们今天本来打算飞奔出去，到外面用餐，要不是因为我们没去成的话。

爱德华最近重续了和伊夫林先生的交往，他住在皇后街上。爱德华接受了他的家庭宴会邀请，我相信伊丽莎白起初很遗憾他会接受邀请。但昨天伊夫林太太来了，她的举止非常讨人喜欢，让我们特别想去吃饭。比格一家会称她为很可爱的女人——然而伊夫林先生昨天身体不舒服，今天更糟，我们只好推迟。

向管家提出任何有关家庭事务的建议很无礼，但我只冒昧地说一句，爱德华在史蒂文顿期间每天都会需要咖啡磨，因为他总是就着咖啡吃早餐。

范尼向你致以爱意，向祖父致以爱意，向安娜致以爱意，也向汉娜致以爱意——尤其要记得汉娜——爱德华向你送上他的爱，也向祖父、安娜、小爱德华、詹姆士姑妈和詹姆士叔叔送上他的爱，希望你们所有的火鸡、鸭子、小鸡和珍珠鸡都茁壮成长。他特别想让你给他写一封印刷体书信，范尼也是——他们两人都认为自己会回信。

"你有许多理由希望我们在这儿居住的时间延长到上星期四之后"——这话有些令人费解。你除了想让我们和你在一起的**渴望**之外，在汉普郡还有什么事可做呢？

加德纳医生昨天和佩里太太结婚了，她有三个女儿。

现在我要和你说说玛丽面纱的事，购买时我很体贴地算上了你的一份，因此我有责任在买花上为你省钱。我毫不费力地用半畿尼买了一块细纱布面纱，也没花更多力气就发现这块细纱布又厚又脏又破烂，因此无论如何不能作为共同的礼物——于是我尽快换成别的，考虑到我的不慎使我陷入了怎样的困窘，我认为自己能花 16 先令购买一块黑色蕾丝很幸运。我希望其中一半的价格不会大大超出你愿意为姐妹之情付出的花费。

你挚爱的简

他们似乎没在梅尼唐给你找太多麻烦。我早就想和他们争执一番，我想我会利用这个机会——无可否认，他们很反复无常！因为他们只要可以，都喜欢让姐姐们陪他们做伴。

18. 致卡桑德拉·奥斯汀

1800 年 11 月 1 日星期六

史蒂文顿

我亲爱的卡桑德拉：

我相信你已经写了信，虽然自从你离开伦敦后我没有收到你的任何来信。一定是邮件，而非你本人，没能准时。

我们终于收到了弗兰克的来信，昨天还有一封他写给你的信，我打算刚得到同样的寄信方式（**那**是指免费邮寄①）就发出来，希望一两天内能做到。**等等吧**，能知道"佩特雷号"和埃及的其余中队在 7 月 6 日离开了塞浦路斯岛，他们从雅法去哪儿增加补给，一两天后从何处前往亚历山大港，在那儿等待英格兰关于从埃及撤军的命令，你应该满意了。

接下来的内容，按照如今时髦的写作方式，以描述为主。他对升职一无所知，奖金拿得受之无愧。

你的信到了，实际上，是在前面十二行还没写的时候送来的，但我没有停下说这件事，也很高兴它没在我开始第一句话之前到来，因为我从昨天开始就想好了这句话，而且我认为是个很好的开头。

---

① 原文为"frank"。当时的国会议员可以在信封上签名，获得免费邮寄。

你对我们长裙的嫌恶逗乐了我，却没使我泄气。下个星期我会把我的那条拿去修改，而且我越看就越喜欢。我的披风星期二到了，虽然我很期待，但蕾丝的漂亮程度依然令我吃惊。漂亮得让人不忍穿上——几乎漂亮得令人不忍直视。玻璃器皿也平安到达，非常令人满意。葡萄酒杯比我想象的小得多，但我觉得这是合适的尺寸。我认为你处理我们任何事情的方式都无可指摘，但如果你喜欢觉得自己有哪些疏漏，尽可随意。

母亲因为你不能去彭林顿家做客很苦恼，但她已经给他写了信，这样也不错。玛丽有些失望，当然是因为她的项链坠，她当然也因为平安到达贝辛斯托克的轧布机而高兴。你会替他们感谢爱德华。既然你知道这份感激之情多么令人渴望，就不会觉得自己在编造谢意了。

你是否想到了我们星期四晚上的舞会，你认为我去了吗？你无需顾虑，因为我去了。我们星期三早上决定哈伍德太太、玛丽和我都应该去，不久后我收到布拉姆施顿太太的一封非常礼貌的邀请函，我想她刚得知要开舞会就写了。我也可以和勒弗罗伊太太一起去。因此，有了三种参加舞会的方式，我一定比任何人都更加投入。我是在迪恩吃饭和睡觉的，夏洛特和我一起弄了我的发型，我感觉平平常常。然而谁也没说不好，结束后我为自己的成功感到高兴。

这是一场愉快的舞会，不仅愉快，更是精彩，因为有将近六十个人，有时会有十七对舞伴。朴茨茅斯一家、多尔切斯特一家、博尔顿一家、波特尔一家和克拉克一家都去了，以及所有更平常普通的人。总的来说男人很少，不错的男人就更少了。十支舞曲我跳了九支——五支是和史蒂芬·特里、T.丘特和詹姆士·迪格韦德跳的，还有四支和凯瑟琳一起跳。常能见到两位女士站在一起，但像我们这么可爱的不常见。

我没听到什么消息，除了没来的彼得斯先生可能对莱福德小姐特别殷勤。你得到了许多问候，我希望所有参加舞会的人现在都知道你去了肯特，似乎那些经常见面的家庭都对此一无所知。朴茨茅斯勋爵对你的殷勤问候超过了其他所有人，他特意询问你还要待多久，以"希望我写下一封信时替他问好"作为结束。

朴茨茅斯夫人穿了件不同的衣服，博尔顿夫人戴上假发好看多了。三位特里小姐都去了，却没有安妮；对我而言，很令人失望。我希望那个可怜的女孩那天晚上没有和我过去一样满心想着自己的容貌。特里先生病了，有些不舒服。我对爱德华说过关于丘特先生的好话；作为回报，他慷慨地宣称，如果他知道我哥哥在史蒂文顿，会特意前来拜访，为他上次捕猎时的关照感谢他。

我已经收到查尔斯的来信，准备把他的衬衫每缝好半打就寄给他；下个星期会寄一趟。恩底弥翁号只是在等待命令，但也许会等上一个月。科尔塔德先生不幸险险地错过了乔顿的一位不速之客，因为查尔斯其实已经出发，走了半路，打算和爱德华过上一天。不过当他发现距离比他预想的远得多，而且他本人和马儿都疲惫不堪时，便转身返回了。要是他的朋友希普利也和他一起，我会感到更遗憾，因为科尔塔德先生也许对一次只见一个朋友不那么高兴。

哈伍德小姐还在巴斯，写信说她身体从未这么好过，也从未这么高兴过。约书亚·韦克福德上星期六死了，父亲星期四埋葬了他。一位耳聋的方内罗小姐来到了阿什，让勒弗罗伊太太无法趁勒弗罗伊先生不在家时去沃廷或贝辛斯托克。

母亲想到能为莫利小姐送给安娜的新布娃娃做衣服很高兴。父亲的情绪不那么令人羡慕，因为似乎农场去年的收益少了 300 英镑。詹姆士和玛丽星期一去伊布特罗普住了一晚，发现劳埃德太太气色不太好。玛莎最近在金特伯里，也许现在回家了。原先答应玛丽的女仆抛弃了她，在别处找了份活。德巴利一家仍在为他们叔叔的死而痛苦，他们现在说以前常去伦敦拜访他。向所有人问好。我很高兴乔治还记着我。

你非常挚爱的 J. A.

我很不高兴。重读你的来信时，我发现我本可以省去关于查尔斯的任何消息。竟然写了你已经知道的事情！你能猜出我的感受。我在舞会上穿了你最喜欢的长裙，头上缠了一圈同样的细纱布，以库柏太太的发带镶了边，别了一个小发簪。

19. 致玛莎·劳埃德

1800 年 11 月 12 日星期三—11 月 13 日星期四

史蒂文顿

昨天我在夏洛特离开迪恩后才收到你的便笺，否则我会让她带来我的回复，而不是像现在这样，只能将你参加赫斯特伯恩舞会穿的新裙子的优雅程度降低三便士①。你想很快在伊布特罗普见到我真好，我想来看你也同样好。我相信我们在那方面的优点旗鼓相当，我们的克己忘我一样强烈。

在赞扬了我们两人的美德后，我该结束此番称颂，接着说说简单的事实了。我希望能在两个星期后和你在一起。我有两个原因不能早点来。我希望此番安排能让我在你母亲回来后和你住几天。首先，我也许会很高兴见到她；其次，我也许更有可能带你回家。

你对我答应得不够坚定，但如果你还没下定决心，你我二人将竭尽全力克服你良心上的顾虑。我希望我们下个星期能见面谈谈此事，直到在我来访之前，我们想到这一点就已经不胜厌烦。

我们 19 日的邀请函已经到达，用词很古怪。

我敢说玛丽昨天告诉你可怜的厄尔不幸的事故了。他的情况

---

① 信的邮资，由收信人支付。

似乎不太好。关于他的前两三条消息越来越差。今天早上的信中提到，医生担心病人的重度感染或许已经伤至骨头，而他的骨头最初就几乎摔断，所以任何感染或突然的挪动都可能导致骨折。约翰·哈伍德今天又去了戈斯波特。我们有两家朋友现在处于很艰难的状况；因为虽然凯瑟琳今天早上的便笺似乎说起梅尼唐现在又有了希望，但后续如何很值得怀疑。不过摔断腿上小骨头的希思科特先生倒是恢复得很不错。同时照顾三个人实在太难了！

玛丽今天收到卡桑德拉的来信，她正要和爱德华与伊丽莎白去凯奇家住两三晚。你问我要书的事情令我无比沮丧。我想不出该带哪一本书，也没想到我们会需要它们。我来是为了和你说话，不是为了读书或听人阅读。我能在家做**那件事**；事实上我正在储备想法，打算作为**我的**谈话内容说给你听。我正在阅读亨利的《英国史》①，能以你喜欢的任何方式为你复述，无论是轻松、凌乱、不连贯的风格，或是像历史分为不同阶段一样，把我的讲述分为七个部分——民事与军事；宗教；宪法；求知与博学者；艺术与科学；商业，货币与运输；礼仪。这样一个星期的每天晚上都有个不同的话题。星期五的内容——商业，货币与运输——你会觉得最无趣；但下一个晚上将会弥补。有了我这样的准备，如果你能重述法语语法，斯滕特太太不时对公鸡母鸡发出一些惊叹，我们还有何求？暂别一阵。你星期二要来吃饭，见见詹姆士·迪格韦德，你一定希望在他去肯特前见到他——真爱将我们

---

① 作者为罗伯特·亨利（1771—1793），共6卷。

紧密相连，我是——

你非常挚爱的 J. A.

据朴茨茅斯传来的消息，T. 威廉爵士要结婚了。事实上这个消息已经传了二十次，但查尔斯这次有些愿意相信是真的，因为他们在船上几乎见不到他，而且他看上去很像恋人的模样。

星期四——哈伍德一家今天早上得知厄尔大为好转的消息，我刚从他们那儿收到一封信，医院的外科医生说伤口处于最佳状况。

20. 致卡桑德拉·奥斯汀

1800 年 11 月 20 日星期四—11 月 21 日星期五

史蒂文顿

我亲爱的卡桑德拉：

你今天早上的来信让我大吃一惊；不过，欢迎来信，我对此非常感激。我相信我昨晚在赫斯特伯恩喝了太多葡萄酒；我不知除此之外该怎么解释我今天手一直在颤抖。因此你会好意原谅我的任何模糊字迹，将它归结为这个轻微的错误。

淘气的查尔斯星期二没有来，但可爱的查尔斯昨天上午来了。大约两点钟[①]他牵着在戈斯波特租的马儿走进来。他感觉不太劳累是个好迹象，他感觉毫不疲倦就更好了。我们步行去迪恩用餐，他整晚都在跳舞，今天有些疲惫不堪。

你想在星期天收到我的来信，这也许能带给你对舞会过于细致的描述，因为人们总能在结束的第二天早上记得很多事情，而时间会彻底赶走这些记忆。

这是个愉快的夜晚，查尔斯觉得尤为如此，但我无法告诉你为什么，除非是因为特里小姐不在，对他是个解脱——他曾对她感到良心亏欠，现在已是毫不在意。只有十二支舞，我跳了九

---

① 英国地理位置靠北，白天开始较晚。

支，剩下几支只因为缺少舞伴才没有跳。我们 10 点开始，凌晨 1 点吃了夜宵，5 点前到达迪恩。屋里只有 50 个人，没几家来自我们郡，来自另一个郡的没有多很多。我的舞伴是两位圣约翰、胡珀、霍尔德，还有一位非常魁梧的马修先生，我是最后和他跳的，他也是几人中我最喜欢的一个。美人非常少，仅有的几位也算不上很漂亮。艾尔芒格小姐气色不好，布朗特太太是唯一受人仰慕的女士。她和九月时看上去一模一样，有着同样的宽阔脸庞，镶钻束发带，白色的鞋子，粉色的丈夫，和肥胖的脖子。两位考克斯小姐也在那儿。我看出其中一位依然是八年前在埃纳姆跳舞的那个举止庸俗、容貌粗糙的女孩；另一个女孩变得漂亮沉静，像凯瑟琳·比格。我看着托马斯·钱普尼斯爵士，想到了可怜的罗莎莉；我看着他的女儿，感觉她像长着白脖子的奇怪动物。我勉强认为沃伦太太是位漂亮的年轻女士，并为我的克制感到很遗憾。她刚刚去除了身体的一部分①，舞跳得很欢，看上去一点也不胖。她的丈夫很丑，甚至比他的约翰表哥还丑，但他看上去没**那么**老。两位梅特兰小姐都挺好看，很像安妮·［马修］，有着棕色的皮肤，大大的黑眼睛和超大的鼻子。［马修］将军得了痛风，梅特兰太太得了黄疸病。德巴利小姐、苏珊和莎莉都穿着黑衣服出场，却没戴小雕像，我在她们难闻的口气允许的范围内尽量对她们以礼相待。

　　他们没告诉我玛莎的任何新消息。我打算星期四去她那儿，除非查尔斯决定和他的朋友希普利再来参加贝辛斯托克舞会，如

---

① 生了孩子。

果那样，我星期五才能走。不过，我在出发前会再给你写封信，我也希望同时收到你的来信。如果我不去参加舞会，我无论如何不会对邻居那么无礼，在同一天出发去另一个地方，因此我一定会最晚在星期四早上离开。

玛丽说我昨晚很好看。我穿了姑妈的长裙，带了她的手帕，我的头发还算整齐，这就是我全部的目标。现在我说完了舞会，要去更衣吃饭了。

星期四晚上——查尔斯星期六离开我们。除非亨利顺路带我们去海岛，那么他们也许会星期天一起走，我们对此心怀希望。

托马斯爵士可能会娶的那位年轻女士是爱玛·瓦布肖小姐；她住在南安普顿和温彻斯特之间的某个地方，容貌漂亮，很有才华，和蔼可亲，除了没钱之外样样都好。他肯定要仓促地修整好他的房子。也许他打算娶一位范肖小姐的传言源于他对这位小姐的殷勤——她们的名字并非不相似。

萨默斯的确把我的长裙做得非常好，我对它越来越满意。查尔斯不喜欢，但父亲和玛丽喜欢。母亲对此不置可否；至于詹姆士，他说这比他见过的长裙都好看。为了证明这一点，我想说如果你肯卖掉你的那件，玛丽就会买下来。

星期一我们在阿什过得很愉快，我们十四个人坐在书房吃晚餐，因为暴风雨从烟囱灌进来，不适合待在客厅。布拉姆施顿太太说了许多废话，布拉姆施顿先生和克拉克先生似乎都很喜欢。有一张惠斯特牌桌和一张赌桌，六个人都不会玩。莱斯和露西相互调情，马特·鲁滨逊睡着了，詹姆士和奥古斯塔轮流读着芬尼斯博士关于牛痘的小册子，我轮流和所有人做伴了。

当询问克拉克太太时，我发现希思科特太太在她对克鲁克一家和莫利一家的消息上犯了大错。是小克鲁克先生要娶莫利家的二小姐，音乐会上的美人是莫利小姐们，而非克鲁克家的二小姐。这种说法似乎更可信，是更好的信口开河。

三位迪格韦德星期二都来了，我们一起打了康默斯牌。詹姆士·迪格韦德今天离开汉普郡。我想他一定爱上了你，因为他急于让你参加法弗舍姆的舞会，而且他认为两棵榆树因为你的离开而伤心地倒下了。这难道不是殷勤的想法吗？我以前从未想到过，但我敢说的确如此。

哈克今天在这儿种植新的果树。有人提议把榆树步道的右手边种上树木圈起来：需要考虑的是究竟种上苹果树、梨树和樱桃树，把它变成一小块果园，还是应该种上落叶松、桉树和金合欢树。你怎么看？我什么都不说，随时准备赞成任何人的想法。

你和乔治·[奈特]步行去了埃格顿！多么可笑的一群人！阿什福德的人们是否还在每个星期天乘马车去戈德默舍姆教堂？是**你**一直那么不喜欢 N. 托克先生，不是**我**。我不喜欢他的妻子，也不喜欢布雷特先生，至于托克先生，没几个人能让我更喜欢。

哈伍德小姐和她的朋友在离巴斯 15 英里的地方找了个房子；她写了很友好的信，但没说别的具体情况。也许那是布里斯托尔建得最早的房子。

再见——查尔斯送上他最好的爱——爱德华送上他最糟的爱——如果你认为这样的区分不合适，你本人可以收下最糟的。

他回到船上会给你写信，与此同时希望你能视我为——

你挚爱的妹妹 J. A.

查尔斯现在喜欢我的长裙了。

我欣喜地告诉你，我们刚刚收到我们亲爱的弗兰克的另一封信。是写给你的，非常简短，从塞浦路斯的拉尼卡写来，10 月 2 日才写的。他从亚历山大港过来，三四天后返回，对他的升职毫不知情。信只写了不到二十行，因为不知这封信能否被你收到，也担心所有的信件会在维也纳被拆开①。

在此前几天他从亚历山大港给你写了信，由"水星号"随基思勋爵的包裹一同寄出。除此之外，肯定还有一封给我们的信，不是**两封**也有**一封**，因为没有哪封信是写给我的。

亨利明天过来，只待一个晚上。

母亲收到了 E. 利太太的来信。"理智与情感"夫人和她的女儿准备搬到巴斯；艾斯特韦克太太又要结婚了，嫁给一位斯隆先生，是个尚未成年的年轻人，不清楚双方的家庭情况。不过，他性格很好。

星期五——我已经决定星期四走，但当然不会在邮车进入前离开。查尔斯的确看上去非常好。我很高兴地弄清了那天晚上在第一场赫斯特伯恩的舞会上，那些打扰了我的长鼻子胖女孩都是谁。原来她们都是埃纳姆的阿特金森小姐们。

---

① 与法国交战期间的审查机制。

21. 致卡桑德拉·奥斯汀

1801 年 1 月 3 日星期六—1 月 5 日星期一

史蒂文顿

我亲爱的卡桑德拉:

因为你此时已经收到我的上一封信,我应该开始写下一封了。首先,此刻在我心里最重要的希望是,你上午和所有那些快乐的人一起聚会时,要经常穿那件白色长裙。

我们星期三去了阿什庄园拜访,不过平平常常。我们见到了勒弗罗伊太太和汤姆·丘特,玩了牌,又回家了。詹姆士和玛丽第二天在这儿吃了饭,晚上亨利乘邮车去了伦敦。他来访期间和平时一样讨人喜爱,丝毫没有降低劳埃德小姐对他的评价。

昨天我们很孤单,只有四个人——但今天因为玛丽用马车带着玛莎去贝辛斯托克,以及玛莎随后在迪恩吃饭,情况有了可喜的变化。

母亲和你一样,满心期待能有两个女仆——父亲是唯一不知情的人。我们打算有个稳重的厨子,还有个年轻又轻佻的女仆,再有一位庄重的中年男子,能兼任前一位丈夫和后一位情人的双重职位。当然两边都不允许有孩子。

你对约翰·邦德的关心超出了约翰·邦德所应得的。我很遗憾贬低他的人品,但他毫不羞愧地承认他无疑能谋到高位,说甚至几年前就有一个农场主佩因给他提供职位，还说他无论何时从父亲这儿离开都能去那边工作。

我们认为巴斯有三个地方可能有房子——韦斯盖特大楼，查尔斯街，以及和劳拉广场或普特尼街相连的几条短街。

韦斯盖特大楼虽然在下城区，但本身情况不差；街道宽阔，看上去很不错。不过，我认为查尔斯街更合适；建筑很新，靠近金斯梅德广场，这都令人愉快。也许你能记得，或者你忘了，查尔斯街从皇后广场的教堂通向两条格林公园街。

我猜劳拉广场附近街道上的房子超出了我们的支付能力。盖伊街的价格会太高，除了往上走时左手边的矮楼；对**那一点**母亲没有任何不情愿——那儿曾经比这排所有的房子租金更低，因为房子本身有些缺陷。但她此时最想租下教堂路转角的那座房子，面朝王子街。不过，她只对房子的外观有些了解，因此还不确定是否真正适合居住。同时她向你保证她会尽量避开特里姆街，虽然你没有表达你的担忧，但我们都以为你会这么做。

我们知道佩罗特太太想让我们住进牛津大楼，但我们全都特别讨厌城里的那块地方，因此希望逃离。你和爱德华可以根据这些不同情形商量一下，我们热切期待你们的想法。

至于我们的画，战争画、尼布斯先生、威廉·伊斯特爵士、散落在屋里的所有各种老旧画作，各类文本手稿，圣经图画都会给詹姆士。你自己的画依然属于你，两幅小油画由你来处理。母亲说主卧室里的法国乡村版画由爱德华给了他的两个妹妹。你或他对这件事有任何了解吗？

母亲已经给姑妈写了信，我们急切地等待回复。我不知该怎样放弃我俩五月去帕拉冈的想法。我认为**你**无论如何都必须去，而我不喜欢被丢下；这儿或附近没有我想住的地方——虽然收留两个人一定比收留一个人更麻烦，但我会努力用巴斯的小圆面包破坏我的胃口以缩小差距；至于给我们提供住处的**麻烦**，无论一个人还是两个人，其实都一样。

根据最初的计划，母亲和我俩一起乘车过来，父亲随后——大约再过两三个星期。我们已经答应顺路去伊布特罗普住两天。你知道，在我们出发去海边前，我们必须全都在巴斯汇合。考虑到所有情况，我认为我们最初的计划无可挑剔。

父亲和母亲明智地想到在全巴斯很难找到和他们自己的床一样好的床，已经决定把床带上。事实上，我们想要的床都会搬来，也就是说，除了他们的床，我们自己的两张，最好的一张备用床，还有两张仆人的床铺——所有这些必备物品也许是仅有的值得运来的东西。我认为不值得把我们的任何橱柜搬过来。我们可以弄到一些宽敞很多的松木柜，上了油漆，看上去很整洁。我敢说至于各种舒适的小物件，我们的屋子在全巴斯都会是配置最完备的——包括布里斯托尔。

不过我们有时会想把餐柜，或一张彭布鲁克餐桌，或其他家具搬来，但总的来说，我们最终都会觉得搬运这些，比起在一个什么都有的地方重新购买，麻烦和风险大于好处。请告诉我你的想法。

玛莎已经好心答应三月再来我们这儿。她的情绪比之前好些。

我现在已经掌握了写信的真正艺术，我们一直听说写信的内容要与对方亲口表达的内容完全一致。我和你说话的速度几乎能赶得上写这一整封信的速度。

你的圣诞盛会真令人惊讶，我想这些几乎能让沃尔特小姐本人感到满意。我希望富特小姐赢得的十先令能解决她和她表哥弗雷德里克之间的一切问题。那么，说着优雅的科尔森·沃洛普语言的布里奇斯夫人**开始了**①！我很高兴听说皮尔逊一家的好运。我知道他们几年前就一直非常盼望升职，是因为洛克耶上尉生病了。这大大提高了他们的收入，让他们住进了更好的房子。

母亲希望别在装饰我们巴斯房子的事情上麻烦她，我已经保证你会愿意承担一切。我越来越能接受搬家的想法了。我们在这儿已经住了太久，贝辛斯托克的舞会当然不如从前，所以离开的忙碌也有些乐趣；想到将来的夏天能在海边或威尔士度过，还是很令人愉快。我常常羡慕水手或士兵妻子的许多好处，在一段时间里，我们自己也能拥有了②——但绝不要让大家认为离开村子没有让我牺牲很多——或我是想让大家对抛在身后的一切不感到丝毫柔情或兴趣。

即将颁布的《国会法案》似乎没引起任何惊恐。

父亲正竭尽全力提高收入，通过提高教区税等方式，我对一年六百英镑的收入并非不抱希望。你打算在巴斯的什么地方安顿你的**蜜蜂**？我们担心南面太热了。

星期一——玛莎要送上她最深情的爱，还说了许多想在三月

---

① 意为怀孕。原文为"in for it"。
② 可见《劝导》中的安妮·埃利奥特。

和你待一段时间之类动听的话，同时期待我俩秋天可以回来很久。也许星期天前我不会再写信。

你挚爱的 J. A.

22. 致卡桑德拉·奥斯汀

1801 年 1 月 8 日星期四—1 月 9 日星期五

史蒂文顿

我亲爱的卡桑德拉：

我上封信末尾的"也许"只是个"也许"，我敢说如果你**竟然**在星期四之前收到这封信，也不会令你无比惊讶。除非发生特殊情况，你会收到的。两天前，我怀着慷慨大方，更是无比善意的心情接收了你的来信；我想我无需告诉你这是写在大页纸上的一封很长的信。因为是你写的信，所以非常有趣。

佩恩先生已经去世很久了，亨利上次去他家拜访时已经无需戴孝，虽然我们在那以前对此一无所知。他为何死去，得了什么病，把他的四个女儿嫁给了哪些大人物，我们都没听说。

我很高兴怀尔德曼一家准备举办一场舞会，希望你能为你我二人得到些好处，用几个吻换取一次免费邮寄。我相信你对晚些购买细棉纱布的提议很对，我就心甘情愿地勉强接受吧。

彼得·德巴利先生已经拒绝了迪恩的牧师职位；他想离伦敦近一些。愚蠢的理由！好像迪恩不比埃克塞特或约克离伦敦更近似的。放眼世界，他会发现比迪恩离伦敦更远的地方比离它更近的地方多得多。他认为格伦科或凯瑟琳湖怎么样①?

竟然有人会反对如此宝贵的美差和如此愉悦的职位，我真感到愤怒！竟然人们不能普遍认为迪恩比任何乡村离伦敦更近。可既然事已至此，因为彼得·德巴利以他的毫无理智证明了他是个彼得②，我们只能去别处寻找接任者。父亲已经想提出把这个牧师职位给詹姆士·迪格韦德，作为必要的恭维，但也觉得这对他而言既不中意也不合适。除非他爱上了莱福德小姐，我想他最好别在这附近安顿下来。除非他真的非常爱她，否则他不大可能认为 50 英镑的薪水在价值和效力上等同于 75 英镑的职位。

要是**你**也能作为这座房子的备选人之一该多好！可是埃格顿·布里奇斯先生或劳埃德太太都从未真正把你列入过。

我和玛莎昨天去迪恩吃饭，想遇见波利特一家和汤姆·丘特，我们做到了。波利特太太穿得既昂贵又暴露；我们满意地评估着她蕾丝和细纱布的价格；她话说得太少，没给我们太多别的乐趣③。

约翰·莱福德太太过于喜欢当寡妇的状态，所以打算再次守寡。她即将嫁给一位芬德尔先生，是格洛斯特的银行家，财产丰厚，但比她本人老得多，有三个小孩子。莱福德小姐还没来过这儿；她只能来一天，还没定下日子。

我认为霍尔德先生能够得到农场，无需依靠威廉·波特尔先

---

① 位于苏格兰偏远处。

② 孩子牌戏中的"黑彼得"有"魔鬼"之意。是奥斯汀的调侃。

③ 可能指她用意大利语"Caro Sposo"（亲爱的新郎）指她的丈夫，《爱玛》中出现了这个情节。

生乐于助人的精神；也许在父亲剩余的租期里都能属于他。这比让农场落入哈伍德先生或特维晨农夫之手让我们高兴得多。霍尔德先生一两天内会来和父亲谈论此事，到时约翰·邦德的好处也不会被忘记。

我今天收到一封库克太太的信。劳雷尔太太要嫁给一位欣奇曼先生了，是来自东印度的有钱人。我希望玛丽对她表哥生活与福利的此番证明感到满意，不再想着他的骨头正被旺蒂奇唐斯的烈日炙烤，以此折磨她自己。

玛莎的来访即将结束，我们四人都为此深感遗憾。婚礼将在16日举行，因为17日是星期六，在16日的前一两天玛丽会带她的姐姐乘马车去伊布特罗普，在照顾每个人安适的同时感受所有的喜庆氛围，从每个人那儿获得挫折或取笑。富尔瓦，伊丽莎和汤姆·丘特都在那儿。别的人我都不认识。我得到邀请，但拒绝了。

伊丽莎已经在巴顿见到克雷文勋爵，此时也许在金特伯里，他这个星期可能在那儿待一天。她发现他的举止非常讨人喜爱。他如今在阿什当庄园和一个情妇住在一起这个小小的缺点，似乎是他唯一令人不悦的方面。富尔瓦和伊丽莎即将同詹姆士和玛丽从伊布特罗普回到迪恩。

赖斯一家不会在韦希尔有座房子；目前他在安杜佛有个住所，他们考虑今后在阿普尔肖有个住处。那个村庄充满活力，能欢迎每一个不想在斯佩恩希尔有座房子的人前来居住。

请向乔治转达我的爱；告诉他我很高兴听说他跳绳已经跳得那么好，说我希望他继续告诉我他在这门艺术中的进步。

我认为你推迟伦敦之行非常明智，如果你没打算推迟一段时间，那就是我弄错了。你说起乔丹太太①和歌剧院的语气如此温柔大度，如果以为你需要安慰真是冒犯。但为了避免你因为和史密森先生关系破裂感到后悔，我必须告诉你亨利怀疑他特别吝啬。

星期五——没有从舅母那儿得到回复——我想她忙着出售家具，打包衣物，为搬到斯卡莱茨做准备，所以没时间写信。

你为我安排赠送的礼物真是好心，母亲也对我表示了同样的关注——但我不想接受强加于我的慷慨，所以在"把我的橱柜送给安娜"成为我自己的想法前，我不会决定这么做。

我们正讨论在西德茅斯过夏天，因此你要尽量从 C. 凯奇太太那儿得到所有的信息。

父亲的老助手们已经弃他而去，投奔他的儿子了。我们搬走后，那匹棕色的母马，还有那匹黑色的，都会交给詹姆士。棕色母马已经失去等待的耐心，此时已经在迪恩安顿下来。休·卡佩特的死讯和斯基普西先生的死讯一样——虽然未受期待，却并非完全出乎意料。像是故意为之，让詹姆士轻松地即刻拥有了母马；我想其他的每件物品都会逐渐以同样的方式被他获取。玛莎和我每天都在整理书籍。

你挚爱的 J. A.

---

① 多罗西·乔丹（1762—1816）是当时最著名的喜剧演员，她和乔治三世之子克拉伦斯公爵的关系也广为人知，1790—1811 年两人生活在一起。

23. 致卡桑德拉·奥斯汀

1801 年 1 月 21 日星期三——1 月 22 日星期四

史蒂文顿

期待一封最令人愉快的来信吧，因为没有承载过多的话题（根本无话可说），从头至尾我都不会压抑我的天分。

好了，那么，弗兰克的来信让你非常开心，可你担心他没有耐心等待"哈勒姆号"。你希望他待到那时，因为它比商船更安全。可怜的家伙！要从 11 月中旬等到 12 月末，甚至更久！一定令人悲哀！尤其在墨水都淡得可恶的地方。他在 10 月 2 日得到英格利斯上尉的来访，被揪住衣领推出了佩特雷号！他宽厚地克服了离开他的船只、他的军官和他的下属的酸楚感受。

他升职时竟然不在英格兰，真令人遗憾，因为他当然想得到任命——人人都这样说，因此我这么说肯定没错。如果他真在这儿，我敢说他得到任命的可能性没有这一半大——但因为无法证明，他的离开将永远成为遗憾的幸运之源。

伊丽莎·［福勒］说在报纸上看到，如果护卫舰的上尉们加入参战船舰行列，将会升职为上校。如果这是真的，瓦伦丁先生也许能为自己找个漂亮的情人，而查尔斯或许可以成为恩底弥翁号的大副——虽然我认为达拉谟上尉很有可能带上他手下的恶棍。

我昨天在迪恩吃了饭，我和你说过我会去，还遇见了两位霍尔德先生。我们玩了二十一点牌戏，因为富尔瓦输了，这和往常一样给了他一个暴露自己的机会。

伊丽莎说她很好，但她比我们上次见到时瘦了些，气色不太好。我想她还没有从十二月的生病中恢复过来。她把额头上的头发剪得太短，帽子戴得不够高。不过，即使有这么多不利情况，我依然能欣赏她的美。他们今天都在这儿吃饭，这也许对我们所有人都很有好处。

威廉和汤姆还是老样子；卡罗琳的容貌有了提升；我想她现在真是个漂亮的孩子。她依然很羞涩，说话不多。

富尔瓦下个月去格洛斯特郡、莱斯特郡和沃里克郡，伊丽莎在他离开期间去伊布特罗普和迪恩。因此，她希望不久后能见到你。

克雷文被家人阻止，没能去金特伯里拜访，但正如我之前对你所说，伊丽莎非常喜欢他，他们有可能相处得特别友好。

玛莎下星期四回到这儿，然后开始她去迪恩的两次拜访。

我希望每天都能见到比格小姐，定下我去梅尼唐的日期。我想会在下个星期，如果可以我会告诉你，这样你就能把信寄往那儿。

这里的人已经大致从赖德太太的死讯中恢复了，甚至让我觉得他们现在很高兴。她卖的东西太贵了！罗杰斯太太的东西在所有方面都更令人满意。即使死亡本身也无法修复这世界上的友谊。

你去城里后不要麻烦自己去彭林顿家，父亲到那儿后会自己解决问题。你只需特别留意他给你的钱，我敢说你不会遗憾免除了其他事情。

星期四——昨天我们一群人过得安静而愉快。我们昨天一同侵袭了阿什庄园，明天我再次去迪恩吃饭。真是多姿多彩的一个星期！

伊丽莎让我给你捎个信，我很高兴为她传达；她星期天会给你写信，把你的钱寄给。玛丽也有个消息——要是你能把夹克和长裤的图案给她，或是伊丽莎白的男孩们刚穿马裤后任何衣服的图案，她会对你非常感激——因此如果你能带给她一件旧衣服，她会特别高兴，但我觉得那远远不够。

我很高兴听说奈特太太身体在恢复，无论她可能得了什么病。但我不能因为你的暗示把她想得太差，竟然怀疑她怀孕了。我认为她不会遭到背叛，最多只是个**事故**。

怀克诺特一家遭到抢劫，对他们的熟人而言，一定是件有趣的事情，我希望这不仅带给他们快乐，也能让他们如同似乎喜爱的那样，成为众人娱乐的话题。

我很想不承认收到了你的来信，我刚刚才愉快地读完，因为我太羞于把这些乱糟糟的字迹与之相比——但如果让我说出我不得不说的话，我希望我没理由绞死我自己。

卡罗琳·［库柏］这个月 7 日才生了孩子，因此她恢复得的确看似很迅速。我已经两次听爱德华说起这件事，他的每封信都写得恰到好处——轻松有趣。他不敢以别的方式写信给**我**——但他也许会因为写废话而深感愧疚，只能在接下来的一个星期把他的鞋子装满豌豆，以此赎罪。G. 太太留给他 100 英镑，给他的妻子和儿子每人 500 镑。

我和你一样希望能去劳拉广场，却不会贸然期待。母亲特别渴望去广场，但认为由舅舅代**她**过去再自然不过。去悉尼花园附近会非常令人愉快，我们每天都可以去迷宫。

你无须费力匹配母亲早晨那件花布衣的图案，她不再打算修补了。

詹［姆士］·迪［格韦德］怎么还没向你求婚？我猜他去看了教堂，这样也许就能知道他想怎样在里面结婚了。

范尼会得到关于寄宿学校的书，等她爸爸给我机会我就立刻寄出。我不知到那时我会不会因为一阵兴奋，慷慨地把书永远送给她。

我们星期四也有一场舞会。我期待从梅尼唐过去。如果我很快再次写信，不必惊讶，或是以为弗兰克来了；只是为了说我要去梅尼唐，并且回答你关于我长裙的问题。

24. 致卡桑德拉·奥斯汀

1801 年 5 月 5 日星期二—5 月 6 日星期三

帕拉冈

我亲爱的卡桑德拉：

我愉快地从我**自己**的房间给你写信，在两段楼梯之上，身边的一切都非常舒适。

我们过来的旅途没有一点事故或周折；我们在每段旅程后更换马匹，几乎在每个关卡缴纳路费。

天气十分迷人，几乎没有一丝尘埃，极其令人愉悦，有三英里路我们几乎没有开口说话。

我们在拉格肖和埃弗利之间吃了一顿丰盛的大餐，怀着仰慕惊叹之情看着我们的补给怎样隆重登场——我们竭尽全力也吃不完牛肉的二十分之一。我相信黄瓜会是很受欢迎的礼物，因为舅舅说他最近询问了一根黄瓜的价格，得知要 1 先令。

我们从迪韦齐斯乘坐了一辆很整洁的马车，看上去几乎像绅士的马车一样好，至少像个落魄绅士的马车——但尽管有了这样的优势，我们还是花了三个多小时才到达帕拉冈，按照**你们的**时间七点半才进了屋。

黑头发的弗兰克一直在大厅的窗边等待着，他极其友好地接待了我们；他的男女主人同样热情友好。

他俩的气色都很不错，不过舅母咳嗽得厉害。我们刚到就喝了茶，就此结束对我们旅程的介绍，母亲没有因此而疲倦。你今天过得好吗？我希望你睡觉好些了。我想你一定如此，因为**我睡**得不好。我总是不到五点就醒，我猜是因为胸前的衣服太厚了。我想**应该**如此，因为我上床前就感觉到了，但没勇气更换衣服——这儿没有生火，但我觉得比不久前生了大火炉的那次还要暖和。

行吧，那么好消息得到证实，玛莎赢了——舅舅与舅母似乎对你和父亲不能早点过来感到很惊讶。

我送出肥皂和篮子，都被愉快地接受了。我们关心的**一件**物品没能平安到达。我在迪韦齐斯进入马车时，发现你的画尺被折成了两半，就在顶端绑横木的位置。请原谅。

只会再有一场舞会，就在下星期一。张伯伦一家还在这儿。

我开始更喜欢 C. 太太了。我只记得她有个很长的下巴，而她记得在格洛斯特郡我们还是迷人的年轻女子的模样。

在好天气中第一眼看到的巴斯没满足我的期待；我想透过雨水能看得更清楚。太阳完全躲在后面，从金斯当山顶端看去，一切都潮湿、模糊、迷茫、混乱。

我想我们会在西摩街或附近找一座房子。舅舅舅母都喜欢这儿的情况。我很高兴听舅舅说新国王街所有的房子都太小了，我自己也这么想。我进客厅还不到两分钟，他就像往常一样兴致勃勃地急切询问我弗兰克和查尔斯的情况，以及他们的想法和打算。我尽量给予答复。

我对诱惑劳埃德太太来巴斯居住的事情并非不抱希望——一

磅肉只要 8 便士，黄油 12 便士，奶酪 $9^1/_2$ 便士。但你必须小心向她隐瞒极高的鱼价——整条鲑鱼的价钱卖到了每磅 2 先令 9 便士。约克女公爵的离开有可能让那件物品的价格变得更合理——在果真如此之前，请对鲑鱼只字别提。

星期二晚——舅舅去喝第二杯水时我和他一起走过去，早晨的散步中我们看了格林公园大厦的两套房子，有一套我非常喜欢。我们到处走了一遍，除了阁楼。餐厅大小舒适，正是理想的尺寸；第二个房间边长大约 14 英尺。客厅上面的房间尤其令我喜爱，因为它分成两个部分，小点的那间是大小宜人的更衣室，需要时也许能放一张床。房子面朝东南。唯一的问题是储藏室有些潮湿，已经能看出一些迹象。

星期三——马赛尔太太已经拿到我的长裙，我会努力解释她打算怎么做。这将是一条圆摆长裙，前面是礼服夹克式，像凯瑟琳·比格的那样，在侧面开口。上衣是连体的，一直延伸到口袋位置，我想口袋有 1/8 码深，笔直裁剪，配上宽宽的褶皱。衣身与口袋绝不显得臃肿，后背的样子非常简单；侧面也一样。前面斜裁至胸部收口，配了同样的褶边，偶尔在所有手帕都弄脏时可以使用。这个褶边**必须**贴向里面。

她会把后摆设计为 2.5 倍宽幅，没有尖角——尖角如今已不大流行。袖子没有新颖之处，简简单单，宽松下垂，在下方收口，和玛莎的一些衣服类似——或许再长一点。后背很低，系同样的腰带。我想不到别的了，虽然我担心说得不够细致。

母亲已经订购了一顶新软帽，我也一样——都是白色条纹图案，以白色缎带镶边。我发现我的草帽和别人的很相似，也一样时髦。

布里奇斯夫人想买的细棉纱布软帽到处都是，有些很漂亮；但我想等你到了再考虑。巴斯变得空空荡荡，我已经不太在意穿着。黑色斗篷我也经常穿。我一两天后会再给你写信。爱你。

你永远的 J. A.

利林斯通太太和张伯伦先生太太来拜访了我们。母亲为张伯伦先生太太奇怪的样子感到非常吃惊；**我**只见过**她**。巴斯比太太明天过来喝茶玩纸牌；我相信星期五我们会去张伯伦家。昨晚我们沿运河散步了。

25. 致卡桑德拉·奥斯汀

1801 年 5 月 12 日星期二—5 月 13 日星期三

帕拉冈

我亲爱的卡桑德拉：

母亲已经收到玛丽·［劳埃德·奥斯汀］的来信，我收到了弗兰克的信件，因此我们现在得知了我们关心的远方的消息。我希望你能以某种方式同样知晓，因为我不想抄写任何一封信。

我敢说，你已经从伊丽莎白那儿得知父亲和弗兰克因为 M. 奥斯汀先生不在家，推迟了去基平顿的拜访，今天会去戈德默舍姆。我相信詹姆士此时已经到了伊布特罗普，特别问候劳埃德太太的身体状况，提前透露我可能想说的关于出售的消息——三头奶牛卖出 61.5 畿尼，给我们一张桌子只卖 11 畿尼的打击带来了些许安慰——我的钢琴卖 80 畿尼正是我期待的价格；我更急于知道我的书卖了多少钱，尤其听说了它们卖得很好。

自从上次写信以来没发生多少特别的事情，但发生的几件事，我会一一说给你听。

我们在利林斯通太太家一个人也没见到，却没有如我期待的那样感觉太傻，我认为这归功于我戴了新帽子，看起来很漂亮。星期天我们去了两趟教堂，晚祷后在新月广场散了步，但发现冷得无法久留。

昨天早上我们查看了西摩街的一座房子，有理由相信很快会空出来。因为我们从多方面确信河流不会给那些大楼带来任何不便，如果可以我们会在此定居——但这套房子没有吸引力，楼下最大的房间边长还不到14英尺，朝向西面。

我希望你在晚上能带着欣赏之情想到我的着装与舞会；我尽量穿得漂亮些，戴上了家人喜欢的所有饰品。九点前我和舅舅舅母进入房间，温斯通小姐与我们同行。在喝茶前，一切都非常无趣；但茶点前的时间不长，因为只有一支舞，只有四对舞伴在跳——想想四对舞伴，由上百人围绕着，在巴斯的上舞厅跳舞。

喝完茶我们**高兴起来**，小群体散开后，几十对舞伴又进入舞池，虽然对这个地方来说还是少得令人震惊，不合情理，但我觉得人数足以举办五六场很不错的贝辛斯托克聚会。

接着我能和伊夫林先生说话，有特威斯尔顿小姐可看；我能骄傲地说我很擅长看出谁是情妇。虽然别人·再告诉我人群中的另一个人才是**她**，但我一开始就选出了正确的那个——和利太太的相似度是我的理由。她没有我期待的那么漂亮，她的脸和她姐姐一样都不免平淡，五官不算动人。她特别激动，看上去比任何人更是一副怡然自乐的傻样子。

巴德科克太太和两位年轻女子同她们在一起，除了当巴德科克太太觉得自己必须离开她们，满屋子寻找她醉酒的丈夫时——他的躲避，她的追逐，以及可能二人都有的醉意，真是趣味盎然。

伊夫林一家星期六回访了我们，我们很高兴见面，诸如此类。他们明天要去格洛斯特郡，在多尔芬家住十天。我们的熟人伍德沃先生刚和一位欧威小姐结婚了，她是个财产丰厚、擅长音乐的年轻女子。

感谢你星期天的来信，既长又令人愉悦。我猜你对我们的售卖细节比我们知道的还要多。我们只听说了奶牛、培根、干草、啤酒花、桌子，以及父亲的抽屉与书桌的价格，其他一概不知。玛丽对他们自己而非我们的收获说得更清楚——也许对那些了解更多。我得完成劳埃德太太的委托——下次写信要提及她对麝香的厌恶。

我已经三次询问梅普尔顿家的情况，我猜这对玛丽安很有好处，因为我一直听说她好些了。我还没见过他们中的哪一个——她的病症是胆汁热。

我的确非常喜欢我的深色长裙，颜色、做工一切都好。我打算现在就把我的白色新长裙做好，以免我们下个星期一又要去跳舞，那的确将是最后一次。

星期三——昨晚又是一次愚蠢的聚会，如果规模大一些也许不会那么难以容忍，但人数只能开一张牌桌，有六个人观看，互相说着无聊的话。三位**莽汉**进来五分钟不到，富斯特夫人、巴斯比太太、一位欧文太太和舅舅坐在一起打惠斯特，他们坐在那边，只有斯坦诺普上将和舅舅说着话，直到仆人通报他们的轿子到了。

无论如何，我无法继续觉得人们讨人喜爱。我欣赏张伯伦太太头发做得好，但感觉不到更温柔的情感。

兰利小姐和其他所有矮个女孩一样，有着大大的鼻子和宽宽的嘴巴，时髦的衣服和裸露的胸脯。斯坦诺普上将是个有绅士风度的人，可他的腿太短，衣摆又太长。斯坦诺普太太来不了；我猜她和张伯伦先生有个私人约会，我最想见到的就是他。

舅舅的腿瘸好多了，至少他走路拿着拐杖是唯一留下的问题。我和他很快要进行我们计划已久的去卡松的散步——星期五我们都会陪张伯伦太太和兰利小姐去韦斯顿。

母亲昨天收到了父亲的来信；似乎 W. 肯特计划彻底泡汤了。他说要在戈德默舍姆过两个星期，然后返回镇上。

你永远的 J. A.

除了轻微的感冒，母亲一切都好；自从来这儿后，她基本没有发烧或感觉胆汁不适。

26. 致卡桑德拉·奥斯汀

1801 年 5 月 21 日星期四—5 月 22 日星期五

帕拉冈

我亲爱的卡桑德拉：

为不愉快的话题长篇大论最令人厌恶，因此我要尽快摆脱此时在我心头之上的一件事情。

我们对于 G. P. 大楼的想法似乎全部终结；看着刚刚清空一个星期的屋里依然残留的潮湿气息，听说了不满的家庭和伤寒病，给了这件事致命一击。

我们现在毫无想法——等你到来后，我们至少能愉快地再次查看这些伤寒房屋。它们的大小位置非常令人满意，在里面待上十分钟会让人感到比较称心。

我现在要回答你上一封信中的问题。关于舅母和邦德小姐之间的冷淡，我认为是因为前者去年离开巴斯前没去拜访后者，让她感觉受到冷落，这是我能想出的唯一解释——这似乎是世界上最奇怪的争执。她们没再相互拜访，但我相信如果见面她们会彬彬有礼。舅舅和邦德小姐一定如此。

那四个菱形盒子，我得知每个的价格是 1 先令 $1^1/_2$ 便士，一共 4 先令 6 便士。只是微不足道的费用，我认为最好马上付清，无须纠缠。

我刚刚收到弗兰克的来信。父亲计划已定；你星期五能在金特伯里见到他；除非对你不方便，我们6月1日星期一会在这儿见到你们二人。弗兰克得到了去米尔盖特的邀请，我相信他打算接受。

我们在富斯特夫人家的聚会由你已经听说的同一群人组成：温斯通一家，张伯伦太太，巴斯比太太，弗兰克林太太和玛丽亚·萨默维尔太太，但我认为不像之前在这儿举行的聚会那么愚蠢。

你所预言的我和张伯伦太太之间的友谊已经产生，因为我们每次见面都会握手。我们去韦斯顿的长途步行又定在了昨天，完成得令人印象深刻。

其他每个人都以某种理由拒绝了，除了我们两人，因此我们有了一场面对面的交流；不过**那**在我们刚走几步就已经开始，有半数的巴斯居民和我们一起出发。

如果看到我们的进程你会觉得很好笑。我们从锡安山往上，穿过田地返回。在爬山时，张伯伦太太无与伦比；我很难跟上她，但无论如何都不愿退缩。在平地上，我和她不相上下。就这样我们顶着烈日出发了，**她**既没雨伞也没遮阳帽，一刻不停地穿过韦斯顿的教堂墓地，仿佛我们担心被活埋在这里。看到她的本领后，我不免对她感到尊敬。至于她是否和蔼可亲，这一点和别人差不多。

昨天晚上我们得到两位阿诺德小姐的短暂拜访，她们是从齐本哈拉来办事的。她们很有礼貌，不算太优雅，听说我们想找房子，就推荐了齐本哈拉的一套房屋。

今天早上我们又得到霍尔德太太和小姐的拜访，她们希望我们定一个晚上同她们一起喝茶，但母亲还在感冒，让她能拒绝所有此类的事情。不过，因为**我**有个单独邀请，我相信我某个下午会去的。认为她们非常讨厌了时尚，但她们很文雅，而且她们的长裙又白又漂亮（顺便说一下，舅母觉得是在这个地方荒唐的装腔作势），因此我无法完全讨厌她们，尤其当霍尔德小姐承认她对音乐毫无品位时。

她们走后，我陪母亲去看新国王大街的一些房子，她对那些房子有点意愿，房子的大小如今已能令她满意。它们比我期待的小，其中一套小得可怜——主客厅还不及史蒂文顿的小厅大，每层楼的次卧室大约只能放下很小的一张单人床。

我们今晚要在这儿举行小型聚会。我讨厌小聚会，它们让人只能一直专心致志。爱德华兹小姐和她父亲，巴斯比太太和她的外甥，梅特兰先生，加上利林斯通先生，这是所有的人。我没向梅特兰先生脱下我的黑帽致敬，因为他有一个妻子和十个孩子。

舅母咳嗽很厉害，你来时别忘记听到**那个消息**，而且我想她比以前更聋了。母亲的感冒让她不舒服了一段时间，但她现在似乎很好。她留在这儿的决心开始有些动摇；她不会喜欢被抛在后面，会很乐意同她愤怒的家人把事情变得更复杂。

你会难过地听到玛丽安·梅普尔顿的不适以死亡告终。星期天大家相信她已脱离危险，但一阵突然的复发第二天带走了她。如此挚爱的家庭一定痛苦万分；许多早年夭折的女孩被称颂为天使，我相信，她们在美貌、理智和品德上难以与玛丽安相比。

本特先生似乎**决意**令人讨厌，因为他只给书本估值 70 英镑。

全世界都在密谋，让我们家中一个人的财富以另一个人的付出为代价。不过，多兹利①的诗歌卖了 10 先令，很快让我高兴起来，我不在乎能多少次以这么高的价钱售出它们。等布拉姆施顿太太读完后，我会再卖一次。我认为你完全听不到关于你镁砂②的消息。

星期五——祝你今天旅途很愉快，无论以什么方式出行——不管乘坐德巴利的马车，还是靠你自己的二十根指头。

等你做完玛莎的软帽后，一定要用同样的材料为她做件斗篷。这儿的人穿得很多，各式各样，很多就像她的黑色上装，在袖孔而非袖子上加了镶边。有些前面很长，有些整个很长，像 C. 比格的那样。昨晚的一群人没给我提供任何写信的新想法。

你永远的 J. A.

皮克福德一家在巴斯，已经来拜访过。**她**是自从我离开玛莎后见过的最优雅的女人——**他**在我看来正是戈德温③的信徒放荡不羁的样子。我们今晚和巴斯比太太喝茶。我无情地诋毁了她的外甥，他只有三个孩子，而非十个。

替我深情问候每个人。

---

① 罗伯特·多兹利（1703—1764），18 世纪著名编辑、出版商、诗人和剧作家。
② 一种白色粉末，用作抗酸药剂。
③ 威廉·戈德温（1756—1836），激进派哲学家。奥斯汀反对他的一些哲学思想，以及他在妻子玛丽·沃斯通克拉夫特（1759—1797）去世后写的回忆录中暴露她的私生活。

27. 致卡桑德拉·奥斯汀

1801 年 5 月 26 日星期二—5 月 27 日星期三

帕拉冈

我亲爱的卡桑德拉：

对于你从金特伯里寄来的信，以及信中对我写作的所有赞美，我此时给你最衷心的感谢。我很高兴玛莎去了奇尔顿。她的到来对克雷文太太一定是非常重要的临时安慰，希望她能通过对那位年轻人的好意帮助，将此变成长期安慰；而在哈里森家，你们两人都因一方被误解的温柔而未能做到。

恩底弥翁号星期天到达朴茨茅斯，我已经从今天的邮车给查尔斯寄了封短信。从三天前给你写信以来，我能很快说完这段时间的冒险活动。昨天上午，我和张伯伦太太步行去了林恩库姆和韦德库姆，晚上我和霍尔德一家喝了茶。张伯伦太太在这第二次尝试中的步伐不如第一次强劲，我能轻轻松松地跟上她。有一段很长的狭窄上升道都是我在领路。这次散步很美妙，我每次发出感慨，我的同伴都赞同——这就结束了我们的友谊。因为张伯伦一家一两天后就要离开巴斯。你也同样做好失去福斯特夫人的准备，你在没见到她之前就会失去她。

我晚上的拜访绝非令人不快，利林斯通太太始终和霍尔德太太说着话，我和霍尔德小姐喝完茶后进入里面的客厅，看了版画，聊得很热烈。她毫不拘谨，喜欢谈论她死去的弟弟妹妹。她非常珍惜对他们的回忆，这种热情虽然有些矫揉造作，却不令人生厌。她认为你的性情非常活泼，因此精心准备了一些副词，以及零碎的意大利和法语单词。

现在我必须停下来说说希思科特太太生了个小男孩的事，我希望她一切安好并再接再厉。

弗兰克写信告诉我他**的确**明天要去伦敦；他想从一场关于钱的谈判中获益，便匆忙离开肯特，等父亲离开后继续在城里逗留几天。

今天上午我见到了梅普尔顿小姐们；玛丽安昨天下葬，我去拜访，没期待会让我进去，能够问候所有人。不过在仆人的邀请下我送上名片，走在花园里的简和克里斯蒂安娜立即过来，十分钟后我和他们坐在了一起。他们面色苍白，心情沮丧，但他们的镇定超出我的想象。当我提到你星期一来了时，他们说要是能见到你会很开心。我们和莱森斯太太喝茶喝到晚上——不过我的主人会说，这件事实在无趣①。

星期五我们又一场聚会，有些你不认识的人——布雷萧一家和格里夫斯一家，他们是亲家，我希望皮克福德一家也会来。伊夫林太太星期天礼貌地前来拜访，告诉我们伊夫林先生见到了 G. P. B. 12 号地产的主人菲利普斯先生，说菲利普斯先生很愿意抬高厨房的地基，可我担心所有这些都徒劳无益。虽然看不见水流，它并不会消失，也无法排除附近有水的负面影响。对于房子

---

① 此处奥斯汀在模仿皮奥兹写给塞缪尔·约翰逊的信中对她丈夫的描述。

的话题我没别的可说，除了弄错西摩街一座房子的朝向，并非正西，而是西北。

无论我在上一封信中可能做了怎样的暗示，我向你保证自从来到这儿我几乎没见过伊夫林先生。我今天早上才第四次见到他，至于我在悉尼花园的轶事，大多由我信手拈来，实际上他只问了我晚上是否会去悉尼花园。如今我们和马车之间似乎有了某种约定，我承认自己性情软弱，很想乘车出行。是否会带来什么结果完全取决于他。我的确认为他没有恶意；这儿的人们似乎不怕他，他会给他的鸟儿喂绉叶菊，诸如此类①。

我的舅母不去拜访他们就不会安心。因为我们的缘故，她不断觉得有必要去拜访，但没得到任何鼓励。她应该对这样的事情尤其慎重，她自己也这么说。可是……

好的，我从莱森斯太太那儿回来，穿的还是我那件黄色长裙。你对你的黄色长裙不会有我一半喜爱，连四分之一都不及。莱斯先生和露西都要结婚了，一个在 7 月 9 日，另一个在 7 月 10 日。

你挚爱的 J. A.

星期三——我乘坐迷人的四轮马车出去兜风，刚刚回来，是早餐后不久收到爱德华先生的便笺后才准备出去的。我们去了金斯当的最高点，旅行非常愉快，愉快的事情接踵而至。回来后我

① 伊夫林先生性情随和，不像《北怒庄园》中的约翰·索普。

在桌上看到你和查尔斯的信。我想无需向你复述你信中的内容，只需为此感谢你就足够了。

我大大夸奖查尔斯记得舅舅的地址，他自己似乎也感到很惊讶。他已经因为俘获私掠船而分得 30 英镑，希望能再得 10 英镑。可他要是只把奖金换成礼物送给姐姐们，再多又有何用？他已经为我们买了金链子和琥珀十字架①，一定要好好批评他。

恩底弥翁号已经得到命令，要带部队去埃及——如果在她出航前查尔斯不能离开这艘战舰，我完全不会喜欢这件事。他说他根本不知道自己的目的地，但希望我马上写信，因为恩底弥翁号也许三四天后就要出航。他今天会收到我昨天发出的信，我会通过这班邮车再给他寄封信，表扬他，也责备他。

我们一切都会非常好。我已经为你做好了 6 月 4 日星期四的安排。如果母亲和舅母不去看烟花②，我敢说她们不会去，我已经答应和伊夫林先生与伍德小姐一起去。你知道，伍德小姐自从"我的儿子死后"就和他们住在一起。

我按照你的想法约了马塞尔太太。她把我的黑色长裙做得非常好，因此我希望她也能把你的长裙给她做。但她做浅色衣服并不总是成功，我不得不对白色的那件做了许多改动。除非发生特别的事情，我不会再写信了。

---

① 在《曼斯菲尔德庄园》中，范尼得到了威廉和埃德蒙赠送的琥珀十字架和金链子。
② 庆祝乔治三世的生日。

28. 致弗朗西斯·奥斯汀

1805 年 1 月 21 日星期一
格林庄园比格斯

我最亲爱的弗兰克：

　　我要告诉你一个悲伤的消息，对你的震惊深有同感——真希望我能让你更有准备。但说了这么多后，你应该已经猜到我要告诉你怎样的事情——我们亲爱的父亲已经结束他正直幸福的一生，他临死前如他的孩子们所愿，几乎没有痛苦。他星期六上午病倒了，和以前的症状完全相同，头部沉重，发烧，剧烈颤抖，极度虚弱。曾经一直很有效的拔罐疗法被立即用上——但没起什么效果。病痛更加猛烈，起初他似乎完全没得到缓解——不过到晚上他好些了，状态还算不错，昨天上午他大有好转，像平时一样起床，和我们一起吃早餐，只借助拐杖便能四处走动。他的情形非常不错，鲍恩斯一点见到他时，十分确信他状况极好。可是过一段时间后，所有这些令人放心的表象逐渐改变，高烧比以往更加厉害。鲍恩斯晚上十点见到他后，宣布他的情形特别危险。今天早上九点他又来了——按照他的想法请来了吉布斯医生——但那时已经无力回天——吉布斯医生说只有奇迹才能挽救他，大约 10 点 20 分，他咽下了最后一口气……母亲坚强地承受了打击；她已经很有准备，为他能免除长久的病痛折磨感到庆幸。舅舅、舅母和我们在一起，对我们极其体贴善意。我相信明天詹姆士会回来，让我们有所安慰，因为已经给他寄了快信。再见，我亲爱的弗兰克。我们一定会为失去这样的父亲而悲痛，否则就是冷酷无情。我希望能给你更好的准备，但这毫无可能。

你永远挚爱的

J. A.

29. 致弗朗西斯·奥斯汀

1805 年 1 月 29 日星期二

格林庄园比格斯

我最亲爱的弗兰克：

母亲在我们深爱的父亲的一些私人物品中，发现了一个小型天文仪器，她希望你能为他而收下。我相信那是一个指南针和日晷，放在一个黑色仿革的盒子里。你愿意现在将它寄给你吗，寄往何处？还有一把剪刀要给你。我们希望这些物品可能对你有用，也相信它们都很宝贵。我没时间多写了。

你非常挚爱的

J. A.

30. 致卡桑德拉·奥斯汀

1805 年 4 月 8 日星期———4 月 11 日星期四

盖伊街 25 号

我亲爱的卡桑德拉：

这真是美好的一天！巴斯和伊布特罗普有没有见过天气更好的 4 月 8 日？这是三月和四月的结合；一个月的明媚和另一个月的温暖。我们除了散步什么也不做。如果你可以做到，我希望你也能从这样的天气得到好处。我敢说你已经因为换了个地方而变得更好。

我们昨晚又出去了。欧文小姐邀请了我们，当我在新月街遇见她时，她请我和他们一起喝茶。我其实拒绝了，因为觉得母亲不会愿意这么快又在晚上外出拜访。可当我告诉她这件事时，我发现她很愿意去。因此，在离开教堂后，我们走到了兰斯顿，理查德·张伯伦和从摩根先生的学校来的一位年轻的雷普利在那儿。我们的拜访很愉快。

今天上午我们过去，看到张伯伦小姐坐在马背上很热的样子。七年四个月之前，我们去了同样的骑马场观看勒弗罗伊小姐的表演！我们正变得多么不一样啊！可是我想，七年足以改变皮肤的每一个毛孔和心里的每一个想法。

我们昨天在新月街没有散步很久。天气很热，不太拥挤；于是我们走进草地，又和史蒂芬·特里与西摩小姐擦肩而过。我还没见到她的脸，但她的服饰和气质绝对没有布朗一家所说的花哨和时髦；事实上恰恰相反，她的衣服甚至算不上漂亮，样子也很安静。欧文小姐说她几乎从未说过一句话。可怜的人儿，我担心**她正在忏悔**。

那位极好的科尔塔德太太来拜访过，在母亲离开的时候，我相信如此。我一直尊敬她，她是个善良友好的女人。布朗一家也来了，我在桌上看到了他们的名片。

伏击队在3月9日到达直布罗陀，发现一切都好；报纸上也是这么说的。我们没有收到任何人的来信，但我们希望明天收到爱德华的信，同时很快收到你的信。他们此时在戈德默舍姆多么开心！要是能收到伊布特罗普的信件我会非常高兴，这样我就能知道你们在那儿过得怎样，尤其是你本人。

这对詹姆士太太来说是个好天气。詹〔姆士〕·奥斯汀太太即将去斯宾，我希望她在那儿的拜访很愉快。我期待着对洗礼晚餐详尽至极的描述，也许这最终又能让你和邓达斯来到一起。

星期二——我昨晚收到你的信，希望很快能再收到一封，说一切都结束了；但我又忍不住想到天性也许会再次挣扎，带来重生。可怜的女人！希望她的结束平静安详，就像我们曾经见过的离世一样①！我敢说会是那样。如果不能重生，必须结束所有折磨；我想在你写信时她可能已经失去意识。我在这封信和上封信

---

① 劳埃德太太4月16日去世。

中写的废话在这样的时候似乎不合时宜，但我不在乎；这不会带来伤害，没有别人会因此受到攻击。

我为你能如此轻松地说起自己的健康和气色真心感到高兴，虽然我几乎不相信你的气色真是这样。五十英里的旅行能即刻带来这样的变化吗？你在这儿的时候脸色很不好，似乎人人都注意到了。出租马车的后座有魔力吗？但如果有，克雷文太太的马车一定会将其消除殆尽。

我非常感谢你为玛丽的帽子花费了很多时间和精力，很高兴她特别喜欢，但我想目前用不上①。她在母亲去世后不会离开伊布特罗普吗？

作为陪伴你正是玛莎想要的人，在那个方面，以目前的处境，你的拜访一定当然非常适时，你的陪伴将会极其宝贵。

欧文小姐昨晚和我们在一起，我们愉快地走到了特韦顿。回来后我们很惊讶地听说布勒在我们出去时过来了。他留了地址，我去他们在巴斯街 7 号的住处看望了他们，刚刚返回。你能猜到他来这儿是为了身体。人们总劝他试试巴斯，但他现在过来，似乎主要是因为他的姐姐苏珊希望他能得到鲍恩先生的照料。我最近才收到科利顿先生的信，说他情况不错，这让我感到非常吃惊，但布勒先生的情况自从上封信后又变得糟糕。他有习惯性胆热，而我担心为时已晚，这些水无法带给他任何好处；因为虽然我上次见到他时，他的精神和胃口总的来说还算不错，似乎能安静地走很长的路，但他的相貌却是明显的衰退模样。孩子们没有

---

① 因为玛丽需要为母亲戴孝。

来，因此可怜的布勒太太远离了一切能让她快乐的事物。我很乐意给她任何帮助，但她是那种沉默安静的类型，似乎总是满足于独处。

真是荣幸！我刚刚被打断，一位夫人来到这儿询问安妮的性情，她刚从威尔士回来，随时准备效劳。我希望自己的表现非常得体，但和一位通情达理的夫人打交道，只需性情**不错**，我的职责并不困难。要是我得送一个女孩去学校，我会把她交给这个人；事事明理是极大的赞赏，尤其是在女教师的低年级课堂。她的学校在新月街前端。

提笔之前，我和母亲走到了圣詹姆士广场和帕拉冈；两家人都不在。我和库克一家打算带玛丽今天下午出去散步，但因为她正要和某位别的女士走**很长**的路，她不大可能和我们一起。我想知道她们要走多远；她邀请我和她们一起走，我推脱自己很累，说我从圣詹姆士广场走到这儿，她说，"那的确**是**一段长路"。她们希望我们今天晚上和她们一起喝茶，但我不知道母亲是否有精力过去。

我们明晚已有安排。得到了怎样的请求啊！张伯伦太太对她的侄女说希望和我们已经足够熟悉，能邀请我们和她一起安安静静地喝茶。因此我们以同样的方式发出邀请，说同样希望安安静静。我们的茶和糖能够用上很久。我想我们正是应该相互交往的一群人。我们都不算富有。

邓肯先生一家昨天带着他们的妹妹们来拜访，但没能进来，真让我伤心。晚上我们遇到约翰先生，我很遗憾地听说他得了严重的感冒，他们都得了重感冒——他是刚得的。珍妮很高兴听说你在好转，罗伯斯也是，我为此让他们捎了口信，因为舅舅急切地希望你能够康复。我向你保证，你那时的脸色真的很差，所以我不大敢相信你已经气色很好。我想人们觉得你状态不佳，想以夸奖让你振作起来。

星期四——我昨天无法继续；我所有的智慧和闲暇都用在写给查尔斯和亨利的信上了。写给前者的信基于母亲在报纸上看到的消息，说缪斯号在朴茨茅斯等待护航，前往哈利法克斯。这很好，因为你只在三个星期前就写信说到了卡米拉号。沃洛普家族似乎很喜欢新斯科舍省。我给亨利写了信，因为我收到一封他的来信，他希望很快得到我的回复。他给我的信极其诚挚友爱，也很有趣，**那一点**对他来说算不上优点；他无法不逗人发笑。他说他本人特别喜欢屏风，说他不知道自己是否"最喜欢这个想法，还是对想法的执行"。关于伊丽莎的消息当然在各方面都会减半，你可以料想只是热切地承认她喜爱布罗彻尔。他提到已经把吉布森小姐的一封信寄给弗兰克，通过此时正在斯皮特黑德待命的蒂尔森将军的帮助。我有没有可能也这样做，请特纳先生帮个忙？我先前不知道探险号前往弗兰克那儿。亨利还提到一件值得说给你听的事情。他想在海滨和我们见面，如果爱德华向他暗示的计划能够进行。执行这样的计划难道不令人无比向往和愉快吗？他带着令人愉悦的深情说起了去年夏天我们一起的漫步。

玛丽星期二的确和我们一起散步了，我们在阿尔弗雷德街喝了茶。但昨晚我们没能信守和张伯伦太太的约定，因为母亲不幸得了感冒，似乎很重。布勒又开始了水疗，因此很快能看出他们能否为他做些什么。

布勒太太明天和我们一起去小教堂，我会将此记录为"首要事情"。我希望她也能做个记录。母亲的感冒不像我以为的那么重，主要是头痛，发烧没有严重到影响她的胃口。C. 福勒此时刚离开。从米迦勒节开始，他已经看了 20 个病人。

你永远的

J. A.

31. 致卡桑德拉·奥斯汀

我亲爱的卡桑德拉：

你好吗？哈利奥特的感冒怎么样？我希望你此时能坐下来回答这些问题。

我们去伊斯特韦尔的拜访很令人愉悦，我发现戈登夫人的举止如他们说的那样讨人喜爱，也没看出任何不喜欢詹尼逊爵士的理由，除了一两次对安妮·芬奇太太类似讥笑的表情。吩咐马车时他正要和伊丽莎白说话，但拜访的前一段时间他话语很少。

你和哈利奥特一起走的想法人人都非常赞成，大家极其赞赏你的善意行为。我尽力说了些能减少你美德的话语。芬奇斯太太担心你会发现古尼斯通非常无趣；当我听他们这样说时，希望他们听见了 E. 布里奇斯先生对这个问题的看法，知道他为避免无趣而安排的所有娱乐活动。

他们对我很有礼貌，一直以来都是这样。幸运之神也对我非常客气，吃饭时让 E. 哈顿先生坐在我身旁。我发现以伊丽莎白夫人的年龄和境遇，她说出的话语少之又少，哈顿小姐也话语不多——她的流畅在于她的手指，它们的配合极其协调。

乔治是个好男孩，行为得体，不过丹尼尔更让我喜欢，他神情中的愉悦很令人着迷。喝完茶我们玩了克里巴奇牌戏，我和他赢了他哥哥和玛丽太太两局。布雷特先生是除我们两家之外唯一去的人。

我们到家时早已过了十一点，我疲惫不堪，完全不羡慕在耶茨夫人舞会上的人。我祝愿舞会令人愉快，愿我的好意祝福能够成真。

我们昨天过得很安静。我做的最吵闹的事情是给弗兰克写信，以及同威廉玩板羽球和羽毛球。我和他练了两个上午，有些进步。我们常常能打**三**个回合，偶尔六个回合。

两个爱德华乘坐马车去了坎特伯雷，我猜他们对奈特太太的感觉和你那天一样，觉得她愉快却虚弱。

他们遇见范尼和夏普小姐与米勒斯小姐一同散步，是世界上最开心的人。范尼给她妈妈捎个口信，意思如下：

"告诉妈妈我很帕默斯顿①！"要是小莉齐使用同样的语言，我敢说她会从古尼斯通带回同样的消息。

晚上我们绕着农场安静地散步，乔治和亨利以他们的赛跑和欢笑给我们带来活力。小爱德华完全没有好转，他的爸爸妈妈已经决定请来威尔莫特医生。除非他身体的恢复比目前预计的更好，他的哥哥们才会留下他自己去学校，而他将和沃辛做伴。要是医生推荐海水浴，他会被留在我们这儿，但这似乎不可能。

我今天早上很委屈：我收到一封弗兰克的来信，本该在伊丽莎白和亨利收信时就收到的，这封信从奥尔巴尼到戈德默舍姆的

---

① 源自当时出版的一本关于提升女孩行为礼仪的书，《帕默斯顿太太给女儿的信，以有趣的故事提升道德》（1803），共三卷。范尼的话意为她表现良好。

途中经过了多佛和史蒂文顿。信 16 日写完，说的是他们之前得知的他的状况；他非常急于结婚，我已经为此给了他鼓励，是在一封本该作为回复的信中写的。

他一定觉得我在说起同一天写给伊丽莎和亨利的信时，却不承认收到他的来信，这非常奇怪。更令我受伤的是，我忘了在我信封的外面标上序号。

我已经找到你的白手套，它被折叠整齐地放在我干净的睡帽里。我代它向你问好。

伊丽莎白此时提出个计划，主要是为了让我开心，或许对其他人也一样方便。那就是，如果你星期一回来，我应该替你在古尼斯通待上几天。哈利奥特不会虚情假意，由她去安排，因此我不让她接受我的自我邀请，除非这的确对她完全合适。因为没有时间等待答复，我会在星期一乘马车过去。假如我继续前往古尼斯通会有不便，我可以和你一起回来。

纳奇布尔一家星期三过来吃饭，最晚只待到星期五早上。从星期四到现在，弗兰克写给我的信是你我收到的唯一信件。

霍尔先生今天上午步行去了奥斯普林，收获颇丰。他每次帮伊丽莎白做头发都收费 5 先令，给赛斯上的每节课也是 5 先令。他在这儿从不允许自己享受娱乐，无论吃肉、喝酒、住宿、呼吸乡间新鲜空气，还是和迷人的索尔克尔德和赛斯太太做伴。对于我，因为我和你的关系，他如我所愿非常体贴，只为剪发收了我 2 先令 6 便士，而且他把我去伊斯特韦尔的发型打理得像是去参加阿什福德的聚会——他一定不是仰慕我们的年轻，就是尊重我们的贫穷。

我今天给你写信，让伊丽莎白无法给哈利奥特写信，我为这件坏事请求后者的原谅。替我带给她最深切的问候，也向她的兄弟们问好。

你非常挚爱的

J. A.

希望你能帮芬奇斯太太带回亨利对罗林的绘画。

细细查看后，我发现我不是非常富有，而是可能非常贫穷，因为我最多只能给萨克利 10 先令①，但因为我们要在坎特伯雷见面，我本来无需提及此事。不过，这样也好，让你对见到陷入贫穷的妹妹有所准备，不会过于影响你的心情。

自从亨利离开后，我们还没收到他的任何来信。丹尼尔告诉我们他乘坐一辆马车从奥斯普林出发了。

伊丽莎白希望你星期一不要晚于五点到达这儿，为了莉齐。

再见，亲爱的

8 月 24 日

---

① 给戈德默舍姆女仆的小费。

32. 致卡桑德拉·奥斯汀

1807 年 1 月 7 日星期三—1 月 8 日星期四

南安普敦

我亲爱的卡桑德拉：

你误以为我会在星期天期待你的来信，其实我完全没想过在星期二之前收到你的信，因此我昨天的喜悦没因之前的失望而受到损伤。谢谢你写了这么多，你一定真的在一封信里写了两封的内容。我们听说伊丽莎白身体好多了①，感到特别高兴。希望你从坎特伯雷回来时，能发觉她又有了些恢复。

关于你去那儿的拜访，我现在必须说个"不停"。这使我惊讶，但更让我高兴。我认为这公正体面地展示了你的出色，值得奈特太太对你的夸赞。我毫不怀疑你和她一起安静理智地说话，过得非常愉快。我绝不认为她对你有错误的期待，只担心她太喜欢你，你太合她的心意，让她想永远把你留下来。如果那样的话，我们必须搬到坎特伯雷，可我对那儿的喜爱程度一定不及南安普敦。

当你收到这封信时，我们的客人②都已经走了或是正要离开，我就能舒舒服服地打发自己的时间，不必痛苦地想着大米布丁和

---

① 爱德华的妻子伊丽莎白刚产下第十个孩子。
② 奥斯汀的哥哥詹姆士与妻子带着二女儿卡罗琳在南安普敦过了新年。

苹果馅饼，也许会遗憾我没有费尽心思让他们更加高兴。

J. 奥斯汀太太想让我陪她回到史蒂文顿，我无需给出答复。她还邀请母亲在弗〔兰克〕·奥〔斯汀〕太太分娩前都待在那儿，她似乎不大乐意。

几天前我收到欧文小姐的来信，因为我有所亏欠，你能猜出这是一封责备的信件，但语气不太严厉。第一页是她寻常的回忆、嫉妒和杂乱无章的风格，但其余是闲聊和无关痛痒的内容。她认为我的沉默也许出自怨恨，源于她没有特别询问我的百日咳等原因。她真有趣。

我已经回复了她的信，尽量避免无礼地给出一些看似真相的解释，说我的沉默是因为生活特别安静而找不出话题。

费布后悔了，并留了下来。我也给查尔斯写了信，还以同班邮车回复了布勒小姐的信件，我本来打算在上封信中告诉你。

有两三件事我想到时已经太晚，否则也许就对你说过了。一件事情是，韦尔比一家因为腐败热失去了在伊顿的长子，另一件事情是汤姆·丘特打算在诺福克安顿下来。

你到戈德默舍姆后几乎没提过莉齐，我希望这不是因为她情况变差了。

我为富特太太的宝贝起的名字还不能使范妮感到满意。我绝不能鼓励她期待一个好名字，因为富特上尉声称只要最简单的名字，别的一概不行。他只喜欢玛丽、伊丽莎白、安妮这样的名字。我们最好的可能是"卡罗琳"，因为这是对一个姐姐的赞美，似乎是唯一的例外。

富特上尉星期五和我们一起吃饭，我担心他不会很快再次冒险。因为我们的主菜是一只煮羊腿，连詹姆士都觉得没熟透；而富特上尉尤其不喜欢没熟透的羊腿，但他心情愉悦，高高兴兴，所以我不太介意他正在挨饿。他热情洋溢地邀请我们去他乡下的房子里，说的正是威廉一家该说的话，让我们感觉很受欢迎。自从你离开我们后，我们几乎没见过威廉一家，听说他们刚刚又去了巴斯，避免在布鲁克兰兹的更多变化。

弗〔兰克〕·〔奥斯汀〕太太从迪克逊太太那儿收到了一封非常愉快的来信。迪克逊太太特别喜欢那只钱包，想让 F. A. 太太①别为自己准备洗礼的服饰，而 F. A. 太太正希望如此。迪克逊太太打算尽量推迟做任何一项帽子，希望 D. 太太的帽子能及时到达，作为样版。F. A. 太太想让我告诉你，在收到你的信之前长裙已经裁剪好，但对卡罗琳来说足够长了。至于**花圃**，我想应该这么说，由弗兰克接着做，当然会弄得非常漂亮。

《阿芳西娜》②不好看。我们很讨厌开始的二十页，不仅翻译很糟，语言也粗俗，让至今纯净的笔都感到羞辱。我们改读《女唐吉诃德》③，如今成了我们的晚间娱乐；我感到非常高兴，因为我发现这本书和我记忆中的一样好。F. A. 太太以前没有读过，也非常喜欢。我相信，另一个玛丽从那本书或别的任何书中都得不到什么乐趣。

关于终止家庭协议的事情④，母亲似乎一点不比我们自己更

① 弗兰克·奥斯汀的妻子玛丽。
② 出版于 1807 年的法国小说。
③ 英国小说家夏洛特·伦诺克斯（1729/30—1804）发表于 1752 年的小说。
④ 奥斯汀太太的哥哥放弃可继承的牧师职位，换取一笔赔偿金的事情。

失望。她如今对**那件事**的关心程度不及对她本人舒适财务状况的关心。她发现今年的账户余额超出想象，在新年的开始就有了 30 英镑的盈余。你知道她一直都有点想写信告诉舅母，她写信时一定会喜不自胜。我敢说你会就这个问题毫无保留地和 K. 太太谈论很多，也会谈到许多别的家庭问题。除了我，谁的坏话都能说。

星期四——我们昨天在等待詹姆士，但他没有来。如果他今天能来，他的拜访也会很短暂，因为他必须明天返回，这样也许能在星期六把阿贾克斯和轿子送到温彻斯特。卡罗琳的新外套取决于她母亲能否乘坐轿子去那么远的地方。以同样的回程方式省下的畿尼将怎样花掉，我不知道。J. A. 太太①现在不大谈到贫穷，虽然她对我哥哥**明年**夏天再买一匹马的事情完全不抱希望。他们还是反对去沃里克郡的计划，但我怀疑这家人能否按照詹姆士所说他必须离开的时间，前往斯通利，那是在五月。

母亲担心我对于她财富的问题说得不够清楚。她在 1806 年初有 68 英镑，1807 年初有 99 英镑，这是购买 32 英镑股票后的余额。弗兰克也在结算他的账户，双方都觉得可以应付目前的开支；但对任何一方而言，如果房租增加过多也不行。我相信弗兰克把自己的开销限制在一年 400 英镑。

你听说珍妮还没有回来一定会很惊讶；自从她到了伊琴斯韦尔后我们就没有她的任何消息，只能猜测她一定因为某人生病而

---

① 詹姆士·奥斯汀的妻子玛丽。

耽搁了，她日日都在盼望着第二天能回来。我很高兴事先并不知道我们的朋友在这儿的几乎一整段时间她都会离开，因为虽然的确带来了不便，但我的担忧会更甚于此。只有莫利一个人手，我们的晚餐受到很大影响；她的煎炸水平比以前好些，但不及珍妮。

我们星期五**没有**散步，因为太过泥泞，我们至今也没出去；我们今天也许会散散步，因为弗兰克想在海边溜冰，我们看完他后会在步道上走走，作为对自己的奖励。这是我至今见过最令人愉快的霜冻，来得安安静静。我希望它能为了弗兰克而持久些，他急不可耐地想要溜冰，昨天尝试了一下，但还不行。

我们的熟人增加得太快。弗兰克最近被伯蒂上将认了出来，几天后上将和女儿凯瑟琳招待了我们。两人既不讨人喜欢，也不令人生厌。除伯蒂一家外，还有兰斯一家，我们得到了他们的名片，我和弗兰克昨天回访了他们。他们住在离 S. 大约 1.75 英里处，在通往朴茨茅斯新道路的右边，我相信他们的房子是伊钦两边的树林中几乎随处可见的那种式样。那是座漂亮的房子，地势很高，风景优美。

我们只看到兰斯太太在家里，无论她是否吹嘘过孩子很多，有一架大钢琴，这些都没出现。她很礼貌健谈，提出介绍我们认识南安普敦的一些熟人，我们满心感激地拒绝了。

我想他们一定遵从了内瑟顿的兰斯先生的命令，才表现得如此客套，因为他们似乎没别的理由和我们亲近。

我敢说他们不会常来。他们的生活方式很优雅，也很富裕，他们似乎喜欢作为富人，我们让她知道我们和这样的生活很有距离；因此她很快会发觉不值得与我们交往。

你现在一定已经收到玛莎的来信。从她给我写信以来，我们还没有得到金特伯里的消息。

F. A. 太太最近有过一次晕厥①，和平时一样，是在她饱餐一顿后发生的，但没持续多久。

我想不出还有什么可说。等我把信寄出后，大概会想出来。

你挚爱的 J. A.

我刚问了卡罗琳是否该给她的教母捎上她的爱，她回答"是"。

---

① 弗兰克的妻子玛丽第一次怀孕。

33. 致卡桑德拉·奥斯汀

1807 年 2 月 8 日星期天——2 月 9 日星期一

南安普敦

我最亲爱的卡桑德拉：

我结束上封信时以为对你无话可说，这似乎比我预料的更接近事实，因为我还是觉得没什么好说。因此，除了承认今天上午收到你的来信，对能够回答的部分加以回复外，我无需再写别的内容。因此，你可以做好准备，听我在剩下的页面换着法子诉说我的快乐与忧愁。

然而不幸的是，我没看到令人高兴的事情，除非我把韦尔莫特太太又生了个儿子以及卢肯爵士结婚当成喜事。当然，两件事对于当事人都很快乐，但我也发现了许多伤心的事情。首先，你将推迟回来，我尚不确定能否克服悲伤。伤心毫无作用。我甚至从未听说玛丽王后的伤心①能带给她任何好处，因此，我不能期待从自己的伤心中获益，我们都很难过。现在这个话题说完了。

我昨天收到玛莎的来信。她这个星期和哈伍德一家在一起，之后要和詹姆士与玛丽一同出去，看望在埃弗斯利的彼得·德巴利和他的两个姐妹——他在 R. 科普爵士去世后得到了一个牧师

———————————

① 路易十六的妻子玛丽在临刑前的伤心。

职位。玛莎打算 24 日来这儿，也就是两周后的星期二。要是她能按时到达我会真心欢喜，但不敢完全指望。我特别担心再有事耽搁，所以如果不能发生带来耽搁的事情，我会忍不住想到她要嫁给彼得·德巴利。

我无法从金特伯里弄到一点鱼，尽管它们有那样的大家庭，真让我恼火。但情况就是这样，直到上个星期二我都一无所获。于是我预定了四对小比目鱼，应该能愉快地相信它们会按时到来，但我随后就再也没有听到它们的消息，宁愿没消息也胜过坏消息——花了我六个先令，因为它们得提前几天待在篮子里，和家禽等从金特伯里运送过来。**无论如何**，我坚持让你和我一起预定。你只欠我十八便士。

E. 利太太完全没提及舅舅的事情①，我记得当时和你说了，但你什么时候想听我都会告诉你。母亲一个星期前给她写了信。

玛莎的地毯刚刚完工，看上去不错，虽然没达到我的预期。我觉得边缘毫无问题，但中间很暗淡。

母亲让我告诉你，你一旦回家，能够挑选颜色和图案，她就帮你织一条。

我很抱歉在摩尔先生的问题上冒犯了你，但我根本不打算喜欢他；至于仅仅因为一位年轻女子不能同时住在两个地方，不能同时享受结婚和单身的舒适而同情她，我不会尝试这么做，即使为了哈利奥特·［布里奇斯］——你知道我的心肠和你一样好。

弗兰克和玛丽完全不赞成你不能回家帮他们完成购物。他们

---

① 见信件 32 注释。

想让我说，如果你不回来，他们就尽量心怀恶意，挑选各种最会惹恼你的东西，无法切割的刀具，不能拿握的玻璃杯，没有座位的沙发，以及没有架子的书柜。

我们的花园正在修整，干活的人性格特别好，肤色白皙，要的价钱也比前一位低。

他说石子路旁的灌木林只是蔷薇和玫瑰，玫瑰的品种很普通。我们想要些更好的品种，因此在我本人的特别要求下，他为我们弄了些紫丁香。为了库珀的诗句①，我没有紫丁香可不行。我们还说起了金莲花。护墙的下面被清理出来，种上黑莓与醋栗丛，还发现一处特别适合种木莓。

室内也在改动和修缮，进展顺利，各处的确会变得非常方便。我们的梳妆台是用屋里的一张大餐桌打造而成，这一点得到了兰斯多恩爵士的画师哈斯科特先生的许可——我应该称他为家庭画师，因为他住在城堡里——家庭祷告室为这更重要的功能让了步，我想当墙壁无需粉刷时，他会忙于给我画像。

早晨非常潮湿，我担心不能见到我们的小客人。不过弗兰克能独自去教堂，做完礼拜后把她接来，此时她在我身旁说着话，检查我写字台抽屉里的宝贝，我相信她很开心，当然毫不羞涩。她的名字是凯瑟琳，姐姐叫卡罗琳。她有点像她哥哥，就年龄而言个子较小，但没那么好看。

这世上所有的羞涩都去哪儿了？道德与自然的疾病随着时间的发展而消逝，以新的疾病取代它们的位置。羞涩和寒热病已经

---

① 指威廉·库珀在《任务》（1789）中的相关诗句。

让位于自信和麻痹症①。

我很遗憾地听说惠特菲尔德太太病情加重，以及可怜的玛丽安·布里奇斯受了那么多苦。这是我的一些伤心事。迪兹太太又要生孩子了，或许也会让我伤心。

我们目睹了温［德姆］·纳［奇布尔］太太的死亡。我不知道有谁喜欢她，因此对任何幸存者毫不同情，但我现在开始同情她的丈夫，认为他最好娶回夏普小姐。

此刻我做好了礼物，愉快地看着别人对它露出真心满意的笑容。我相信，在此情形下，我可以像黑斯廷斯·［德·弗伊拉德］对待 H. 埃杰顿那样，把基蒂·富特称为我"非常宝贵的朋友"。

晚上——我们的小客人刚刚离开，我们都特别喜欢她。她是个漂亮、自然、坦率、诚挚的女孩，总是很有礼貌，是如今的孩子最好的模样：和我本人在她这个年龄时截然不同，让我时常感到惊讶与羞愧。她一半的时间都在玩挑棒游戏，我认为那是一件非常宝贵的家中物品，绝不是奈特家庭送给奥斯汀家庭最不重要的礼物。

但我必须对你说一件事。玛丽前一段时间从迪克逊太太那儿得知某位福勒小姐打算过来。F. 小姐是 D. 小姐的密友，玛丽对此很清楚。上星期四我们出去时她来拜访。玛丽在我们回来后发现她只写了名字的卡片，她留了口信说会再来拜访。这件特别的

---

① 寒热病是 15、16 世纪类似流感的严重传染病；麻痹症指 18 世纪单身年轻女子常见的一种歇斯底里症状。因此产生婚姻有益的说法。

事情让我们讨论起来，除了别的猜测之外，弗兰克开玩笑地说道："我敢说她在皮尔逊家。"两个姓名的关联让玛丽忽然想起福勒小姐曾经和这家人非常熟悉。考虑到所有情况，我们几乎毫不怀疑她其实就住在这儿我们唯一不能拜访的家庭里[①]。

真是个挫折！——用法语来说。真是不幸！以杜瓦尔夫人的语气——黑绅士一定让他的小恶魔带来了这虽微不足道，却完完整整的恶作剧。F. 小姐再也没来拜访，但我们每天都在等待。P. 小姐当然已经让她好好弄清了这件事。显然 F. 小姐不期待也不希望有人回访，弗兰克也为了他的妻子而谨慎行事，正如我们的预期。

我们为爱德华在温彻斯特就职时离他这么近感到高兴，什么都比不上由他睡那张空床让我们开心。他复活节要离开埃尔瑟姆吗？

我们在读《克莱伦廷》[②]，惊讶地发现它有多么愚蠢。我记得读第二遍的喜爱程度大打折扣，第三遍根本读不下去。书中充满不自然的行为和刻意的困难，毫无动人之处。

哈里森小姐即将去德文郡，像往常一样去照料达珊托尔太太。杰克逊小姐嫁给了一位年轻的冈索普先生，将会非常不幸。他咒骂，喝酒，暴躁，嫉妒，自私，野蛮。这场婚事给**她的**家人带来痛苦，也让他失去了继承权。

布朗一家也加入了我们熟人的行列。他掌管这儿的海上护卫军，是托马斯·威廉斯爵士的手下。上星期见到他时，他主动要

---

① 因为简·奥斯汀的四哥亨利 1796 年与玛丽·皮尔逊有过一段短暂婚约。
② 英国作家莎拉·哈丽特·伯尼（1772—1844）1796 年发表的小说。

求爵士把他介绍给我们。不过至今只有先生来拜访了，因为布朗太太生病了，但她是个漂亮女人，戴的草帽算得上这儿最好看的一顶。

星期一——阁楼的床做好了，我们的床今天完成。我本来希望星期六能做好，但无论霍尔太太还是珍妮太太都帮不了多少忙，我也没做什么，而玛丽·吉布森·奥斯汀什么都没做。这个星期我们得多做点事情，我希望能把五张床全部完成。接着还要修改窗帘、沙发垫和地毯。

如果詹姆士这个星期再次来访我不会惊讶；他给了我们早日期待他的理由，要是他们去埃弗斯利他下星期就不能来了。他的来访竟然没给人带来更多快乐，我感到遗憾又生气；和如此善良聪明的人做伴本来就该令人愉悦，然而他的闲聊似乎都是刻意为之，他对许多问题的看法都是对他妻子想法的复述，而且我觉得他在这儿的时间都用来在屋里走来走去和使劲关门，或是摇铃要水喝。

好了，我自认为给你写出了一封不错的来信，考虑到缺乏素材的因素。但如同我喜爱的约翰逊博士那样，我相信我传递的更多是想法，而非事实①。

希望你已经不再咳嗽，除此之外一切都好——永远爱你。

你挚爱的 J. A.

---

① 塞缪尔·约翰逊博士的书信中有过这种表达。

34. 致卡桑德拉·奥斯汀

1808 年 6 月 15 日星期三——6 月 17 日星期五

戈德默舍姆

我亲爱的卡桑德拉：

我应该如何开始？在我所有的无聊琐事中，我该把哪一件最先告诉你？昨天早晨七点半亨利送我们进了自己的马车，从巴斯旅店出发。顺便说一下，这儿极不舒适——很脏，很吵，设施很差。詹姆士五点乘马车开始了他的旅行。最初的八英里很炎热，德特福德山让我想起我们十四年前去肯特的炎热旅行。但经过布莱克希思后我们就不难受了，天气逐渐变得很凉爽。我们在两个小时三刻钟内到达德特福德，然后去了公牛客栈，在上面提到的那次旅行中，我们去同一家客栈吃了早餐，这一次又吃了同样糟糕的黄油。

十点半我们又出发了，旅途没有任何冒险，三点到达西汀伯恩。丹尼尔在乔治的门口等着我们，我得到了马歇尔先生和太太十分友好的接待，我一直和太太说着话，玛丽·〔劳埃德·奥斯汀〕出去买了些手套。当然，在西汀伯恩待几分钟就够了。于是我们一路前行，六点前到达戈德默舍姆。

快到时我们的两位哥哥正在屋前踱步，这再自然不过。范尼和莉齐欢欢喜喜地在大厅迎接我们。我们在早餐室待了几分钟，接着去房间。玛丽住在大厅厢房。我在黄屋里——真是黄色的——因为此时我正在里面写信。独自拥有这么大的地方似乎让我感觉有点奇怪，在戈德默舍姆却没有你陪伴也很奇怪。

请相信，大家都想你：范尼刚看见詹姆士婶婶进入房间就来到我这儿，在我更衣时待在这里，一如既往地非常想念你。去年以来她长高了，也长胖了些，但还不错，看起来很漂亮，行为举止似乎和从前一样，希望她能依然如此。

我们到达时正在更衣的伊丽莎白来我这儿待了会儿，玛丽安、查尔斯、路易莎也一同过来，亲亲热热地欢迎我，这你不难想象。我无需提及从爱德华那儿得到同样的欢迎，可你看我还是提了，因为这令人愉快。我无法称赞伊丽莎白的相貌，也许是感冒的影响。小伊丽莎白这三年来变得更漂亮了，虽然玛丽安远不及从前。查尔斯不如以前那么可爱。路易莎的样子和我想象的差不多，我发现卡桑德拉比我期待的更漂亮，虽然此时被严重的皮疹遮掩了容貌。她晚饭后没有下来。她有迷人的眼睛，神情愉悦开朗，似乎会非常可爱。她个子很高。

我惊喜地发现路易莎·布里奇斯还在这儿。她看上去好极了（遗产是非常健康的食谱），正是她平常的样子。约翰·[布里奇斯]在桑德林。因此你可以想象吃饭的有哪些人；那天当然有范尼，还有小[詹姆士]·爱德华·[奥斯汀]。他简直太高兴了，至少他的高兴使他说话太多。

钟敲了十点，我必须去吃早餐了。

早餐后我和爱德华在他的房间里**面对面**地交谈。他想知道我和詹姆士的安排，从他本人的计划看来，我觉得几乎已经能够确定在他们离开时返回，虽然不和他们一起。爱德华几乎会同时去奥尔顿，他要在那儿和特里默先生谈事务，想让他的儿子和他一起去。我也许会陪他去那儿，再换个方式继续前行。

我当然宁愿在这儿住得久些，但之后没有马车可以送我，因为詹姆士不打算回来后陪爱德华去温彻斯特，当然是因为他不想在那个时候离开伊丽莎白①。我至少很乐意不给带我来的人增加负担，因为詹姆士没有马，我在他们的马车里一定会觉得占了他的位置。昨天我们的确很拥挤，虽然我这样说不好，因为我和我的围巾都占了地方，而且不难想象三岁的孩子〔卡罗琳·奥斯汀〕会烦躁不安。

我几乎无需请求你不要告诉别人，以免因为安娜而传出去。这儿的朋友们非常友好地问候她，大家都遗憾她没和父亲母亲一起来。

我希望亨利能摆脱他恼人的抱怨。他在其他方面一切都好，能心情愉快地想着切尔滕纳姆和斯通利。

酿酒厂的计划基本结束了：这是上星期赞助人会议的共同意见，我相信他们真心诚意地解除了约定。

乡间风景很美。我见到的景色和昨天旅途中的一样美。

星期四——我很愉快地发现安娜很乐意去南安普敦，并真心希望这次拜访能使人人满意。告诉她几天后就能收到她妈妈的来信，要不是因为这封信，她也许现在就开始写了。

---

① 爱德华的妻子伊丽莎白·奈特 9 月将要生第十一个孩子。

昨天过得很有戈德默舍姆**风格**：男士们绕着爱德华的农场骑马，并及时返回陪我们在本廷闲逛。晚餐后我们去了圣堂种植园，当然是个骑士种植园①。那儿的风景让詹姆士和玛丽深受震撼。今天两位兄弟乘坐轿子去坎特伯雷，延续了此番兴致。

即使从范尼那儿，我也没看出她的母亲因为照料孩子而筋疲力尽。我当然也想帮忙，当路易莎·［布里奇斯］有时离开，听小女孩们读书时，我会尝试替她做些事情。她在这儿待不了多少天。摩尔一家可能明天或星期六来这儿吃饭。

我感到很疲倦，很孤独，也许因为我感冒了；但三年前有了你、哈利奥特和夏普小姐，我们兴致更高。我相信今后会变得更好。

我还没告诉你新马车多么讨人喜欢——的确，真的很受喜爱，除了座套，那看上去实在破旧。

我听到关于怀特菲尔德太太很糟糕的消息，还有奈特太太很好的消息，她下个月去布罗德斯泰斯。夏普小姐要和贝利小姐去滕比。肯尼特寡妇接替了洗衣女工的位置。

你能相信我的箱子已经到了吗？更让人无比高兴的是，什么都没受损。昨晚我在上床前全都打开了，今天下楼吃早餐时送出了地毯。他们满心感激地接受了，人人都赞叹不已。我还送出了长裙，也被好意接受下来。

星期五——我已经收到你的来信，我觉得这只让我为玛丽·

---

① 表示完美的种植园。

［吉布森·奥斯汀］的感冒而难过，我希望她现在好些了。她对童帽的赞许使我非常高兴。J. A. 太太把盖勒德家的一顶帽子带给了卡罗琳，样子相同，不过是棕色的，插了根羽毛。

我希望赫克萨姆药剂对你有帮助，很高兴你正在服用。我明天也许有机会给哈利奥特捎去你的口信。她不来这儿，他们没有一天的空闲，但我和路易莎早上会去她那儿。我在给亨利的信中，替你感谢了伊丽莎。

凯瑟琳夫人是波特莫尔勋爵的女儿。我已经为爱德华读了杰弗逊先生的事件，他想写下他的名字，捐出一畿尼，他的妻子也一样；但他只想要一份书籍①。你对安娜的讲述让我很高兴。告诉她，我因为她喜欢码头而真心喜爱她。J. A. 太太似乎对梅特兰一家和你喝茶感到非常惊讶，但那不会使我不赞成此事。希望你和奥斯汀小姐与她侄女的夜晚没有过得不开心。你知道购买海绵蛋糕对我而言多么有趣。

我此时刚从埃格顿回来；路易莎和我一起散步，发现玛丽亚小姐在家。我们在回来的路上看到她的妹妹。**她**去拜访了英曼太太，我们昨天吃饭时看到她的马车穿过了庭院。

我告诉萨克利你向她问好，她很高兴；她也问候你，希望你知道她去见了世面。她把威廉送到埃尔瑟姆后又去了城里，和我一样，看见夫人们在 4 日那天前往宫廷②。她的确比我幸运，进

---

① 杰弗逊先生是作家，创办了一所私人学校，也是八个孩子的父亲。简·奥斯汀和爱德华·奥斯汀夫妇分别购买了三份杰弗逊先生价格为 7 先令的有关宗教与政治的书籍，表示对他的支持。
② 作为国王生日庆典的一部分。

入了皇宫。

路易莎·［奈特］没我期待的那么漂亮，但她身体不好。爱德华和卡罗琳在这儿似乎很开心，他有莉齐和查尔斯这样的好玩伴。他们和看护住在男孩的阁楼里。安娜剪掉了头发，让家里的好几个人感到很遗憾，她对此不会惊讶。我大致能够接受，因为想到两三年的时间也许就能恢复原样。

你对你的布尔摩上尉和旅店主人非常重要，我相信如果你的麻烦超出了你的尊严，将会因为克雷文太太的赞许，以及和她见面的愉快安排得到丰厚补偿。

库克太太已经给我们的詹姆士哥哥写信，邀请他和他的妻子在回来的路上去波科海姆。我从爱德华那儿得知他们并非不愿接受，但我要是和他们一起就做不到。因为道路的情况，无法带上詹姆士。因此我会尽量帮他们解决那件事。

我向每个人送上我深深的爱。

你最挚爱的简

母亲若能听说毯子的尺寸完全合适会很高兴。要到冬天才会用上它。

35. 致卡桑德拉·奥斯汀

1808 年 6 月 30 日星期四—7 月 1 日星期五

戈德默舍姆

我亲爱的卡桑德拉：

我把弗兰克回来的好消息告诉你们所有人。他以真正水手的方式返回，正好在我们得知几个星期都不必期待他时。风向对他很不利，但我认为他此时一定到了附近。范妮时刻在等待他的到来。

玛丽的海岛之旅也许会因为这件事而缩短。替我们问候并祝贺她。

多么阴冷难受的天气，从星期天开始就是这样！我敢说你们每天都会生火。我的克什米尔大衣使晚间散步舒适了很多。

玛丽感谢安娜写给她的信，希望她新的彩色外套剩余了足够的布料，能做个围脖。我很高兴地听说她收到梅特兰姨妈的礼物。希望你告诉我们安娜的身高，这样我们就能知道她是否和范尼一样高了。你能告诉我可以给 F. A. 太太送个什么小礼物吗？我想给她带点东西。她有小银刀吗？或者你觉得胸针怎么样？我想花费不超过半个畿尼。

我们星期二的见面进行得非常愉快；我们首先拜访了奈特太太，发现她身体很好；吃饭时，除了古尼斯通和戈德默舍姆的人以外，只有纳金顿的米勒一家和摩尔太太。布里奇斯太太气色不错，我相信她要是有足够的时间和我说话，一定会非常和蔼。但事实上，她只能和气友好地给我一个愉快的微笑，加上亲切的问候。她的儿子爱德华看起来非常健康，举止和她一模一样。晚上摩尔先生、托克先生、沃尔斯比医生和太太以及其他人走进来，组成了一张牌桌，剩下的人坐着说话，九点半时我们离开了。

昨天我的两位哥哥去了坎特伯雷，J. 布里奇斯离开我们前往伦敦，要在剑桥读硕士学位。

爱德华、卡罗琳和他们的妈妈都得了戈德默舍姆感冒，前者喉咙痛又发烧，看样子还难受着。不过，**他**在这儿很开心，但我相信小女孩会乐意回家——她的堂兄妹们让她受不了。我发现爱德华会在他母亲去伯克郡看赛马时前往南安普敦，他父亲很可能同他一起去。如果情形合适，那将是我们去比尤利的好时机。

E. 哈顿夫人几天前的上午过来拜访，带着她的女儿伊丽莎白。她像往常一样沉默寡言，但抬头微笑着。她也会去看赛马。安娜玛丽亚和霍普太太在一起，我们明天会在这儿见到她。

这些是早餐前写的内容；现在是十二点半，在听完莉齐的朗读后，我下楼去图书室，因为那儿生了火，我们十点聚在这儿时为此感到惊喜。此时我在温暖愉悦的环境下，继续写今天的信。

我为你精彩的旅行夸奖你，很高兴你们玩得这么愉快，让安娜特别高兴。我希望你没有因为疲倦而身体变差；但要是四点出发，你必须三点起床，很有可能根本没睡。玛丽没有选择待在家里让大家都有些惊讶。至于玛莎，她根本没机会再收到我的一封信，我真奇怪她怎么会无礼地提出这样的要求。你放心，我和你一样讨厌写长信。

真可惜我们竟然还那么喜欢收到长信！

范尼·奥斯汀的结婚①真是个大新闻，我很遗憾她做得这么糟糕。她的错误行为对**我们**而言有些好处，因为我们不用写祝贺信。詹姆士和爱德华今天去了桑德林，这对詹姆士来说是个愉快的安排，因为能向他展示一个全新又美丽的乡村。爱德华当然擅长招待客人，为他们安排娱乐活动。他们今天晚上回来。

伊丽莎白说起要在她丈夫去汉普郡期间，带她的三个女儿去鲁特姆。她的样子比我们上次来时好一些，除了有点感冒，看不出有什么问题。以她的处境和体形，她的确在我们看来活跃得非同寻常。我试着告诉詹姆士他女儿的品位，让他高兴起来，可他就算感觉到了也没有表现出来。**我**真心为此感到高兴。

亨利说，他是在信中说他打算去唐斯，如果圣奥尔本斯号还在那儿，但我希望有别的安排。在坎特伯雷，人人都在庆祝她②的到来。

和相互关联、彼此在意的人在一起真愉快，听约翰·布里奇斯说起"弗兰克"真有趣。我有点想往唐斯写信，但我不会写，因为我的信到那儿时他一定去了别的地方。

托马斯·利先生又去了城里，最近才去。亨利上星期天在圣詹姆士教堂遇见他。他承认有事，所以不期而至，我们当然认为只有**一件**事情③。他乘坐邮车一天之内从阿德斯特罗普赶来，如果之前还有疑问，如今这使亨利确信他会健康长寿。

---

① 奥斯汀在肯特郡的一个亲戚。具体原因未知。
② 对应原文对船舰的代词"she"。
③ 奥斯汀太太很想知道她能否以某种方式获得家庭遗产。

奈特太太好心为我们担忧，认为利·佩［罗特］一定为了他的家人而希望事事安排妥当。实际上我不知道去哪儿得到我们的遗产，但我们会非常留意。B. 夫人那天满身是富贵的黑色。

珍妮·斯莫尔伯恩写给她女儿的信中有个消息要告诉母亲，史蒂文顿的一头母牛产了小牛。我还要替安娜的妈妈问候她，说当她爸爸说起要写一封安慰信时妈妈不愿写，因为她知道这样一定能阻止他这么做。

人们的预测有可能成真吗？我可以发誓，玛丽一定已经听说圣奥尔本斯号回来了，一定迫不及待地想要回家或是做点什么。任何人的感觉或行为，痛苦或喜悦都一定不及当初所想！我根本不在乎玛莎对这个小岛的失望，她最终会更喜欢它。

我忍不住反复思考你竟然如此勇敢地前往小岛。这让我想起黑斯廷斯太太去恒河的旅行①。如果只能在一间屋子里吃水果，我们可以把这幅画挂在那儿。

星期五，7月1日——天气好转，我认为这归功于我写到了天气。我满怀希望，正如你绝不会抱怨。虽然凌晨四点在水上航行，但愿对你来说不会太冷。

我们离开巴斯去克利夫顿至今快两年了，当时怀着多么愉快的逃脱感！

这班邮车给我带来了可爱的弗兰克写的几行短信，但他完全没给我在这儿见到他的希望。我们并非不可能见到亨利，除非圣

---

① 暗指威廉·霍奇斯（1744—1797）的大型画作《乔尔贡岩石边的黑斯廷斯太太》。

奥尔本斯号走得很快，否则他会去唐斯。谁到了肯特还能不来戈德默舍姆一两天呢。

詹姆士今天上午收到库克太太的信，对他在回家的路上去波科海姆给予回复，是好意的接受。爱德华从戈达德博士那儿得到的回复不那么愉快，博士其实拒绝了请求。他曾经愚不可及地制定规则，永远不让男孩们在放假前一个小时离开，他现在又极其愚蠢地遵守这个规则。我们都很失望。爱德华的信带来了双重失望，因为他这个夏天都见不到乔治了。

我的哥哥们昨晚十点回来，过了寻常又非常愉快的一天。

他们发现迪［兹］太太在家，迪先生也结束了外面的事务回来吃饭。詹姆士非常喜欢那儿，认为两位最大的女孩很漂亮，但玛丽更漂亮。孩子的数量令他们吃惊不已，因为不仅他们自己的十一个孩子全都在家，三个小布里奇斯也和他们在一起。

詹姆士打算再去一趟坎蒂，看望他的朋友马洛博士，他此时正要过去。我几乎没机会去那儿了。再过一个星期我就要回家了，然后，我在戈德默舍姆的日子会像是一场梦，就像我在布朗普顿的日子似乎已经变成了梦。

橙子酒很快会需要我们的关心。但与此同时，哈顿一家和米勒一家今天过来吃饭。为了优雅舒适与奢侈，我会吃冰块，喝法国葡萄酒，不去精打细算。幸运的是，友情的快乐，坦率的交谈，相似的品位与观点，是对橙子酒的丰厚补偿。

小爱德华再次恢复了健康。

你挚爱的 J. A. ，大家都爱你。

36. 致卡桑德拉·奥斯汀

1808 年 10 月 7 日星期五—10 月 9 日星期天

城堡广场

我亲爱的卡桑德拉：

你星期二的来信给了我们许多快乐，我们为伊莎贝拉至今一直恢复得很好①祝贺你们所有人。明天，或者星期天，我希望能听到继续变好的消息。

我们也很高兴地得知你本人的身体非常好，请务必继续下去。星期一我很吃惊地收到一封写给你的信，来自你温彻斯特的朋友，他似乎完全没料到你会在戈德默舍姆。我全权接管这封信，读了信，付了邮资，回复了信件。他今天能收到这封信——很合适的日子，虽然我当时没想到。

我祝哥哥 30 岁生日快乐②，希望今天能比六年前的今日更加令人难忘。

梅森一家正在修缮烟囱，发现状态实在糟糕，能用到现在简直是奇迹，几乎不可能不被下一阵大风刮倒。因此，我们也许要感谢**你**拯救我们不被这些旧砖块砸中。你要得到的另一份感谢来自伊丽莎，她想谢谢你送给她印染绸缎作为礼物。它被做成了一

---

① 伊丽莎白·奈特于 9 月 28 日产下第十一个孩子。

② 三哥爱德华的生日，他其实 41 岁。

顶软帽，我猜漂亮得令她吃惊。

母亲正在准备为 E. K. 太太的哀悼。她已经将她的旧披肩撕碎，打算把它染黑，配上长裙——很有趣的计划，虽然她刚刚不悦地发现必须把这事交到雷恩先生手中，因为钱伯斯先生走了。至于弗勒尔先生，如今我们对他评价很低。你的蓝色长裙怎么样？我的成了碎片——我想印染一定出了问题，因为有些地方一碰就破。白白扔掉了 4 先令，除此之外还让我无比难过。

我们不知不觉被骗入梅特兰太太家的一场纯粹的宴会，有个四人牌桌和康默斯牌桌，隔壁房间有音乐会。有两拨人在玩康默斯，但我最多打一局，因为赌注是 3 先令，我一个晚上输不起两局。M. 小姐们依然文雅又愚蠢。

你当然知道玛莎今天过来，我们昨天收到便笺，因此酿好了云杉啤酒。

星期三，我收到一封来自雅茅斯的信，让我把玛丽的法兰绒和皮衣等寄过去。因为我手边有个包装盒，所以毫不费力地做到了。

星期二晚上，南安普敦大约有一个小时都陷入了惶恐：刚过九点，糕饼师韦布家突然起火，熊熊大火烧了一阵子。我不知道究竟为何起火，当时听说是因为烘焙间，但现在听说是在他们住所的后面，有一间屋子化成了灰烬。

火焰很大，像是要烧到莱姆，甚至更远。人人都感到不安，我开始想到如果出现最坏的情况该怎么办。不过幸运的是，夜晚非常宁静，机器立即投入使用，不到十点火就几乎全部熄灭——尽管直到十二点才认定一切平安，一位看护守了一整夜。我们的朋友杜尔一家惊恐万分，但没有吓得失去理智或仁慈。

我担心韦布一家损失惨重——也许更多因为无知或掠夺，而非大火。他们有大批珍贵的瓷器，为了抢救，瓷器被搬出屋子，扔得到处都是。

隔壁是个玩具店，几乎同样损失惨重——希布斯的房屋就在旁边，他吓得失去理智，把他所有的商品、贵重的蕾丝等交给任何一位伸手去接的人。

我知道商业街上人山人海；哈里森太太正和一位女士在米勒家喝茶，无法在十二点离开。这就是我们大火的显著特点。感谢上帝，没有变得更糟！

星期六——谢谢你的来信，我当时正和我的**两个**同伴坐在早餐桌旁。你对范尼的描述令我特别高兴；我发现她在夏天时完全如你所述，几乎是另一个姐妹，无法想象一个侄女竟然能对我这么重要。她真让人称心如意；告诉她我有多爱她，告诉她我总是心怀喜悦地想起她。

谢谢你询问我的耳朵，我很高兴地说劳埃德先生的处方已经完全治愈了我。能再次听到声音我感觉特别幸福。

你的长裙会被拆线，但我不记得以前这样安排过。

玛莎在这儿待到六点半，由丽迪陪着她。她们最后淋了些雨，但总的来说一路很愉快。如果能相信神情和话语，玛莎回去的时候很高兴。我们以城堡广场的天气接待了她，自从她到后就从西北边刮着狂风。我们都庆幸烟囱昨天修好了。

她为我们的储藏室带了几件好东西，如今已经储备充裕：那天我们从奥尔顿的格雷斯先生那儿得到一只野鸡和野兔。

这是诱惑我们去奥尔顿，还是把我们拒之门外？亨利可能与来自那边的最后两篮礼物有关，但我没见到他写过什么，即使是对某个篮子的说明。

玛莎在温彻斯特待了一个半小时，和三个男孩在糕饼师傅那儿走来走去。她觉得爱德华长大了，和从前一样赞赏他的举止。她在乔治身上看到和他亨利叔叔的一些相似之处。

我很高兴你要去见哈利奥特·[摩尔]，给她捎上我的爱。希望你能接受布里奇斯夫人的邀请，虽然**我**无法接受她儿子爱德华的邀请①。她是个好女人，她对我的记忆让我感到荣幸。

你记得梅尼唐的家庭是否分发了结婚蛋糕？邓达斯太太打定主意要得到她朋友凯瑟琳的蛋糕，玛莎知道她多么看重这种事，并急切地希望双方都不会感到失望。

我想我们的天气和你那儿一模一样。我们有过**一些**非常宜人的天气，我们的 5 日和 6 日正是十月的 5 日和 6 日常有的样子，但我们一直想在屋**内**生个火，至少除了中午的时间都能有火。

玛莎发现你交给我保管的钥匙和钥匙孔不匹配，想知道你是否弄错了。应该能打开她高柜里面的抽屉，但她对此并不着急。

星期天——天气太冷，所以我们宁愿在楼上吃饭，而不是在没生火的楼下吃。因为只有三个人，我们安排得很好。今天多了两位，我敢说我们能做得**一样**好。富特小姐和韦瑟雷德小姐会

---

① 可能指求婚。

过来。

伊丽莎白那么喜欢毯子，这让母亲很高兴。请告诉伊丽莎白新丧服**只需**在身体和袖子上做双层布料。

玛莎谢谢你带来的消息，她真心诚意地想让你知道，你的愿望都已成真，她在这儿过得宁静舒适。但我认为她不会在**这儿**逗留很久，她本人觉得邓达斯太太无法离开她太久。如果可能，她**希望**和我们待到圣诞节。丽迪明天回家：她似乎身体不错，但不打算现在干活。

沃洛普一家回来了。约翰·哈里森已经完成他的拜访任务离开了。我们有了一位新医生，一位珀西瓦尔医生，是曼彻斯特著名的珀西瓦尔医生的儿子，他的父亲写过道德故事，还让爱德华交给了我。

当你再次给凯瑟琳·［比格］写信时，替我感谢她对友情善意愉悦的话语；我会非常珍惜这样一个胸针。再见我最亲爱的卡桑德拉。

你非常挚爱的 J. A.

你给 E. 利太太写信了吗？玛莎会很高兴地发现安妮此时在干活，她要是这样我也会很高兴。

我们必须把黑色外套换成新的，因为今年冬天呢绒外套会穿很多次。

37. 致卡桑德拉·奥斯汀

我亲爱的卡桑德拉：

你的话语让我们在这样的时候得到了最大的安慰。爱德华的失去实在可怕①，现在想到节哀的确太早，无论对他还是对他痛苦的女儿而言——但我们也许能够期待，我们亲爱的范尼对她亲爱的父亲的责任感会很快使她振作起来。为了他，作为对她逝去的母亲爱意的最佳证明，她会努力平静下来，接受命运。她是否觉得你是她的安慰，还是她过于伤心，只想独处？

你对莉齐的讲述很有趣。可怜的孩子！人们一定希望记忆深刻，可是人们总会为一个八岁孩子的伤心而心痛。

我想你见到尸体了，看上去怎么样？② 我们急于确信爱德华不会参加葬礼，但到那时他一定会觉得不可能。

你的包裹星期一发出，我希望鞋子合脚；我和玛莎都试穿了。我会把我认为最有用的丧服寄给你，自己保留你的袜子和一半绒布——我知道这样自私的安排如你所愿。

我会穿黑色长裙，戴上黑纱，我们听说**这儿**都是这么穿，也

---

① 伊丽莎白·奈特 10 月 10 日突然去世。
② 希望遗容平静安详。

符合玛莎之前的观察。不过，我的丧服不会使我贫穷，因为我给丝绒上衣做了新的内衬并装饰一番，相信**这个冬天**不会再有这样的事情。我用我的斗篷当作内衬，会把你的也寄来，以防有同样的需要，虽然我相信你的丝绒上衣比我的状态好些。**一位贝克小姐**为我做了长裙，另一位做了软帽，软帽是丝绸材质，覆上黑纱。

我已经给爱德华·库柏写了信，希望他不要给我可怜的哥哥寄一封残酷的安慰信。昨天我给阿勒西娅·比格写了信，回复她的一封信件。她悄悄告诉我们凯瑟琳下星期二结婚，希尔先生会在随后的一个星期来到梅尼唐。

哈里森太太和奥斯汀小姐希望我们替她们在这悲伤的时候向你本人和爱德华致以所有适当的问候——尤其希望不要增添麻烦，因为太多躲不开的事情让她们无法自己向你们写信表达关心——她们似乎真的感到关心。

我很高兴你能说出为奈特太太和古尼斯通的人做了什么，得知这场打击没让任何人生病对我真是巨大的安慰。可让你来宣布此事，这是怎样的任务啊！**现在**我希望你不会被写信累倒，因为亨利·〔奥斯汀〕和约翰·〔布里奇斯〕能帮你分担很多写信的事情。

斯丘达莫尔当时在房间里吗？有没有尝试做些什么，对病情的发作有没有一些解释？

星期天——因为爱德华给他儿子的信还没寄来，我们知道你一定早在星期五就听说男孩们在史蒂文顿，我对此很高兴。

你给戈达德医生的信刚转交给他们，玛丽就写信问母亲是否希望把她的孙子们送到她身边。我们决定让他们待在原处，希望我的哥哥会赞成。我肯定他能公正地认为在做出这番决定时，我们牺牲了意愿，选择了我们认为最好的方式。

我明天会通过邮车给 J. A. 太太和爱德华寄信，关于他们的悼念，今天的信也许能让你们自己获得那方面的信息。我当然会借此机会对我们的侄子谈谈最重要的问题，我以前的信都自然会这样。也许这些可怜的男孩在史蒂文顿会比在这儿更舒服，但你会理解对于这件事情**我的感受**。

明天对你们所有人都将是可怕的一天！惠特菲尔德先生的任务真是艰难。我会很高兴听说一切都结束了。

你无须怀疑我们一直想着你。我今天脑海中时刻出现你们这些哀悼的人，尤其在晚上会独自想着那悲伤的气息，努力说出的话语，还得不停地做伤心的事情。还有可怜的爱德华，痛苦得无法安宁，在几间屋子里走来走去——也许常常到楼上，看看他的伊丽莎白最后的样子。最亲爱的范尼必须视自己为他主要的安慰，他最亲爱的朋友；尽她所能，逐渐成为对他失去的弥补——这样的考虑能给她鼓舞，使她快乐起来。

再见！你无法频繁写信，正如我之前所说。我们为可怜的小宝贝没带给你特别的担忧而真心喜悦。替我们亲吻莉齐，告诉范尼我一两天内会给夏普小姐写信。

你最忠诚的
J. 奥斯汀

母亲没有生病。

告诉亨利有一大篮苹果将从金特伯里寄给他，福勒先生打算星期五写信（假如他在伦敦）讨要图表之类的东西，可能委托帕默一家带给他。福勒太太已经给帕默小姐写信，请求她答应帮他们送信。

38. 致卡桑德拉·奥斯汀

1808 年 10 月 24 日星期一——10 月 25 日星期二

城堡广场

我亲爱的卡桑德拉：

爱德华和乔治星期六刚过七点就来到我们这儿，他们身体很好，但感觉非常冷。他们选择坐在车外，也没穿大衣。他们坐在好心的车夫怀斯先生身旁时，他把自己的大衣让给他们用。他们到达时冻得发抖，我担心他们一定会感冒；但似乎并非如此，我从未见过他们的状态比现在更好。

他们表现得非常棒，在各方面都是，极其善解人意，每次说起他们的父亲都特别动情。昨天他们都读了父亲的来信，读得泪水涟涟。乔治大声啜泣，爱德华不那么容易流泪；但在我看来，两人都对发生的事情表现得体。劳埃德小姐是比我更公正的评判者，对他们二人极为满意。

乔治对我而言几乎是初次相识，我发现他和**爱德华一样迷人**，只是风格不同。

我们不缺娱乐：乔治不知疲倦地玩着杯球，还有挑棒游戏、折纸船、猜谜语、解难题、打牌，看着河水的起起落落，时而出去走走，总能忙忙碌碌。我们打算遵从爸爸的善意考虑，到星期三晚上再回温彻斯特。

J. A. 太太只有时间为他们做一套衣服，其余的正在缝制。虽然我不认为南安普敦以做衣服闻名，但我希望它能证明自己强过贝辛斯托克。爱德华有一件旧的黑色外套，让**他**不必再做一件新的。但我发现他们觉得黑色马裤必不可少，当然因为穿着场合的需要，谁也不愿意把它们做得不舒适。

我们昨天欢欢喜喜地收到了范尼的信，她的弟弟表达了谢意，会很快回信。我们都看了她写的内容，感到非常高兴。

明天我希望收到你的信，明天我们也必须想着可怜的凯瑟琳。今天布里奇斯夫人占据了我们的头脑，当我们能想象见面结束时会很高兴。爱德华不会再承受那么糟糕的情形。

我发现圣奥尔本斯号就在我的信件到达雅茅斯那天出航的，因此我们无需在此时等待回复。然而，我们几乎没感到焦虑，没觉得需要对我们的计划①保守秘密。因为收到了范尼的来信，我们只得为小客人们做出解释，但我们还没向他们提起史蒂文顿。我们自己都很清楚这些想法，母亲只希望苏厄德太太能在仲夏时节出门。

那儿的厨房花园是怎样的？J. A. 太太表达了对我们定居肯特的担忧，我们本来已经开始希望能住在这儿，直到这个建议被提出。母亲的确已经说起在瓦伊的一座房子。不过，事实上，这是最好的安排。

安妮刚刚通知了她的女主人：她要结婚了。希望她能做完这一年。

---

① 搬到爱德华的乔顿乡舍。

关于结婚的话题，我必须关注索尔兹伯里报纸上的一个婚礼，让我觉得非常有趣，是菲尔洛特医生和弗朗西斯·圣劳伦斯夫人。我猜她想在此生有个丈夫，而**他**想有个弗朗西斯夫人。

我希望你们这群伤心的人昨天去了教堂，不再**为那件事**而难过。玛莎因为感冒而留在家中，但我和两个侄子去了。我看见爱德华被布道深深打动，我本来会以为这是特意为痛苦的人而准备的，如果曼特博士不是在评述祷文时自然而然脱口而出。那段祷文的标题是"所有身处危险、无奈或苦难中的人"。后来因为天气原因我们只能走到码头，当我们停留时，乔治非常高兴，从一边跑到另一边，又立即跳上一艘运煤船。

晚上我们在家读了赞美诗，上了日课，还讲了道，大家都专心致志；但你不会期待听我说，他们在**结束后**没有立即回去玩猜谜游戏。他们的婶婶①在信中把他们写得特别好，出乎我的预料。

我在写信时，乔治正乐此不疲地折纸船并给它们起名，接着他会用特意从史蒂文顿带来的马栗子砸过去。爱德华同样专注地表演着《基拉尼湖》②，在一张大椅子上扭来扭去。

星期二——你密密麻麻的来信让我为自己稀疏的笔迹感到羞愧；你告诉我许多事情，大多很受欢迎。至于你得多待一段时间，这没有出乎我的意料，也必须如此，但你别以为我喜欢这样。

你说的关于爱德华的一切真令人欣慰。我开始担心当第一个

① 玛丽·劳埃德·奥斯汀。
② 安娜·玛丽亚·波特（1780—1832）发表于1804年的关于情感和家庭纠葛的小说。

星期的忙乱过去后，他的心情可能有一段时间会更加沮丧；也许我们仍然必须做好这样的准备。如果你逃脱了胆汁热的侵袭，我会喜悦又吃惊。我很高兴你提到凯瑟琳今天去哪儿，这是个不错的计划，不过可以相信理智的人通常能想到这么做。

这一天开始得很愉快，但不一定能这样继续下去，对他们或对我们来说都是如此。昨天**我们举办了一场小型水上聚会**。我和两个侄子从伊钦渡口出发去乔尔塔姆，在那儿上岸，参观了74号战舰，然后步行回家。我们玩得特别开心，所以我打算今天带他们去艾克斯特里。月亮一出来就过去，潮汐正合适，但我担心会下雨。如果去不了那么远，我们也许能从渡口走到码头。

我昨天只提议穿过伊钦，但的确非常愉快，让每个人都特别满意，所以当我们到了中间时决定沿河而上。大部分时候由男孩们划桨，他们的问题与看法，以及他们的快乐，都非常有趣。乔治没完没了地提问，他对一切的好奇心常使我**想起他的亨利叔叔**。

晚上我们以这种方式过得同样快乐：我推荐了**猜牌游戏**①，大家特别喜欢，几乎玩得停不下来。

你认为该早点吃晚餐的想法正是我们的提议，因为在写完这封信的第一部分后，我想到在一年的这个时候我们没有夏日黄昏。我们应该注意今天的天色，别让他们明天走夜路。

他们向爸爸和每个人热情问好，乔治感谢这班邮车带来的信件。玛莎让我们的哥哥放心，她对和他与他的家人有关的一切都

---

① 原文为"speculation"，简·奥斯汀的多部小说都提到的一种牌戏。

很在意，同时她与我们一样，为收到戈德默舍姆的每一个好消息感到真心高兴。

关于乔顿，我想我没有更多话可说，但我相信，你在这封信中对我说的一切，我只要读给母亲听，都会让她愈发高兴地赞成这个计划。我们在 H. 迪格韦德的农场时也有过同样的想法。

今天从金特伯里寄来一封善意动人的来信。你能公正看待福尔太太在此情况下的同情与关心，也能如她所愿地向哥哥表达这份感情。对**你**，她说："我知道，卡桑德拉会原谅我不给她写信；我不是为了自己，而是为了**她**才没有写信。替我向她转达最深切、最友好的爱意，告诉她我理解她的感受，正如她在同样的情形下也会理解我一样。同时我真心希望她的健康不会受到影响。"

我们刚收到从金特伯里送来的两篮苹果，几乎铺满了我们小阁楼的地板。向大家问好。

你非常挚爱的
J. A.

39. 致卡桑德拉·奥斯汀

1808 年 12 月 9 日星期五

城堡广场

我亲爱的卡桑德拉：

非常感谢你和迪兹先生同时写来的令人愉悦的作品，让我今天上午吃了一惊。他当然是个出色的作者，叙事到位，毫不冗长，清晰明了。虽然我并不打算将他写信的才华与你相比，或给他同样的感激之情，但他的叙述方式的确令人喜爱，同时看重事实。

"可是所有这些，"正如我亲爱的皮奥兹太太所说，"都是异想天开和自以为是，是胡言乱语——因为我的主人得留心大酒桶，而我得想着孩子们①。"不过，在此情形下，是你在想着小孩子②——而我在留心大酒桶——因为我们又在酿云杉啤酒了——但我真正的想法是，当我有那么多事情要写，我的信纸几乎写不下的时候，我还写了所有这些毫无必要的内容，真是愚蠢至极。当然，这些虽为小事，却非常重要。

首先，柯林小姐其实在朴茨茅斯——我一直希望不是这样。不过，我至少希望她能长久幸福地住在那里。**在这儿，她也许会**

---

① 皮奥兹太太写给约翰逊的信中对自己和丈夫的描述。

② 卡桑德拉在帮爱德华照顾孩子们。

很无趣，我相信她会惹人厌烦。

我拿到手镯了，完全如我所愿。这副手镯随玛莎的大衣一起到来，衣服也让我特别满意。

我刚把写给你的上一封信封好，迪更斯太太就和她的弟媳伯蒂太太过来拜访，伯蒂太太嫁给了一位新升职的上将。我相信F. A. 太太是他们的第一目标，但她们好意地将就了我们。迪太太发现劳埃德小姐是邓达斯太太的一个朋友，这就有了和我们结识的另一个理由。她似乎是个很讨人喜欢的女人，也就是说，她举止文雅，认识我们在西肯特的许多熟人。伯蒂太太住在波利冈，我们回访时她出去了。这是**她的**两个优点。

更大的交际圈，更多的娱乐，这很符合我们即将搬迁之处的特点。是的。我想尽量多参加舞会，也许能得到一门好亲事。每个人都很关心我们的离开，每个人都熟悉乔顿，说那是非常漂亮的村庄，每个人也都知道我们描述的那座房子——但没有人说对了位置。

我十分感激奈特太太，因为她对我特别关心的有力证据。也许她能相信我**会**嫁给帕皮伦先生，无论他或我有多么不情愿。我欠她的绝不止这个微不足道的牺牲。

我们的舞会比我期待的有趣得多。玛莎非常喜欢，我到最后一刻钟之前都没有在一旁观望。九点后马车来接我们，快十二点时到家了。屋里比较满，也许有三十对舞伴。令人难过的是看着那么多年轻小姐没有舞伴独自站着，每个人都裸露着两只难看的肩膀！

这是我们十五年前跳舞的同一间屋子！我左思右想，觉得虽然我为老了很多感到羞愧，却也为我现在和那时一样快乐而心怀感激。我们为喝茶额外支付了一先令，因为我们选择在相邻的一间非常舒适的屋子里喝。

只有四支舞，我很难过兰斯小姐们（其中一位也叫爱玛！）竟然只有两支舞得到了舞伴。你不会期待听说**我**被邀请跳舞，但我受了邀请，是我们和奥弗涅上尉在**那个星期天**遇到的那位先生。从此以后我们见面始终鞠躬问候，因为喜欢他的黑眼睛，我在舞会上和他说了话，给我带来了这番礼仪；但我不知道他的名字。他似乎对英语太不熟悉，让我相信他的黑眼睛也许是他最大的优点。奥弗涅上尉得到了一艘船。

我和玛莎利用昨日的好天气出去散步了，去奇斯韦尔做了回访。兰斯太太独自在家，我们比随后过来的三位女士在那儿待得更久。我们乘船而去，从桥上回来，几乎一点也不累。

爱德华最后的两天一定很愉快。我猜你去坎特伯雷的旅行很**不错**。基蒂·富特星期三晚上来了，她的拜访算是够早，赶上了晚餐的最后一道苹果派，因为我们现在不到五点从不吃饭。

昨天我，或者应该说是你，收到了南妮·希利亚德的一封信，目的是希望我们给汉娜找个职位，她会对我们感激不尽。我很遗憾不能帮她。如果你可以，告诉我，因为我不会立即回信。斯洛珀先生又结婚了，让南妮或所有人都不太满意。这位小姐是罗伯特爵士私生女的家庭教师，似乎没什么可称道之处。不过，我的确发现南妮有可能因为她而失去工作。她只字不提希望汉娜做什么，或是汉娜能做什么，不过我想，一定是育儿之类的事情。

现在我已经结束了我的次要新闻，要告诉你一件有些重要的事情，是舅舅和舅母打算每年给詹姆士 100 英镑。我们是从史蒂文顿听说的。玛丽那天和我们说了舅母的信中有关这个问题的一些内容。信上说这是非常善意的赠送，补偿他慎重拒绝汉普斯特德的牧师职位带来的损失，当时说 100 英镑是每年的总价值。我认为史蒂文顿一直打算把实际收入与金特伯里分享。

舅母的这些话说得无比深情，也表示希望他们未来能够更加亲近，她非常遗憾近几年并非如此。我为母亲的期待没有因为这件事而提升。不过，在我们离开之前，可以再给一些时间。

如果不受教区事务妨碍，詹姆士明天会来我们这儿。胡尔伯茨太太和默登小姐此时在他家做客，可能会一直待到圣诞节。安娜 19 日回来。每年的一百英镑从下个报喜节①开始。

我很高兴你又能和亨利在一起了。同他与男孩们在一起，你必然会过个愉快，有时甚至感到欢欣的圣诞节。玛莎那么……
［剪去两行］

我们希望能及时在乔顿住下，至少赶得上亨利过来打猎。只要稍微早一点就可以，而且爱德华把男孩们送回温彻斯特后也许会来看我们。如果我们定在 9 月 4 日怎么样？那样不行吗？

我只有一件事要告诉你了。希尔太太昨天在我们去奇斯韦尔时来看望母亲，其间问她是否知道一个名为**奥尔福德**的牧师家庭，他们住在汉普郡我们这一边。有人问过希尔太太，说她也许能提供他们的一些信息，因为他们可能离希尔博士的家很近。一

---

① 3 月 25 日。

位女士认识巴斯的奥尔福德太太和两位小姐，她们似乎是从汉普郡搬来的。是她在询问，或是帮她询问。这个女士现在想把给奥尔福德小姐们做的针线活或饰品送给她们，但那位母亲和女儿们已经离开巴斯，她们去了哪儿她不得而知。当母亲对我们说起时，我们想到有可能就是我们自己，她之前还想到……［剪去两行］

（使之更）……有可能——甚至毫无疑问就是**我们**的一点，是她提到哈蒙德先生如今拥有了那位父亲曾经的牧师职位和收入。我想不出那个好心的女人会是谁，但我敢说我们不会喜欢那个针线活。

我的右手很累，但心没有那么累。向大家送上我诚挚的爱。

你永远真诚的
J. A.

40. 致卡桑德拉·奥斯汀

1808 年 12 月 27 日星期二——12 月 28 日星期三

城堡广场

我亲爱的卡桑德拉：

我现在能从容地写信，好好讲述我的话题，所幸这个星期的话题并不多。

我们的屋子在星期六的十一点半前打扫干净，昨天我们满意地听说他们①刚过五点就平安到家。

你今天上午的来信让我非常高兴，因为母亲在服药，伊丽莎由于感冒而卧床，乔尔斯没有来，所以我们很无趣，盼着信件到来。你告诉了我许多令我高兴的事情，但我觉得不太需要回复。我希望我能帮你做针线活。我的两只手和一个新顶针都过着很轻松的日子。

桑德夫人的婚事令我惊讶，但没有让我不快。假如她的第一场婚姻出于爱情，或是她有个成年的单身女儿，我不会原谅她。但我认为如果可以，每个人都有权利一生中为爱结**一次**婚。如果她从今以后不再头痛可怜，我能允许，甚至能**祝愿**她幸福。

别以为你对你和布［鲁克·布里奇斯］爵士面对面谈话的描

---

① 詹姆士和玛丽·奥斯汀。

述，让我们对此的期待发生了任何改变。他不可能真的在阅读，虽然他把报纸拿在手中。他已经打定主意该做什么，以及怎样做。我想你很快会收到他的信。

我昨天收到朴茨茅斯的来信，因为我要给他们再寄一些衣服，他们不可能期待很早回到我们身边。玛丽脸色不错，但她一定受了不少苦。她的脓包长了又破。

我们星期四晚会的唯一特别之处是默登小姐也来了，虽然她早上曾断然拒绝。她很不优雅，一言不发地和我们从七点坐到十一点半。因为车夫的原因，我们那么晚才打发了他们。

最后一个小时，人们打着哈欠，一大圈人围着火炉冻得发抖，无聊极了，但盘子里的食物很受人喜爱。野鸭和腌生姜非常美味。但至于我们的黑黄油，别以此诱惑任何人来南安普敦，因为全都吃完了。第一锅是弗兰克和玛丽在场时打开的，令人大失所望，既没凝固，也不够甜。见此情形，伊丽莎想起奥斯汀小姐说她认为这没有煮透。你知道，是在我们出去时煮的。这就是第一锅的故事，我不想留下第二锅，于是我们毫不矜持地悄悄吃掉了。虽然不尽如人意，但有些部分还很不错。

詹姆士因为收入的增加，打算养三匹马；他现在只有一匹。玛丽希望另外两匹能适合女士骑。在购买其中一匹时，也许会让爱德华实现对他教子的承诺。现在我们能基本明确詹姆士的收入是一千一百英镑，除去副牧师的薪水，这让我们非常高兴。他的收入和收入的明确都让我们高兴。

玛丽不谈花园。她也许不喜欢这个话题，但她的丈夫经人劝说，相信只要挖条沟渠，就能把第一个新花园变好。这件事将由他自己的仆人和约翰·邦德慢慢去做，不会像另一条沟渠的花费那么多。

听说梅尼唐又在紧张地筹办一场舞会，我很高兴，主要是为安娜高兴。这被称为"孩子的舞会"，是希思科特太太为威廉举办的，至少是因此而起，但也许规模会变大。爱德华住在梅尼唐时得到了邀请，舞会将在主显节①之前的某一天举办。赫尔伯特太太为此给安娜买了一双白鞋。

上封信中我忘了告诉你，我们从金特伯里和帕尔默一家听说，他们十一月初在百慕大都很好。

星期三——昨天在戈德默舍姆一定是个悲伤的日子。我很高兴结束了。星期五晚上，我们和朋友们在寄宿旅馆度过。我们满足了好奇心，因为见到了他们的同住人德鲁太太、胡克小姐、怀恩先生和菲茨休先生，后者是兰斯太太的兄弟，十分绅士。他已经在那座房子里住了二十多年，可怜的人！他的耳朵完全聋了，即使大炮响在耳边也听不见。因为手边没有大炮来做实验，我想当然地借助手势和他说话，非常有趣。我推荐他读《科琳娜》②。

胡克小姐是个温文尔雅、颇有教养的女人；德鲁太太举止文雅，看不出多少教养。怀恩先生看来是个喜爱说话、性情随和的年轻人。默登小姐昨晚和之前判若两人，因为她早上在玛莎的帮助下找了个职位，似乎很可能较为舒心。她离开史蒂文顿后就寄

---

① 1月6日。
② 法国评论家和女性主义作家安妮·路易斯·杰曼·德·斯泰尔（1766—1817）发表于1807年的小说，同年被翻译为英文。

宿在药剂师胡基太太①家，因为没有胡基先生。我不能说我在急于总结她的这次来访，但我真的很高兴见到她身心愉悦——在她这样的年龄，人们同样可能没有朋友，在同样的境遇下，也会相当挑剔。

母亲最近在购置餐具——一把完整的大汤勺和一个完整的甜品勺，还有四把完整的茶勺，让我们的餐具柜几乎很壮观了。它们大多是老旧或无用的银具。我已经把清单中的 11 先令改为 12 先令，卡片变得好看多了，还增添了一把银茶勺，至少能达到让我们时常想起约翰·沃伦的目的。

我已经对玛莎说了桑德斯夫人的情况，她一点也没反对，而且特别喜欢蒙特雷索这个名字②。我在那一点上和她想法不同，但我很喜欢他的头衔，而且我通常认为将军不仅非常有理智，而且举止特别优雅。

我下个星期必须给查尔斯写信。你能想象哈伍德伯爵说起他时用了怎样的溢美之词。全美洲的每个人都尊重他。

我不会告诉你有关威廉·迪格韦德瓷器的只言片语，因为你对此事的沉默让你不配听说。H. 迪格韦德极其满意地期待着和我们做邻居。我宁愿她为此想法愉快到极致，因为我猜实际上不大可能。**我们**带着同样的喜悦期待和她丈夫的总管与妻子亲密交往，他们住在我们附近，据说是非常好的人。

是的，是的，我们**会**有一架钢琴，是以 30 畿尼能够买到的

最好的钢琴。我会练习乡村舞曲，当我们的侄子侄女过来陪我们做伴时，可以给他们带来些乐趣。

玛莎向亨利问好，告诉他很快会收到查普林小姐大约 14 英镑的账单，从她的账户支付①，但账单会在他返回城里后再寄给他。我希望他非常健康地来到你这里，心情好得仿佛第一次从戈德默舍姆回来时那样。他和侄子们在一起时会强迫自己快乐起来，直到真正变得快乐。告诉我一些伊丽莎的情况，我已经很久没听到她的消息了。

我们这儿的地面已经积雪将近一个星期，现在开始融化，但南安普敦一定不会有积雪。我们都向小爱德华和他的弟弟们送上我们的爱，我希望他们喜欢猜牌游戏。

再见。

你挚爱的 J. 奥斯汀

母亲这个星期没有出门，但她一直很［好］。我们从波科海姆收到一封关于你教母的无关紧要的来信。

---

① 亨利 1801 年成为伦敦的银行家。

41. 致卡桑德拉·奥斯汀

1809 年 1 月 10 日星期二—1 月 11 日星期三

城堡广场

我亲爱的卡桑德拉：

你认为我的上封信没有内容满满，我并不惊讶，希望这封信也许没有同样的缺点——但我们自己没做什么可写的事，因此我很依赖与朋友间的交往，或是我自己的智慧。

这班邮车带给我两封有趣的信，你的和来自波科海姆的一封，信中回答了我对你那位好教母的问询，我们最近从帕拉冈得到了很令人担忧的消息。阿诺德小姐告知我们的，她说伊〔丽莎白〕·利太太病得很重，一位牛津的医生过来照料她。

你写往阿德斯特罗普的信也许给你带来了现场的消息。为防止你没收到，我必须告诉你她好些了，虽然伯恩医生还不能说她脱离了危险——这就是上个星期三的事情。库克太太最近没得到消息是个好兆头。如果一切顺利，我**下个**星期会再次收到她的信，但不是**这个**星期。

她的病是肺部炎症，源于三周前的星期天在教堂着凉得的重感冒——可以想象她的心情虔诚镇定。她刚生病时乔治·库克在那儿，他的弟弟现在接替了他。考虑到她的年龄和虚弱，人们难免感到担忧，虽然她的恢复程度已经超出医生当时的预期。我很遗憾地再加上一点，**贝基**因为同样的病而卧床不起。

我很高兴你回来的时间终于确定，我们都为此喜悦，没有晚于我的期待。我不敢期望玛丽和柯林小姐会在朴茨茅斯耽搁那么久或是一半的时间，但我愿意出两便士让她们待在那儿。

圣奥尔本斯号也许会很快出发，帮着把我们的可怜军队此时剩下的人员带回家，军队似乎危在旦夕①。似乎只在这儿听说了"摄政"②，我写信的大多数从政者对此只字未提。我竟然在这个问题上浪费了那么多思考，真是不幸。

现在我能更加全面，同时更加细致地回答你关于母亲的话题，不仅清晰明了，而且事无巨细；因为我们离开南安普敦的日子已经定下，如果这个消息对爱德华没有**用处**，我相信这也会使他高兴。复活节那周的星期一，即 4 月 3 日是选定的日子。我们当晚睡在奥尔顿，第二天去见波科海姆的朋友，如果那时他们在家的话。我们会在那儿待到下星期一，希望在星期二 4 月 11 日这天到达戈德默舍姆。如果库克一家不在，我们将在 15 日结束旅程。这些计划当然取决于天气，但我希望不会出现寒冷天气，造成实际的耽搁。

作为对你在波科海姆的补偿，我们正考虑在**离开**肯特的途中去百顿客栈住几天。这个可能的拜访计划得到了伯奇太太的热情欢迎，在最近收到的她的一封古怪又愉快的来信中，她像往常一

---

① 英国军队在半岛战争（Peninsular War）后自 1 月 1 日开始向西班牙西北海岸的撤退。这场撤退持续 15 天，英军损失了 5,000 名士兵。

② 威尔士的乔治王子 1811 年 2 月成为摄政王，但因为乔治三世的身体状况，继位问题在此之前被多次讨论。

样十分友好地谈到**我们**，宣称除非一件特别**漂亮**的礼物立刻从某地为我们做好，否则她绝不会满意。

范尼不和你一起来没有出乎我们的意料。因为我们不可能为她准备床铺，我们很快会在戈德默舍姆见到她，我们不可能另作他想。

我相信在你收到这封信时，威廉已经基本康复。他的十字绣一定会是很大的安慰！请告诉他我很想见到他的作品。我希望我们今天上午的回复已经令他满意。我们为迪兹叔叔的包裹而特别高兴。请私下告诉玛丽安，我认为她帮约翰叔叔的咖啡壶做个垫子非常正确，我相信这现在一定让她极其愉快，当他收到时也会一样愉快。

你们喜欢勃莱格牌戏甚于猜牌游戏确实没有太让我吃惊，因为我自己也是同样的感觉。但这使我深感屈辱，因为猜牌游戏是我带来的。而且，毕竟勃莱格牌戏中三张相同的牌有什么好玩的呢？不过是三张 9 或三张 K，或是各种组合。如果对此理论一番，它不可能胜过猜牌游戏。我希望爱德华现在被说服了。如果是，就给他捎上我的爱。

之前提到的帕拉冈的来信，作者的幸福感和在以前的来信中差不多。他们发现屋子特别肮脏潮湿，只得在客栈住了一个星期。约翰·宾斯的表现极其糟糕，他自己去别处找了个职位。不过，他们以同样的条件雇了一个人，可我舅母并不喜欢，发现他和新女仆比罗伯特和玛莎①差了很多。看不出他们是否打算再雇

---

① 指新仆人不如旧仆人好。

个佣人，或者他们在巴斯时会不会有一辆马车。

霍尔德一家还是寻常模样，虽然我认为他们的快乐并不寻常。他们在胡珀的婚礼上特别快乐。欧文一家没被提及。《美国夫人》①越读越好看，但同样的问题时而会反复出现。

我们此时在读《玛吉亚娜》②，真是非常喜欢。我们正准备出发去诺森伯兰郡，打算被关进威德林顿塔，那儿一定已经有两三群受害者被一个非常好心的恶棍监禁着。

星期三——你对伊丽莎身体状况的介绍让我特别高兴，而银行的进展也一直令我满意。有了这样不断增长的利润，告诉亨利我希望他别像从前一样，让可怜的海伊·迪德干得那么辛苦。

你的报纸上有没有一位米德尔顿太太的悲惨故事？她是约克郡一位农夫的妻子，她的姐姐、仆人在最近的天气里几乎被冻死。她的小孩也是这样吗③？我希望那个姐姐不是我们的朋友伍德小姐，我本以为她的姐夫已经搬到林肯郡，但他们的名字和住所太吻合了。据说米太太和女仆恢复得不错，但那位姐姐有可能手脚残疾。

查尔斯的毯子今天能完工，明天寄给弗兰克，委托他交给特纳先生保管。我打算把《马米恩》④一同寄出，我想我真的很慷慨。

---

① 苏格兰作家安妮·格兰特（1755—1838）1808 年发表的小说。
② S. 赛克斯夫人 1808 年发表的一部哥特小说。
③ 1809 年 1 月 4 日《泰晤士报》中的消息。
④ 英国著名历史小说家和诗人沃尔特·斯科特（1771—1832）发表于 1808 年的浪漫史诗。

因为没有从阿德斯特罗普收到信件，我们可以认为这位好心的女人星期一还活着，但我忍不住期待几天后从那儿或波科海姆得到坏消息。你的身体还好吧？

你对小卡桑德拉无话可说吗？——我们都爱她，也得到了许多愉快的回报。

你挚爱的

J. 奥斯汀

梅尼唐舞会的规模比我期待的小一些，但似乎已经让安娜特别高兴。在**她的**年龄时，**我**可不会满意。

42. 致卡桑德拉·奥斯汀

1809 年 1 月 17 日星期二——1 月 18 日星期三

城堡广场

我亲爱的卡桑德拉：

我要高兴地告诉你，我们上星期没有从波科海姆收到第二封信。你的信和往常一样带来了满意与快乐，我请求你为此接受我所有的感激之情。你要送我一条围巾真是太好了，那正是我特别想要的东西，但你能想到这一点真奇怪。

是的，我们这儿又下了一场雪，下得很大；这个冬天似乎到处是雪。

我希望你们不再生病，威廉很快能恢复如初。他为乔顿做了个脚凳，令我非常惊喜，我相信他的祖母会将此视为爱意与勤奋的证明，对它非常珍惜，但我们永远都会不忍心把脚放在上面。我想我们必须做个绣花防尘棉罩。我很想知道他喜欢什么颜色，我猜是绿色和紫色。

爱德华和亨利对我们的行程提出了一个难题，我必须有些困惑地承认，我们从未想到过。但如果爱德华想因此而完全阻止我们去肯特旅行，他会失望的，因为我们已经决定在离开波科海姆后上克罗伊登路，在达特福德过夜。那样不行吗？似乎在别的路上的确没有休息的地方。

安娜上星期五去了克兰维尔，我希望她的新舅母的确值得她结识。也许你从未听说詹姆士和玛丽几个星期前亲自在早上去拜访，玛丽虽然根本没打算喜欢她，却对她的举止非常满意。当然，**她的**赞扬只能证明 M. 太太对他们礼貌又殷勤，但她能这样做说明她很有理智。玛丽在信中说安娜变漂亮了，但没有别的夸赞。我担心她此时不在也许会让她失去一次享受，因为那位愚蠢的哈蒙德先生果然打算举办舞会——在星期五。

我们有理由期待哈伍德伯爵和詹姆士这个星期的来访，但他们没有来。默登小姐昨晚到达胡基太太家，我们是从一个口信和一篮礼品中得知的。因此，你回来后一定会发现这儿的社交圈变得更大更好，尤其在威廉斯小姐们回来后。

你和我的美人那天的来访，让我们又惊又喜。她们都穿着崭新的棉布斗篷，戴着软帽，我想你会因为 W. 小姐端庄得体的品味对自己感到满意，她穿着紫色衣服，格蕾丝小姐穿了深红色。

我能轻易相信你在这儿的六个星期会忙忙碌碌，就算只是把长裙的腰线拉高。我已经为春夏季节的那些事情做了很好的安排，打算在离开前把我的波点棉裙穿坏。你会为此惊诧。但我的那件的确已经变得脆弱，稍稍用心就能穿坏。

玛莎和曼特博士的关系依然糟糕。昨天他在街上追赶她，为**她**在旁边时他却在和一位先生说话而道歉。可怜的曼特太太再也无法忍受，她已经去一个结了婚的女儿家了。

当威廉回到温彻斯特时，玛丽·简·［福勒］要去努内太太家住一个月，然后去史蒂文顿待两个星期，似乎她要和她的玛莎姨妈一起去伯克郡。

在你回来后，我们有一个月都见不到玛莎。那会是诸多打扰、支离破碎的一个月。如果我们**能**一起安静地过上半个小时，会感到更加愉快。

你的新小说没有人听说过，也许永远不会有人听说。与此相比，我们得到了欧文逊小姐的《**雅典的艾达**》①。这本书一定很聪颖，因为女作者说这是在三个月内写成的。我们刚读了前言，但她的《爱尔兰女孩》没给我太大期待。如果她热情的语言能给身体带来温暖，也许值得在这样的天气阅读。

再见！我必须离开，去拨弄火炉，拜访默登小姐了。

晚上——我把两件事都做了，第一件事情经常做。我们发现我们的朋友在寒冷的天气尽量过得舒适惬意。她在商店后面的一间整洁的小屋里面，光线不太好。她以南安普敦人的方式，坐在底层三间屋子的当中那间，不时传来的捣杵研钵声让屋里充满生气。

我们随后拜访了威廉斯小姐，她住在杜兰托尔家。只有玛丽小姐在家，她的身体不太好。我们在那儿时哈克特博士进来了，说他从不记得南安普敦之前有过这么寒冷的冬天。天气很糟糕，但**我们**不像去年那么痛苦，因为更多是刮东北风而不是西北风。

上个星期有一两天，母亲因为**一种**旧疾身体很差，但时间不

---

① 爱尔兰小说家悉尼·欧文逊（1783—1859）1809 年出版的 4 卷本小说。

长，似乎没带来什么后果。她开始说起会得重病，她前两次的不适也是以同样的症状开始。不过，感谢上帝！在这样无法运动的天气里，现在她的身体已是非常不错。

M. 小姐从汉斯塔尔给我们带来了新出版的第三卷布道，比起前两卷，我们更喜欢这一卷。据说这些很**实用**，可以用于乡村的教堂礼拜。我刚从一个不知名的人手中得到一些诗句，想把它们转给我在戈德默舍姆的侄子爱德华。

哎！怜者勃莱格，汝乃夸耀之游戏！

汝之虚名今有何益？

汝之盛名今于何地？

吾日已尽，汝之亦然。

汝与吾同，均遭遗弃。

在戈德默舍姆，值此圣诞之际；

牌桌之上，唯勃莱格与猜牌无人提及。

此为心地善良的猜牌游戏，发出的一声温柔叹息。

星期三——我期待今天收到某人的来信，但是没有。我每天两次想着来自朴茨茅斯的信。

默登小姐今天早上来和我们坐了一会儿。不过，她似乎对她的境遇非常满意。她来南安普敦最糟糕的事情是得常常陪她散步，因为她说话声太响，真令人感到羞愧。幸运的是，我们吃饭的时间很不相同，我们应该对这一点尽量合理利用。

海德太太已经因病卧床一段时间。我想下次一定会轮到**我**

们。女王的生日①把聚会从昨晚变成了今天晚上，因为总是宾客满满，我和玛莎期待着一场有趣的表演。我们本来希望在奥斯汀先生和哈伍德上尉的陪同下，不找别的舞伴。但因为他们辜负了我们，我们只好寻求别的帮助，最终定下沃洛普一家，因为他们最不可能带来麻烦。我今天上午已经拜访了他们，发现他们十分乐意，我很遗憾你必须等待一整个星期才能得到晚会的细节。我想最近来到南安普敦，我们的熟人史密斯先生，如今的史密斯上校会邀请我跳舞，但我会拒绝他。他去年八月见到了查尔斯。柯林斯·蒂尔森太太该是多么可怕的新娘！如此的招摇是难以想象、极不端庄的行为。她唯一的心愿也许只是**吸引**注意力，这对她的家庭来说绝非善举。这表明她不**太**有理智，因此必将带来无穷的影响。

我希望范尼的拜访正在进行中。你最近几乎没说起过她，但我相信你依然是她的好朋友。

玛莎向你问好，希望在你回到南安普敦后能愉快地见到你。你可以将此视为仅仅麻烦我捎个口信。

你挚爱的 J. 奥斯汀

亨利在你之前的信中从未向我问好，但我向他问好。

---

① 夏洛特女王的官方生日庆典为 1 月 18 日。

43. 致卡桑德拉·奥斯汀

1809 年 1 月 24 日星期二

城堡广场

我亲爱的卡桑德拉：

我要在星期四而非星期五给你写信，作为对你的宠爱，但我不要求你在星期天之前再次给我写信，除非我能相信你和你的手指恢复得不错。好好照顾宝贵的自己，别太劳累。记住卡桑德拉姑妈和贝弗利丝小姐①一样珍稀。

我昨天高兴地收到了查尔斯的来信，但我会尽量少说些，因为我知道**那个恼人的亨利**也会收到一封，会让我所有的消息变得毫无价值。信是 12 月 7 日和 10 日在百慕大写的，一切都好，只是范尼仍在预料着相反的情形。他在最近的巡航中得到一个小战利品，一艘满载着糖的纵帆船。但是坏天气把他们分开了，从此再也没听说它的下落。12 月 1 日他结束了巡航。我九月的信是他收到的最后一封信件。

从今天起你还有三个星期就要去伦敦了，我希望你有更好的天气；并不是说你会有更差的天气，因为我们现在只能抱怨无尽的雨雪和难忍的泥泞——没有暴风或严寒。自从我写上封信以来

---

① 弗朗西斯·伯尼的小说《西西里亚》（1782）中的女主角。

我们都遇到了一些这样的天气，但撕扯过去的伤心事并不礼貌。

你只字不提爱德华·库柏的布道词，真是对我太不公平。我什么都告诉你，却不知道你向我隐瞒了多少秘密。除此之外，你坚持在"invalid①"后面加上"e"，让人完全无法料想 E. 利太太是个久经病痛折磨的老兵。我希望，像她这样的好女人，注定能在她自己出色的世界里多享受一些平静的生活，因为她的身体恢复得极好。

上星期四我从来自波科海姆的一封信中得到这个愉快的消息，但因为信是玛丽·［库克］而非她母亲所写，你可以猜出家中的情况不及她讲述的那么好。库克太太因为生病已经有一段时间卧床不起，但有所好转，玛丽对她的继续恢复信心十足。我希望很快能再次收到来信。

你关于范尼的话语让我非常高兴，我希望她这么久以来不会变得一无是处。我们昨天情真意切地想着她，谈论她，希望她能一直享受她似乎与生俱来的所有幸福。

她喜欢我写的东西让我感到满意，但我希望，知道我的写作在她的敏锐评鉴下，不会因为过于渴望认同而伤害我的写作风格。我已经开始比以前更加斟词酌句，在屋里的每个角落寻找一种情感，一个例证，或一个暗喻。要是我的想法能像储藏室里的雨水那样迅速流淌就好了。

上星期出现了两三次糟糕的状况，因为融雪等原因。我们与橱柜的斗争以我们的失败而告终。我只得把几乎所有东西搬出

---

① 意为"病人"。

来，任由橱柜水花四溅。

你完全没有提升我对《凯莱布》①的好奇心——我之前假装不喜欢它，但现在是真的。我不喜欢福音派——我当然可能在阅读时喜欢上它，但在此之前我都不喜欢。

我很遗憾我的诗词并未得到爱德华的回复。我本来希望可以，但我觉得他对此评价不高。也许是偏爱，但这对我而言是纯粹的古典主义——正如荷马与维吉尔、奥维德与普罗普里亚诺·比·马里巴士。

我前几天收到弗兰克一封亲切的来信，在将近三周的间隔后，非常令人欢迎。他星期五没接到出航的命令，昨天也没有，否则我们今天会收到他的信。我原以为柯［林］小姐在这儿会和她表妹住一间屋子，但这封信说明并非如此。我会尽量把阁楼弄得舒适些，但对那间屋子而言可能性不大。

母亲已经和伊丽莎谈论了我们未来的家，**她心地善良**，完全愿意继续和我们待在一起，但在她写信回家得到**母亲的**同意之前，还不能明确决定——（**她的**）**母亲**不希望她去那么远的地方。在乔顿会近九到十英里，我希望这一点能起到作用。

至于莎莉，她急于再来我们家，打算做我们的约翰·宾斯②。至今为止她似乎是个很不错的仆人。

我希望，你会以为所有的庄稼都死了。我知道它们看上去病恹恹的。

你对我们舞会的话题一言不发，让我觉得你是好奇得说不出

---

① 英国女作家汉娜·莫尔（1745—1833）1809 年发表的一部说教式小说。
② 从 1784 开始成为水稻种植革新的引领者。

话来。我们玩得很开心，原本可以待得更久些，只是带我回家的粗布鞋到了，我不想让它们在寒冷中等着我。屋里人挺多，由格林小姐领舞。兰斯小姐们都有舞伴，达韦尔格内上尉的朋友穿着军装出场，卡罗琳·梅特兰和一位军官调情，史密斯上尉本人不在，约翰·哈里斯先生受他委托来邀请我跳舞。你看，一切都好，尤其在我们把兰斯太太的围巾塞到后面，再用扣针别好后。

昨天晚上我们从安娜那儿收到对哈蒙德先生的舞会详尽愉悦的叙述，我知道同样一支流畅的笔也把类似的消息送到了肯特。她似乎非常开心，因为她母亲在晚上代行主人之谊而感到满意，这一定也使**她**同样高兴。晚会的隆重超乎我的想象。我倒想看看安娜的神情和表现，但那可怜的被剪坏的头发一定使她的样子大受影响。

玛莎得意地相信如果我听从她的建议，你永远不会听说曼［特］博士最近的行为，好像我稍稍提及此事，就能成为你全部的判断依据。我不想试着让她醒悟过来，因为我无论如何都希望她开心，也知道她多么看重任何一种幸福。而且，她对我们两人都充满善意，还特别希望［你的］手指早日康复，让我愿意忽视一个微小的错误。因为曼［特］博士是个牧师，无论他们的感情多么违反道德，也有得体的一面。再见，我亲爱的。这是来自西班牙的一个悲伤的消息。摩尔博士无需知道这样一个儿子的死讯，也是一件好事。

你挚爱的 J. 奥斯汀

安娜的手恢复得越来越好，已经好得不会有任何影响。

我们特别向亲爱的小莉齐和玛丽安送上最深的爱。

朴茨茅斯的报纸讲述了一个可怜的疯女人的悲伤故事，她逃出监禁，说她的丈夫和女儿姓佩恩，住在肯特的阿什福德。你听说了吗？

44. 致克罗斯比公司

1809 年 4 月 5 日星期三

先生们：

在 1803 年春天，一部两卷本，起名《苏珊》[①] 的小说手稿由一位名为西摩的先生售与你们，同时收到 10 英镑购买费用。如今六年已过，作为小说的女作者，我从未听闻小说被交付印刷，尽管售出之时已明确规定将尽快出版。对此特殊情形，我只能认为是由于手稿被不慎丢失而致。倘若的确如此，我愿重新提供一份，只要你们同意采用，收到后不再耽搁，立即出版——鉴于一些特殊情形，我无法在 8 月前得到这份稿件，但如果你们接受我的建议，一定能够收到。敬请尽早回信答复，因为我只在此处逗留几天。假如由此地址未得回复，我将视自己有权联系其他出版商，确保我作品的发表。诸位先生，我是——

M. A. D[②]

请寄南安普敦邮局，阿什顿·丹尼斯太太收。

---

① 《北怒庄园》的原名。
② Mrs Ashton Dennis 的缩写，有"疯狂"之意。奥斯汀以此笔名表达愤怒之情。

45. 致卡桑德拉·奥斯汀

1811 年 4 月 18 日星期四—4 月 20 日星期六

斯隆街

我亲爱的卡桑德拉：

我有许多小事要告诉你，因此迫不及待地想把它们写下来。我星期二在本廷克街。库克一家过来拜访，把我带了回去。这真是个库克日，因为我在那儿时艾洛斯小姐来了，山姆·阿诺德来喝了茶。

坏天气打乱了我再次拜访贝克福德小姐的绝妙计划，从中午开始就一直下雨。我和玛丽征得她父母的同意，去了利物浦博物馆和大英美术馆①，我在两处都得到了一些快乐，虽然我对男人女人的喜欢让我更爱交际，而不是观赏风景。

库克太太因为在你来访时没能见到你，感到非常遗憾；因为仆人的［一些］过失，她在我们走后才得知此事。她的身体似乎不错，但我担心她的神经更加紧张，使她越来越不愿和玛丽分开。

我已经向玛丽提议她应该和我一起去乔顿，假如我经过吉尔福德路，我相信**她**会很乐意，但也许做不到；除非她有个兄弟那

---

① 分别于 1809 年和 1806 年对公众开放。

时在家，也必须如此。乔治今天去他们那儿。

星期二晚上我才见到了西奥；他去了伊尔福德，但他及时返回，像往常一样表现了他毫无意义、无甚坏处、没有感情的礼貌。亨利在银行待了一整天，回家时捎上了我；在和一群人消耗了一刻钟的生命与智慧后，把他和他的妹妹装进了一辆出租马车。

谢天谢地，星期二结束了。可是，哎呀！星期三也是忙碌的一天，因为我和玛农①一起走到了格拉夫顿大宅，对那件事我有很多话要说。

我很抱歉地告诉你我挥霍无度，用完了我所有的钱。对**你**而言更糟糕的是，我也花了你的钱。我去一个亚麻布商店购买方格细纱布，需要 7 先令一码。我被一块颜色漂亮的细纱布诱惑，认为你可能喜欢，就买了十码。如果不适合你，绝不要认为你必须收下；每码只需 3 先令 6 便士，我毫不介意全部买下。质地正是我们喜欢的那种，但我必须承认，和绿毛纱图案的相似度不高，因为是小红点图案。［我借此机会为你买了些……（*此处丢失两个字*）］我相信，现在除了去韦奇伍德瓷器店外，我已经办完所有的事情。

我非常喜欢这次散步，比我想象的短，天气令人愉悦。我们刚吃完早餐就出发了，一定是在 11 点半前到达了格拉夫顿大宅。可当我们进入商店时，整个柜台都挤满了人，我们等了**足足**半小时才开始购买。不过购买时我对自己的物品非常满意。我的玻璃

---

① 伊丽莎·奥斯汀的法国仆人。

珠饰品花了 2 先令 4 便士，三双丝袜的价格是每双将近 12 先令。

回来的路上，我竟然遇到了摩尔先生，他刚从贝肯纳姆过来。我相信要是我没让他停下，他会和我擦肩而过，但我们很高兴见面。不过，我很快发现他没有任何新鲜事告诉我，于是我就让他走了。

伯顿小姐已经为我做了一顶非常漂亮的小软帽，现在唯一能让我满意的是，我必须有一顶草帽，是蒂尔森太太那种骑马帽的形状；实际上，附近的一个年轻女人正在为我做一顶。我真的非常吃惊，但 1 畿尼的价钱不算贵。我们的大衣每件 17 先令；她只收了我 8 先令制作费，不过扣子似乎很贵——也许我能说**的确**贵，因为事实显而易见。

我们昨天又和蒂尔森一家喝了茶，遇见了史密斯一家。我发现所有的小聚会都非常愉快。我喜欢史密斯太太；比蒂·〔史密斯〕小姐的性情非常随和，但除此之外没什么可说。

明天晚上我们将和他们在一起，会遇见科因。你一直听说坎蒂洛·史密斯太太，如果她心情不错，很可能会唱动听的歌。

今晚我本来可以去看戏。亨利已经好心安排我们一起去莱西姆剧场，但我感冒了，不想在星期六前加重，因此我一整天都待在家里。

伊丽莎独自出去了。她刚刚手头有许多事情，因为晚会的日子已经定下，也越来越近。有 80 多人应邀参加下星期二的晚会，会有一些很棒的音乐——有五个专业乐手，其中三个是合唱歌手，还有一些业余表演者。范尼会来听。请来的乐手有一位竖琴弹得特别出色，我对此满心期待。晚会是为了宴请亨利·埃格顿和亨利·沃尔特而办，但后者昨天离开了。我很遗憾，因为我希望**她**的偏见已经消失，但如果没发出邀请我会更遗憾。

我是个可怜人，满脑子都是这些事情，似乎无心想到那些能真正带来更加持久兴趣的人和事，即你所在的社交圈。但请相信我的确想着你们，很想知道每个人的所有情况，尤其是你对怀特修道院的访问。"怎样才能"① 不被自己的想法占据呢？

星期六——弗兰克在喀里多尼亚号上的职位被人替代了。亨利昨天从戴什先生那儿带给我们这则消息，他同时听说查尔斯一个月后可能回到英格兰。爱德华·波伦爵士接替了甘比尔勋爵的指挥权，他的某个上尉取代了弗兰克；我相信命令已经发出。亨利准备今天继续打听。他为此事给玛丽·［吉布森·奥斯汀］写了信。这是一件大事情。亨利相信会有别的职位，但他认为并非一定要接受。接下来的问题是，他将做什么？他会住在哪儿？

我希望今天收到你的信。你的健康、体力、脸色等都怎样？我昨天从乔顿得到了令人愉悦的消息。

如果天气允许，我和伊丽莎今天上午会步行去伦敦。**她**要买星期二使用的罩灯，**我**想要一些织补棉线。她已经决定今天不冒险去看戏。昂特雷格和朱利安伯爵不能来参加聚会，她开始感到伤心，但后来满心期待着表演，这件事就无关紧要了。他们没能一起过来，所以我们明天晚上可以去拜访他们，我很喜欢这个主

---

① 原文为"*mais le moyen*"，引自切斯特菲尔德公爵（1694—1773）写于1749年10月23日的一封法语信件。

意。看看法国人①的社交方式会很有趣。

几天前我给希尔太太写了信，收到了极其恳切、令人满意的答复。五月第一个星期的任何一天都可以，因此我已经大致决定要去。我会在1日或2日离开斯隆街，9日去见詹姆士。如果他计划有变，我也能照顾自己。我已经在此说了我的想法，一切愉快顺利；伊丽莎好意说她要送我去斯特里特姆。

我们昨晚见了蒂尔森一家，但唱歌的史密斯太太借故没来，让我们的史密斯太太心情不悦。

经过愉快的散步和乘坐马车，我们回来了，我也高兴地收到了你的来信。我希望我有詹姆士的诗词，但被留在了乔顿。等我回到那儿，如果奈〔特〕太太愿意，我会把诗词寄给她。

我们今天的第一个目标是去亨丽埃塔街，为今晚戏剧的一个不幸的变化和亨利商量——《约翰王》被换成了《哈姆雷特》。我们准备改为星期一去看《麦克白》②，但这让我们都很失望。

向所有人问好。你挚爱的简。

---

① 伊丽莎·奥斯汀1781年结婚时的第一任丈夫是法国人，他在1793—1794年的法国大革命中被送上断头台。伊丽莎和一些伦敦的法国人终身保持联系。
② 均为莎士比亚戏剧。

46. 致卡桑德拉·奥斯汀

我最亲爱的卡桑德拉：

我要感谢**你**昨天不期而至的信带来的快乐，以此回复你对我的夸奖。因为我喜欢惊喜，这让我非常高兴。说实话，你无须在任何方面为你的来信道歉，因为一切都很好，但我希望没有**太**好，以致需要重写一遍或类似的做法。

我想爱德华不会过久忍受酷热之苦，从今天上午的情况看来，我猜天气已经变为和煦的东北风。你也许会认为这儿已经热了，因为你感到很热，但我一点也没热得难受，也没有热到让我以为这在乡下能算得了什么。人人都在谈论着热天，但我觉得伦敦才是真正的炎热。

我向你汇报有了新侄子①的喜讯，希望他如果有朝一日会被绞死，也是在我们老得毫不在乎时。他平安迅速地到来，真是令人欣慰。柯林小姐们写这么多信一定很辛苦，但这件事的新奇感一定让**她们**很愿意写。我的信来自伊丽莎小姐，她说哥哥可能会今天到。

---

① 弗兰克的第三个孩子在 4 月 21 日出生，是第二个儿子。

不过说实话，我从来没有忙得想不到 S&S①。我就像一个忘不了待哺婴儿的母亲那样忘不了它，我也非常感谢你的询问。有两页需要修改，但后一页只是让我们回到了威洛比的第一次出场。奈特太太遗憾她必须**等**到五月，让我倍感荣幸，但我几乎不指望能在六月出版。亨利没有忽略它；他**已经**催促了印刷商，说他今天会和他再次见面。他离开期间不会停滞不前，将交给伊丽莎处理。

收入还是和以前一样，但如果可能我会做些改变。我非常感谢奈特太太对这本书感兴趣，无论她究竟有多喜欢，我都衷心希望她的好奇心能比目前看来更早得到满足。我想她会喜欢我的埃莉诺②，但别的我无法确定。

我们的聚会进行得非常好。开始前当然有许多要求、担忧和烦恼，但最终一切顺利。屋里都以鲜花等装点，看上去非常漂亮。壁炉上的镜子是借来的，借给我们的人正在重新做一面。埃格顿先生和沃尔特先生五点半到来，宴会以一对极其美味的鲽鱼开场。

是的，沃尔特先生。因为他有意推迟离开伦敦，当时并未带来多少愉悦，完全不比促成此事的情形更让人高兴。他星期天过来拜访，在亨利的邀请下和他的家人共进晚餐。不过现在一切都过去了，她很喜欢他。

七点半乐师们乘坐两辆出租马车到了，八点勋爵等宾客开始

---

① "Sense and Sensibility"（《理智与情感》）的缩写形式。
② 《理智与情感》的两位女主角中的姐姐。

出现。最早到来的有乔治和玛丽·库克，晚上的大部分时间我和他们一起过得非常愉快。客厅很快变得太热，我们走了过去，那儿相对凉快些，也能让我们从更舒适的距离听听音乐，看着新来的人。

我几乎被熟人包围了，尤其是先生们：有汉普森先生、西摩先生、W. 纳奇布尔先生、吉玛克先生、丘尔先生；一位辛普森上校，是**那位**辛普森上校的兄弟；以及沃尔特先生和埃格顿先生，加上库克一家，贝克福德小姐和米德尔顿小姐，简直难以应对。

可怜的 B. 小姐又旧疾复发，看起来比以前更瘦了。她六月初一定会去切尔滕纳姆。我们当然感到由衷的高兴。M. 小姐似乎很开心，但她没有漂亮得能在伦敦崭露头角。

我们一共有 66 个人，远超伊丽莎的预料，足以填满后面的客厅，剩下几位分散在另一个客厅和走道。

音乐特别棒。（告诉范妮）开场曲是《弹起竖琴，赞美布拉吉拉》①，我记得的其他合唱曲有《静谧的爱之曲》《罗莎贝尔》《红十字骑士》和《可怜的昆虫》②。曲目之间有竖琴演奏或竖琴与钢琴合奏，竖琴手是维帕特，他似乎很有名，但我不知道他。有一个女歌手，一位身材矮小的戴维斯小姐，她一袭蓝衣来到众人面前，据说她的声音非常好听；所有的乐师们按照酬劳，给出了非常令人满意的表演，而且绝不装腔作势。没有一个业余爱好

---

① 原文为 "Prike pe parp pin praise pof Prapela"，奥斯汀以孩子气的发音替代原名 "Strike the harp in praise of Bragela"，选自亨利·毕晓普（1786—1855）的合唱曲。
② 均为当时较为知名的曲目。

者愿意尝试表演。

直到 12 点屋里才空了下来。如果你想多听一些，你必须提出你的问题，但我似乎已经说完这个话题，没什么可说了。

这位据说是辛普森上校的人告诉我们，根据刚从哈利法克斯过来的上校们所说，查尔斯正带领克里奥帕特拉号回家，此时船或许已经进了海峡①；但因为辛上校当然喝了酒，我们一定不能完全相信。不过，这肯定给人某种期待，也让我不会再给他写信。我宁愿他在我回到家，史蒂文顿的聚会散场前别到达英格兰。

母亲和玛莎的信中都对安娜的表现非常满意。她真是个善变的安娜，但她还没有到达最后的变化，因为那总是最灿烂绚丽的。她现在三四岁，正是天真烂漫的样子。

你的丁香花枝叶繁茂，**我们的**已经开花了。七叶树已经长出绿芽，榆树也几乎发芽了。星期天我和亨利、史密斯先生与蒂尔森先生在肯辛顿花园愉快地散了步，一切清新又美丽。

我们星期六**终究**还是去看了戏。我们去了莱西姆，看了《伪善者》，是从莫里哀的《答尔丢夫》中节选的旧戏，看得很开心。

道顿和马修斯是好演员；埃德温太太是女主角，她的表现和往常一样。我没机会见到西登斯太太；她**的确**在星期一表演了，但因为亨利之前听售票员说她不会出演，于是放弃了对此的计划和所有念想。我特别想看她在《康斯坦斯》中的表演，她要是让我失望，我会毫不犹豫地责骂她。

---

① 英吉利海峡。

亨利去了星期一开始的水彩画展，某天上午会和我们在那儿再次见面。如果伊丽莎不能去（她此时感冒），会邀请比蒂小姐陪我做伴。亨利星期天下午离开城里，但他打算很快亲自给爱德华写信，告诉爱德华他本人的想法。

此刻正在上茶。

除非你的确想要你的彩色细纱棉，否则不要着急，因为我担心要把它送上马车，肯定会带来些麻烦。

伊丽莎是星期天在我们去昂特雷格的路上感冒的。马儿居然在海德公园的大门边不肯向前，因为面前冒出的一堆石子成了他们无法逾越的小山，它们还拒绝套上颈圈；我想它们的脖颈一定疼痛难忍。伊丽莎很害怕，我们下了马车，在夜晚的寒气里待了几分钟。她的胸腔受了风寒，但还能照料自己，我希望不会持续太久。

沃尔特先生因为有约在先不能久留，他喝完咖啡就走了。伊丽莎晚上过得很愉快，打算结识一些朋友。我觉得他们并无讨厌之处，除了总是吸鼻子。老伯爵是位相貌堂堂、举止稳重的男人，对英国人来说足够好了。我相信他也是个见多识广、品味高雅的人。他有些精美的画作，让亨利感到特别高兴；他儿子的音乐也让伊丽莎极其满意。画作中有一幅西班牙菲利普五世，即路易十四孙子的小型画像，正适合**我的**品位。朱利恩伯爵的表现棒极了。

我们只见到了拉图什太太和伊斯特小姐，刚和她们约定下星期天晚上去 L. 太太家，再去拜访昂特雷格，但这样伯爵先生就见不到亨利了。要是他愿意只说英语，我会喜欢他的。

你对 K. 太太说过不喝茶的事吗？伊丽莎刚刚又说了一遍。**她**发现这样对睡眠大有好处。

我会很快给凯瑟琳写信定下日子，会在星期四。除了星期天我们别无安排。伊丽莎感冒了，最好安静些。今天早上的报纸提到了她的晚会。听到可怜的范尼的情况我很难过。我想，**那**方面会降低她的幸福感。我无话可说了。

你挚爱的

J. A.

请特别给我的教女①捎上我的爱。

---

① 爱德华·奥斯汀的女儿路易莎。

47. 致卡桑德拉·奥斯汀

1811 年 4 月 30 日星期二

斯隆街

我亲爱的卡桑德拉：

我昨天收到你的来信前就寄出了我的信，为此感到抱歉。但因为伊丽莎特别好心地帮我得到了免费邮寄，你的问题将得到回答，也不会带给你太多额外费用。

亨利在牛津的最佳地址是"**蓝野猪旅店，谷物市场**"。

我**不**打算给我的大衣再做修饰，因为我决心不再花钱。因此我会就这么穿，虽然长了些，然后——我也不知道。

我的头饰是个和我的长裙镶边类似的发带，还有一朵蒂尔森太太的花儿。我希望从温〔德姆〕·〔纳奇布尔〕先生那儿听说晚会的消息，对他告知的内容非常满意——"一个讨人喜爱的年轻女子"——那一定行；如今不能再装作更好；要是能多持续几年将令人欣慰！

听说奈特太太过了个不错的夜晚，我真心感到高兴，但此时我希望她有个别的名字，因为这两个**奈特**①有些碰撞。

我们试着得到一本《自控》②，却无能为力。我**倒**想知道这本

---

① 奈特（Knight）和夜晚（night）的英语发音相同。
② 苏格兰女作家玛丽·布伦顿（1778—1818）出版于 1810 年的说教类流行小说。

书的价值，但总有点担心发现一本聪明的小说**太过聪明**，或是发现我自己的故事和自己的人物都被提前写完。

伊丽莎刚收到亨利的短信，让她放心，他的母马表现很好。他星期天睡在阿克斯布里奇，是从惠特菲尔德写的信。

我们昨天没得到汉斯广场的邀请，但今天会去那儿吃饭。蒂尔森先生晚上来拜访，否则我们一整天都独自在家；最近出去很多，这样的变化很令人愉快。

你对艾伦小姐①的评价，比预期的更让我喜欢，我现在希望她待上一整年。我想她这时非常辛苦，管教着孩子们。可怜的人儿！我同情她，虽然他们**是**我的侄子。

哦！对了，我清楚地记得爱玛·努蒂在**本地**的重要性。

> 我陷入困境，因为想要个爱玛，
>
> 她从亨利·吉普斯的唇边逃离。

但说实话，我对此从未比回复范尼以前的消息更加在意。这个话题有什么可说呢？灰常好，或不行？或顶多，差强人意？②

我刚刚愉快地读到肯特的威尔登运河法案延迟到下一次国会会议，为此祝贺爱德华。延迟总会给人带来些希望。

会议之间

---

① 戈德默舍姆的女家庭教师。

② 原文为"Pery Pell, or Pare Pey? or po; or at the most, Pi, Pole, Pey, Pike, Pit."是奥斯汀故作孩子气的一种诙谐说法。

起初的想法

或能唤醒国民

而邪恶的法案

也许被迫搁浅

有违恶人的意愿

这是为爱德华和他女儿写的诗。恐怕我没什么诗歌能为你而写。

上封信中,我忘了告诉你,我们的表妹佩恩小姐星期六来拜访,被劝说着在这儿吃了饭。她告诉我们很多关于她朋友凯瑟琳·布雷克内尔夫人的事情,说她的婚姻非常幸福,布雷克内尔先生很虔诚,留着黑色的小胡子。

我愉快地期待着爱德华驾车去古尼斯通时天气不错,同时**非常**高兴地听说他好心答应带你去城里。我希望一切都能安排妥当。16 日将是邓达斯太太过来的时间。

我的意思是,如果可以,我想等你回来后再做我的新长裙,因为两件一起做会更好。由于我发现细纱布不如**以前**那么宽,我们必须想想办法。我想裙子除需两整个宽幅外,裙摆处得再补上半个宽幅。

伊丽莎还没完全决定邀请安娜,但我想她会的。

你非常挚爱的

简

48. 致卡桑德拉·奥斯汀

1811 年 5 月 31 日星期五
乔顿

我亲爱的卡桑德拉：

我有个极好的计划。库克一家推迟了对我们的拜访；他们此时身体不好，不能离家，不知何时才能再见到他们，也许在这座房子里永远都见不到了。这样的情形让我想到此时可以让夏普小姐来我们这儿；比起夏末时节，我们现在似乎更加空闲。如果弗兰克和玛丽真的能来，也几乎不可能在七月中旬之前。假如夏普小姐等你回家后就来拜访，可以待上很长一段时间。要是你和玛莎不讨厌这个计划，夏普小姐也能做到，她极有可能被送过来。我会从这班邮车给玛莎写信，如果你和她都不反对我的提议，我就直接发出邀请。因为事不宜迟，你必须以同班邮车告知你是否有任何理由不希望如此。我相信她打算先去劳埃德太太家，但她来这儿的方式可能改变她的计划。

今天早上这儿又有雷雨，你的来信给了我安慰。我已经领会了你的暗示，虽然只是轻微的暗示。我已经给奈特太太写了信，并真心希望信没有白写。我无法忍受她放弃自己马车的想法，并和她说了实话，说我永远都不能舒服地用车了。我很想再说如果她坚持不要，我别无办法，只能用一条绳索将自己吊死——可我担心这样会显得缺乏应有的严肃感。

我很高兴你自己的身体很好，并希望人人都这样。我不会说你的桑树死了，可我担心它们没有活。我们很快会有豌豆——我的意思是在下周末前配上来自伍德·巴恩和玛丽亚·米德尔顿的两只鸭子一起吃。

安娜从星期一到星期三在法灵登有约，为了星期四（6月4日）能来参加塞尔伯恩公地的盛会，那儿会有志愿者和各种趣事。哈利奥特·贝恩应邀和约翰·怀特一家过上一天，她的父母已经好意地准备也邀请安娜。哈利奥特和伊莉莎昨天在这儿吃了饭，我们陪她们走回去喝了茶。母亲没去，她得了感冒，和往常一样不舒服，没法走那么多路。她今天上午好些了，我希望她很快能度过最糟糕的阶段。她没有卧床不起，只要天气不错，每天都会出去。可怜的安娜因为**她的**感冒而难受着，今天更重，但因为她喉咙不痛，我希望星期四之前能自行恢复。她和米德尔顿一家度过了愉快的夜晚——有奶油葡萄酒、茶、咖啡、唱歌、跳舞和热气腾腾的晚餐，可想而知十一点前事事都令人愉快。她向范尼送上最深的爱，会在离开乔顿前回复她的信，打算为她详细讲述在塞尔伯恩的一天。

我们对哪位是普拉姆提斯家的大小姐看法不一，告诉我们吧。你记得收集拼图材料了吗？我们现在停滞不前了。我在这儿起身寻找旧地图，现在能告诉你明天会寄出去。它在餐厅的大包裹里。至于我欠爱德华的 3 先令 6 便士，等你让他给你买靴子后，我必须麻烦你还给他。

我们三天前开始喝中国茶，**我**觉得非常好，我的同伴们对此一无所知。至于范尼，以及她十二个月后能够得到的 12 英镑，她也许会对你说得面红耳赤，像茶水的颜色，但我还是不相信她——更可能是 12 英镑的四分之一。

我要捎给你一条库克太太的口信，内容是她希望你回家时路过波科海姆，尽量在那儿多住些日子，当你必须离开他们时，他们会把你送到吉尔福德。你大可相信她话说得特别友善，无需哥哥或他家人的陪同。我为玛丽·［库克］感到很难过，但让我感觉安慰的是，除了他们来自杜金的沃恩福德先生外，现在有两个牧师住在波科海姆，因此我觉得她一定能爱上其中的某一位。

有那么多人被杀是多么可怕的事情[①]！因为对谁都不在乎，是多大的幸福！

哈利奥特小姐结束拜访，我能回来写信了。她个子矮小，不够挺拔，和她姐妹一样都念不好 R。但她有黑头发和相称的肤色，我认为她的神情举止在三个人中最讨人喜爱，最为自然。她似乎很喜欢她的新家，他们都在愉快地阅读 H. 摩尔太太最近的作品[②]。

你无法想象——即使人类的天性都无法想象——我们绕着果园进行了多么愉快的散步。那排山毛榉看起来真漂亮，花园里的新树篱也一样。我今天听说在某棵树上发现了一个杏子。

母亲**现在**完全相信她不会因为劈柴而累坏了，我相信她宁愿要多一些，而不是少一些。

奇怪的是，普劳廷先生没有出席李小姐的婚礼，但他的女儿

---

① 1811 年 5 月 16 日的阿尔布埃拉战役。
② 汉娜·摩尔（1745—1833）的《实际的敬虔》（1811）。

们吃了些蛋糕，安娜也吃了一些。我还是像往常一样喜欢我们的老库克，但我不敢写出对她的夸赞，我可以说她似乎正是适合我们的仆人。至少她的厨艺可以接受，她的糕点是唯一的不足。上帝保佑你。我希望六月你身体健康，我们能够相聚。

你永远的
简

我希望你明白，如果你喜欢我的计划，我不期待你星期天写信。我会将沉默视为赞同。

49. 致玛莎·劳埃德

1812 年 11 月 29 日星期天—11 月 30 日星期一

乔顿

我亲爱的玛莎：

我会小心地不去数你的**上封**信有多少行，你真让我倍感愧疚。但我的确非常感谢你，尽管通常而言责备比感激更令人愉快，可我此时并不在意。无论你何时能够写信都会让我们开心，也完全能想象你在如此辛苦、忙碌、重要的情形下，必然缺乏写作时间。你天生即为有益之人，我想这样的角色几乎和照料孩童一样重要①。你近来用心从事的心灵滋养，比一切寻常的慈善活动更有意义，我希望能够继续带来佑护。在你这么忙碌之时，我很高兴你一切都好，相信你一定能继续如此。不过，我必须期待你的身体不久后能够承受更平常的生活带来的考验，希望你能在 D. D. 太太到达彼岸后离开巴顿。

在奥尔顿没有现成可用的斗篷，但科尔比已经答应这几天带来一件，灰色羊毛质地，价钱 10 先令。我希望你会喜欢它的**式样**。莎莉知道你的好意，已经得到你的口信，她对此的答复是：我和她已经决定，她向你问好，谢谢你的好意；如果我喜欢，她

---

① 玛莎·劳埃德正在照料朋友邓达斯太太，她于 12 月 1 日去世。

会做个好女孩。我忘了特别询问她有哪些不足之处，但没有**明显的缺点**，她看上去非常干净整洁。给她母亲的印花布会很快购买。

自从爱德华和他的妻子在星期三 12 点乘车出发后，我们一直独自待着，只有本小姐来过。后来我们听说他们平安到达，在温彻斯特过得很愉快。莉齐非常感谢你的消息，但**她**得到了小房间。她的父亲有选择权，因为习惯了家中极大的卧室，当然喜欢你卧室的宽敞。我相信双方都很喜欢这次拜访，他们当然很遗憾离开，但难过的一些原因必然是不喜欢之后的生活。不过他们得到了好天气，我希望史蒂文顿或许比他们预料的更好。

我们有理由猜测名字已经更改，我们必须为处理事务的律师转交一封寄给爱德华·奈特阁下的信。我必须学着把 K^① 写得更好。我们的下一个来访者可能是从埃尔瑟姆路过此处去温彻斯特的威廉·［奈特］，因为加贝尔博士打算在节日前过来，尽管只能待一个星期。如果贝克太太对韦伯斯小姐有更多的好奇心，告诉她我们准备在星期二晚上邀请他们，还有克莱门特上校和太太以及本小姐、迪格韦德太太已经决定要来。

"但为何不是迪格韦德先生呢？"贝克小姐会立即说。对那一点，你可以回答迪先生星期二要去史蒂文顿打野兔。我给你的信中有关沃小姐的四行内容^②都由我书写，但詹姆士随后提出了在我看来很有改进的建议，即按照史蒂文顿报纸上的写法。

---

① "Knight"（奈特）的首字母。
② 指为沃洛普小姐即将嫁给一位年迈的牧师而写的四行诗词。

P&P① 已经售出。埃格顿为此支付了 110 英镑。我更愿意得到 150 英镑，但无法让双方都满意，我对他不愿冒那么大的风险毫不惊讶。我希望它的售出可以省去亨利很多麻烦，因此一定会令我高兴。钱将在一年内付清。

你有时表示希望给本小姐送个礼物，我和卡桑德拉认为冷天在室内使用的披肩也许有用，但绝不要太漂亮，否则她不会使用。她的毛皮长披肩几乎磨破了。

如果你自己不能及时送回火鸡，我们必须麻烦你再次请教莫顿先生，因为我们几乎会和以前一样不知所措。不明确得知莫顿先生的指令，如今成了我们的一种虚荣。②

我们刚开始投入另一场圣诞职责，除了非常愉快地吃火鸡之外，还要安排用爱德华的钱来接济穷人。今天我们拿到了很多钱，因为奈特太太给教区留了 20 英镑。

你的侄子威廉的情况似乎很严重。我前几天收到玛丽·简·[福勒]的来信，信中说他非常不安；我希望他的父亲母亲同样如此。当你见到默登小姐时，请带给她我们的问候与祝福，说我们为经常听说她生病感到很难过。

我希望可怜的斯滕特太太不会让任何人悲伤过久。我猜所有人都身体不错，能见到约翰·巴特勒太太的人都在谈论对她的评价："她漂亮吗，还是不漂亮？"这是个棘手的问题。幸福的女人！作为这样一个面色粉红、心地单纯的年轻人的新娘，去忍受

---

① "Pride and Prejudice"（《傲慢与偏见》）的缩写形式。
② 简·奥斯汀在以调侃的方式进行推脱。

所有人的注视！

    星期一——潮湿的一天，对史蒂文顿很糟糕。我想玛丽·迪兹在那儿一定很受喜爱，她毫不矫揉造作，性情甜美，虽然和范尼·凯奇一样乐意被取悦，却没有那么夸张狂喜。请给邓达斯太太送上我们最深的祝福，告诉她我们希望她很快完全康复。

你挚爱的

J. 奥斯汀

50. 致卡桑德拉・奥斯汀

1813 年 1 月 24 日星期天夜晚

乔顿

我亲爱的卡桑德拉：

这正是我们期待的好天气，只要你身体够好，可以享受。要是能听说你没有因为感冒加重不能出门，我会很高兴。迪格韦德先生对我们真是卑鄙。漂亮人得做漂亮事，因此他是个丑陋之人。希望你从今天的邮车给我寄了信，除非你想等到明天，得到某位丘特先生的免费邮寄。

自从你走后，我们没有收到来信，没有人来拜访，除了星期五和我们一起吃饭的本小姐。但我们收到了半块极好的斯第尔顿奶酪，我们认为来自亨利。

母亲身体很好，从织手套中得到了很多乐趣。等这副织完后，她打算再织一副，现在别的事情她都不想做。

我们的书快要读完了。**她**从 B. 小姐那儿得到了约翰・卡尔爵士的《西班牙之旅》①，而**我**在阅读有关社会阶层的内容，一篇关于大英帝国军事警察与机构的文章，由工程学院的帕斯利上校所著②。这本书我起初很反对，但苦读一阵后发觉写得很好，非

---

① 1811 年在伦敦出版的游记。
② 查尔斯・威廉・帕斯利爵士 1810 年在伦敦出版的书。两本书都与战争有关。

常有趣。我对作者的爱堪比对克拉克森和布坎南，甚至城里的两位史密斯先生①。我第一次为士兵而叹息，但他的写作的确非常有力，充满生机。昨天我们还收到了格兰特太太的信件和怀特先生的问候，但我已经处理完毕，包括他们要去帕皮伦小姐那儿住两个星期的问候。以我们在乔顿的诸多书籍阅读者和持有者，我敢说如果需要，我们能毫不费力地打发他们再出去两个星期。

我从 J. 卡尔爵士那儿听说在直布罗陀没有政府机构。我必须对此改称地方长官。

我们星期四的聚会并非不令人愉快，虽然和平时一样，我们希望有个更好的主人，不那么焦虑不安，而且更善于交流。

因为那天上午收到克莱门特太太一封礼貌的来信，我同她与她的丈夫乘坐他们的两轮马车，两人都彬彬有礼。**我**宁愿走路，毫无疑问，**他们**一定希望我那么做了。

晚上，我和我亲爱的托马斯一路畅快地跑回了家。托马斯很不错。我们共有十一个人，你数数就知道，加上本小姐和两位陌生的先生，一位特怀福德先生，住在奥尔顿的牧师沃德汉姆先生，以及他的朋友威尔克斯先生。我对特怀福德先生一无所知，只看出他肤色很黑；但沃德汉姆先生很不错，是个轻松健谈、令人喜爱的年轻人——**非常**年轻，也许不到 20 岁。他来自剑桥的圣约翰学院，对 H. 沃尔特的学术造诣评价很高，说他被视为大学中的最佳经典。这些话会怎样逗乐父亲呀！

我完全看不出 P. 先生和 P. T. 小姐之间的可能性。她起初站

---

① 指托马斯·克拉克森（1760—1846）、克劳迪斯·布坎南（1766—1815）、詹姆士·史密斯（1775—1839）和他的弟弟霍雷肖·史密斯（1779—1849）。

在他身旁，但本小姐迫使她往前走。她的盘子是空的，甚至请求他给她取些羊肉，但过了一会儿才得到。说实话，在她这方有些意图，而他可能认为饥饿对爱情最有帮助。

在迪格韦德太太提起她已将被拒的求爱信寄给了欣顿先生时，我开始和她稍稍谈起他们，表示我希望他们逗乐了她。她的回复是："哦，天啊，是的，的确如此——特别滑稽——打开大门！——奏起了小提琴！"可怜的女人，她的意思谁能明白？我不再深究。

帕皮伦一家已经得到书了，并且非常喜欢。他们的侄女埃丽诺热情洋溢地向他们推荐——**她**看上去像个被拒绝的求爱者。一群打惠斯特的人刚聚在一起，对圆桌上的人造成了威胁，我向母亲找了个借口离开了。剩下在**他们**圆桌上的人和格兰特太太家的一样多[①]。我希望这群人能好好相处。

我回到家已经十点多了，所以我不因未尽责任感到羞愧。你可以相信谈到了科尔塔德一家，对**他们**简直说不完。特里小姐听说他们准备在奥克利租下布拉姆斯顿先生的房子，而克莱门特太太说他们打算住在斯特里特姆。我和迪格韦德太太一致认为奥克利的房子对他们而言实在太小，现在我们发现他们的确租下了。

冈特利特先生看起来很友善，还**没有**一个孩子。西布利斯小姐想在她们村里成立一个读书协会，和我们的一样。还有什么更能证明我们的协会比史蒂文顿和梅尼唐的更好呢？我一直都是这样认为。**他们**的做法从未引起别人的效仿，从未听见西布利斯小

---

① 《曼斯菲尔德庄园》第二卷第7章的情节，指六个人。

姐表达这样的意愿，而他们的协会已经成立多年。他们的比格兰与他们的巴罗，他们的马卡特尼与麦肯锡，对帕斯利上校关于大英帝国军事警察的文章以及被拒的求爱信有何作用呢？

我已经步行去了一趟奥尔顿，昨天我和帕皮伦小姐一起拜访了加尼特一家。当我向她提出允许我们看看信中提到的大山时，她愉快地表示愿意与我同行。**我**走得非常开心，如果**她**没有，那更是**她的**错，因为我和她一样令人愉快。

G. 夫人身体很好。我们看见她被她礼貌、健康、大眼睛的孩子们围在中间。我给她带了一条旧裙子，并答应带给她一套我们的亚麻衣服。我的同伴留给她一些银行股票。

结束了星期四的职责，我能愉快地阅读一份让我喜欢的信件。内容非常丰富，我简直想把整页纸都写下来，或许再加一些封面上的内容。等我的包裹准备好后，我会拿着它走到奥尔顿。我相信本小姐会和我一起去。她昨晚和我们在一起。因为我知道玛丽希望她不要被邻居们忽视，请告诉她本小姐星期三在帕皮伦先生家吃了饭，星期四和克莱门特上校与夫人一起吃饭，星期五在这儿，星期六和迪格韦德太太在一起，星期天又去了帕皮伦家。

我原以为玛莎从上星期六开始就在巴顿，但我非常高兴我错了。我希望她现在一切都好。告诉她我每天晚上都会从她的床底赶走捣蛋鬼，他们感到了她的离开带来的改变①。

本小姐昨晚披上了她的新披肩，整晚都披着披肩坐在那儿，

---

① 可能指简·奥斯汀的狗。

似乎非常喜欢。

上星期五的"一条非常泥泞的小道"！你一定住在一个极其古怪的村子里！我完全无法理解！星期五这儿只有一点湿滑，因为夜里下了一点点雪。

也许星期三**的确**很冷，是的，我相信一定是——但毫不可怕。总的来说，是令人愉悦的冬日天气，散步让人非常开心。我无法想象史蒂文顿会是怎样的一个地方！

母亲向玛丽问好，感谢她对猪肉的好意打算与问询。母亲希望从**最后**两头猪中得到她的一份。她愉快地给玛丽寄了一副吊袜带，很高兴已经把它织好了。

如果有机会，她写给安娜的信将被转交；否则可能要等到她回来。[伊丽莎白]·利太太的信今天上午到了。我们很高兴听说有如此不受猩红热影响的人。

可怜的查尔斯和他的舰队。虽然曾经感到确信无疑，然而他已经没机会拥有了。我几乎无法相信迈克尔兄弟的消息，至少我们在乔顿从未这么想过。布拉姆斯通太太是我讨厌的那种女人。科特雷尔先生抵得上十个她。直接说出谎言，也比激不起任何兴趣更好……[信的最后一页丢失]

51. 致卡桑德拉·奥斯汀

1813 年 1 月 29 日星期五

乔顿

我亲爱的卡桑德拉：

我希望你星期三晚上已经收到 J. 邦德捎来的我的小包裹，而且你准备好星期天再次收到我的来信，因为我感觉今天必须给你写信。你的包裹已经平安到达，每件物品都会妥善分发。谢谢你的来信。因为你那时还没收到我的信，却依然给我写信，真是太好了，但我很快就不会如此亏欠你——我想告诉你，我已经从伦敦得到我亲爱的宝贝[①]。星期三我收到了一份，由法尔克纳寄来，附上亨利的三行字，说他已经把另一份给了查尔斯，第三份由马车送至戈德默舍姆；正是我最不急于处理的两份。我立即给他写信请他把另外两份给我，除非他当时已经不辞劳苦地把它们寄到了史蒂文顿和朴茨茅斯——我完全不知道他会在今天之前离开城里。不过根据你的叙述，他在我写信前已经离开。唯一的麻烦是耽搁，在他回来前什么都不能做。把这些话告诉詹姆士和玛丽，还有我的问候——为了**你**，我很高兴应该如此，因为当这件事刚刚传开时你要是在村里也许会不太愉快[②]。今天报纸上首次登了

---

① 1 月 28 日出版的《傲慢与偏见》。
② 因为奥斯汀家庭不想公开作者身份，但已经有所泄露。

我们的广告，每册 18 先令——他会为我后面的两本书收取 1 英镑 1 先令，为我最愚蠢的一本收取 1 英镑 8 先令。我会给弗兰克写信，让他不要觉得自己受了冷落。本小姐就在书到来的那天和我们一起吃饭，晚上我们愉快地谈论着它，为她朗读了第一卷一半的内容——事先告诉她从亨利那儿得知这本书很快会出版，我们让他无论何时出版都把书寄来——我相信她对此毫不怀疑。她被逗乐了，可怜的人儿！你知道在这样两个人的引导下，**那一点**她会情不自禁；但她的确看似很喜爱伊丽莎白。我必须承认，我认为**她**是至今出版过的书籍中最可爱的人儿，我不知道该怎样忍受那些连她都不喜爱的人。有几处典型的错误，以"他说"或者"她说"更能使对话即刻变得清晰——但"我不为如此愚笨的精灵写作①"。

"因为他们本身并无太多智慧"，第二卷比我希望的更短，但实际的差别不如看上去明显，那个部分有大量的叙述。不过我极其成功地删繁就简，还以为总的来说会比《理智与情感》短很多。现在我会尝试写些别的内容，将会完全改变主题，变成"接受圣职"。我很高兴你的问题有这么好的结束，如果你能发现北安普敦郡是否为到处有树篱的村庄，我会再次感到高兴②。我们极其赞赏你的猜字游戏，但至今只猜出第一个。别的似乎很难。不过，这些诗词实在太美了，所以找出答案只是次要乐趣。我同意**这**是个寒冷的日子，想到你去梅尼唐拜访的整个过程该有多冷，我很伤心。我希望你会穿你的绉纱裙。可怜的人儿！我能看

---

① 对沃尔特·斯科特的戏仿与呼应。
②《曼斯菲尔德庄园》和文中相关细节。

见你冻得发抖，双脚冰凉。迪格韦德先生实在可恶，不可理喻。他们不来史蒂文顿，却要在下星期四举办晚宴！我很难过地告诉你，我在帕皮伦先生家连一块肉馅饼也吃不下；我那天头痛得厉害，除了果冻什么甜食都不敢吃；但**那**很美味。没有炖梨，不过本小姐吃了些杏仁和葡萄干。顺便说一下，当我写上一封信时，她想让我向你问好，然后我忘了。贝茜问候你，希望你一切都好。她想请你向卡罗琳小姐问好，希望她已经不再咳嗽。得知她的桔子适时到达令她非常开心，我敢说她很高兴听说咳嗽的事情……［信纸第二页缺失］

从我写这封信开始，迪格韦德太太、她的妹妹和本小姐已经来拜访了我们。我把迪太太的小包裹给了她，她在这儿打开了，似乎很喜欢。她想让我为此向劳埃德小姐表示衷心的感谢，也许玛莎能猜出她有多么惊奇和感激。

52. 致卡桑德拉·奥斯汀

1813 年 2 月 4 日星期四

乔顿

我亲爱的卡桑德拉：

真心欢迎你的来信，我非常感谢你所有的夸赞；它来得正是时候，因为我之前感到阵阵心烦意乱。我们第二天晚上为本小姐的朗读让我不太开心，但我相信一定和母亲读得太快有些关系。虽然她完全理解角色本身，却无法以他们应有的方式说话。不过总的来说，我足够自负，也足够满意。这部作品实在太轻松活泼灿烂：它需要阴影——有些地方需要被延展为长的章节——在有理智之处应该展现理智；如果没有，则以郑重其事、似是而非的废话，说些与情节毫无关联的问题，比如该怎样写作，对沃尔特·斯科特的批评，或波拿巴的历史——或以任何事情做对比，让读者更加愉悦地感受活泼诙谐的总体风格。我不知此处你是否完全赞同我，我了解你刻板的想法。你对史蒂文顿关于书籍收藏的提醒对我是个惊喜，我真心希望这能帮你免除其他所有不快①——但你必须有所准备，周边的人们或许已经知道世界上有这样一部作品，在乔顿的世界里！你知道达默会做**那件事**。一天

---

① 见信件 51 注释。

上午，当迪［格韦德］太太和本小姐来访时，他们在这儿说起过。我遇到的最大印刷错误在 220 页，第三卷，有两句话变成了一句。朗博恩可能没有夜宵，但我认为这是班尼特太太在梅里顿的旧习惯。我为你对梅尼唐的失望感到抱歉，担心这个星期一定过得很沉重。只要想到 20 英里的距离，我就能明白你一定思念着玛莎。我听说她要走，为**她**感到很高兴，因为我想她一定变得焦虑，希望再次进入紧张兴奋的环境。她旅行的一天非常愉快。我步行至奥尔顿，除道路泥泞外，感觉很开心，仿佛昔日的二月重新返回。在我出发前，爱德华太太过来拜访，等我离开后，贝克福德小姐和玛丽亚，以及沃尔斯小姐和哈丽特·本也来了。母亲乐意见到所有人，我则乐意躲避。约翰·M 出航了，如今本小姐认为他的父亲的确想买一座房子，希望她本人能避开南安普敦。这是我反复听到的话语，我能断定威廉斯小姐们和贝克福德小姐无意邀请他们去乔顿。你做得很棒，我以为你在梅尼唐会穿着绉纱裙待在客厅里。那么，你是穿着棕色丝棉裙待在早餐室了。如果你能想到自己会**这样**，你本来可以穿着你的晨服待在厨房里。我感觉从未在写给你的信中提起过哈伍德一家，实在令人吃惊，但我们为从你这儿得知的所有好消息感到真心高兴。

我想可怜的 H. 太太们现在没机会被劝说着来到乔顿，也没有这样的**危险**。我希望约翰·H 带来的债务不会超出他的喜爱。我很高兴迈［克尔］·特［里］正要去史蒂文顿用餐，这也许能让你更清楚范妮的想法，帮她明确信念。托马斯星期六结婚了，婚礼在内山举行，那是我得知的全部消息。布朗宁初任新郎，此时毫无过错。他失去了一些等待的能力，让我觉得很迟钝；但他并不吵闹，绝非无可救药。后门通常是锁着的。我没有忘记亨利欠托马斯的钱。我昨天收到亨利的来信，是星期天从牛津写的；我的已经寄给他了；因此爱德华的信息很正确。他说几封信和别的信件一同寄往了史［蒂文顿］和朴［茨茅斯］。他有点想去阿德斯特罗普……

　　［其余部分丢失］

53. 致卡桑德拉·奥斯汀

1813 年 5 月 24 日星期一

斯隆街

我最亲爱的卡桑德拉：

非常感谢你给我写信。经过一个令人担忧的上午后，你一定很讨厌写信吧。你的信来得正是时候，省得我去零料店，让我去教会商店买了范尼的凸花条纹布。

正如我所说，我那天（星期五）去了莱顿，拿到母亲的长裙，用了七码布，一共 6 先令 6 便士。我接着走进 10 号商店，那儿泥泞不堪、一片混乱，但似乎前景不错。我特别高兴地当场开了个新账户，然后和亨利去春天花园看展览。展品不算出色，但我很喜欢，尤其（一定要告诉范尼）是宾利太太的一幅小型画像，和她极其相似。

我希望能见到她的妹妹，可是没有达西太太。不过，也许我能在大展中找到她，只要有时间我们就去。我不可能在约书亚·雷诺兹的画展中见到她，展会正在帕尔商场举行，我们也会去看看。

宾利太太正是她应有的模样——身材、脸蛋、五官和甜美的样子，不可能比这更相像。她身穿白色长裙，搭配绿色饰品，证明了我一直以来的想法，觉得绿色是她最爱的颜色。我敢说达西太太会穿黄色。

星期五的天气极其恶劣。我们外出时遭遇了长时间的大冰雹，在以前也发生过，但没有打雷。星期六好多了，干燥寒冷。

我花 2 先令 6 便士购买了凸花条纹布。并非夸耀价钱便宜，但我认为里衬与凸花的质量很不错。

我已经买好了你的饰品盒，却只得为此花费 18 先令，一定出乎你的意料。它朴素小巧，镶了金边。[剪去四五个单词]

我们星期六打算去萨默赛特剧院看展览，可当我到达亨丽埃塔街时有人要找汉普森先生，我和蒂尔森先生只得驾车跟着他满城跑，等结束后已经时间太晚，除了回家什么都做不了。我们终究没能找到他。

我被蒂尔森太太打断了。可怜的女人！她有可能无法参加德拉蒙德·史密斯夫人今晚的宴会。伯德特小姐本来打算接她，但现在因为咳嗽不去了。我的表妹卡罗琳①是她唯一的依靠。

昨天发生的事情有：我们早上去了贝尔格雷夫教堂，因为下雨没能参加在圣詹姆士的晚祷，汉普森先生过来做客，巴洛先生和菲利普斯先生在这儿吃饭，蒂尔森先生和太太晚上做了例行拜访。**她**星期四和星期六都同我们一起喝茶，**他**每天出去吃饭。他们希望我们明天晚上和他们一起见见伯德特小姐，但我不知结果如何。亨利说过要乘车去汉普斯特德，也许会有冲突。

我很乐意见伯德特小姐，但听说她想被介绍给**我**，真让我惊恐。如果我**是**一头野兽②，我会情不自禁。这不是我自己的错。

我们离开伦敦的计划没有改变，但在星期二前不会和你见面。

---

① 模仿蒂尔森太太的发音。
② 简·奥斯汀对作家身份的自嘲。

亨利认为星期一似乎太早。我们绝不会在劝说下多待些日子。

我还没能决定怎样处理我的衣服,也许只需用马车运送我的箱子,或许还有个纸板帽盒。我已接受了你的温和暗示,给希尔太太写了信。

霍布林一家希望我们和他们一起用餐,但我们拒绝了。等亨利回来,我敢说他会经常出去吃饭。因为他那时会独自一人,那就更加可取。他会在每张餐桌上更受欢迎,每个邀请都会更令他开心。他在亨丽埃塔街安顿下来前,不会想要我俩任何一位的陪伴。这是我目前的想法。不到深秋时节,他不会在那儿定居——不会真正安顿下来。"他不会来此停留"①,直到九月之后。

有一位先生要来签订他的房屋合同。这位先生本人在乡下,但他的朋友某一天见到房子,似乎总体很满意。此先生宁愿提高租金,也不愿一次性支付 500 畿尼,如果这是唯一的困难就无需介意。亨利不在乎哪种方式。

在星期三、星期四和星期五,尽量为我们求得最好的天气吧。我们会在去亨里的路上途径温莎,这将非常令人愉快。我们会在大约十二点离开斯隆街,即查尔斯一行出发两三个小时后。你会想念他们的,但能回到自己的房间一定特别舒心。而且,还有茶和糖!

我担心克卢斯小姐没有好转,否则你会提起。我不会再写信,除非有意外事件或机会的诱惑。我把赫林顿先生的账单和收据附在信中。

---

① 引用弗兰克·奥斯汀童年时的话语。

我非常感谢范尼的来信，它使我开怀大笑，但我无法假装回复它。即使我有更多时间，我对达西小姐的写信风格也毫无把握。我希望本小姐再次恢复健康，今天能和你舒舒服服地一起吃饭。

星期一晚上——我们两人去了大展和 J. 雷诺兹爵士画展。我感到失望，因为两处都根本没有达西太太。我只能想着达西先生太珍爱她的照片，不想让它暴露于公众的视野。我能想象他会有这种感觉——那种爱意、骄傲与敏感的交织。

除去这番失望，我从画作中得到了很多乐趣。乘车出行，把车篷敞开，令人非常愉快。我很喜欢独处的优雅，因为身处的环境笑个不停。我只能觉得自己几乎无权乘坐四轮大马车①在伦敦招摇过市。

亨利希望爱德华能知道，他刚为他买了三打红葡萄酒（价格便宜），已经安排送往乔顿。

如果我们只是谈论星期四晚上读书，在第二天的晚餐时间到达史蒂文顿，我无需疑惑。但无论我会写什么或是你会怎么想，我们都知道将有所不同。明天上午我会安安静静；我所有的事情都已做完，只需再次拜访霍布林太太或别的什么人。

向人数锐减的你们问好。

你挚爱的

J. 奥斯汀

---

① 英文为"barouche"，豪华型马车。

54. 致弗朗西斯·奥斯汀

1813 年 7 月 3 日星期六—7 月 6 日星期二

乔顿

我最亲爱的弗兰克：

瞧我打算努力给你写一封漂亮的信。祝我好运。我们最近很高兴地从玛丽的来信得知了你的消息，她告诉了我们你 6 月 18 日从鲁根写来的信中一些细节，我们也很高兴你有那么好的舵手。你为何像伊丽莎白女王呢？因为你知道怎样挑选大臣。这难道不能证明你是个好船长，正如她是个好女王吗？你一定非常开心，因为你得离开英格兰，去往新的地方，见识一个新的国家，一个和瑞典一样出色的国家。你的职业固然艰苦，但也有美妙的补偿。对于你这般喜探索爱观察的头脑，一定能得到许多这样的美妙补偿。古斯塔夫斯、查尔斯十二世、克里斯蒂娜、林尼厄斯①——他们的幽灵有没有出现在你面前？我对前瑞典非常敬佩。曾经那么热烈推崇新教！而且我总是想象着它比许多国家更像英格兰。从地图上看，许多地名也和英国很相似。我们七月开始得很不愉快，阴冷多雨，但这个月份经常天气很糟。在此之前我们

---

① 古斯塔夫斯（1496—1560）1523—1560 年为瑞典国王，查尔斯十二世（1682—1718）在 1697—1718 年统治瑞典，克里斯蒂娜（1626—1689）在 1632—1654 年为瑞典王后，林尼厄斯（1707—1778）是生物学家，《自然体系》（1735）的作者。

有过一些明朗干燥的天气，很受干草和草甸的主人们欢迎，总而言之这一定是个很好的干草季。爱德华已经把他的草全都收割了，摆得整整齐齐。我只是在说乔顿，但他在这一点上的运气比米德尔顿先生当佃农的五年好多了。这是让他再来一遍的良好鼓励，我真希望他再做一年。他们在这儿给我们带来了极大的快乐，如果我们不是世界上最好的人，就配不上这样的获得。我们轻松愉快地去他那儿，常常一起吃饭，他高兴得堪比任何一位出生于汉普郡的奥斯汀。他没有抛弃乔顿。他说起造一座新花园；如今的花园状态不好，情况糟糕，靠近帕皮伦先生的花园。他打算造一座新的，在他自己房子的草坪上面。我们喜欢他以修缮此处的方式证明和加深他对这儿的感情。很快他的孩子们都会来到他身边，爱德华、乔治和查尔斯已经来了，亨利和威廉下星期到。温彻斯特的传统是让乔治们在节日前出去两个星期，之后就不再出去；担心他们只在最后一段时间过于辛苦，我想这的确是对主人的一种不光彩的通融。我们期待我们自己真实合法的亨利很快再来拜访，这次他将成为**我们的**客人。我很高兴地说他身体很好，我相信无需用**我的**笔告诉你他不再担任副职的愉悦消息。他为此番升职特别高兴，也会将此视为心想事成。他当然告诉了你他自己所有的计划，我们认为他的苏格兰计划对他本人和他的侄子①都好极了。总的来说，他的兴致恢复得不错，如果我能这么说，他的心灵不太能承受痛苦。他太忙碌，太积极，太乐观了。尽管他深爱着可怜的伊丽莎，对她极好，但他时常太习惯于

---

① 指爱德华的儿子爱德华，排行第二，也是长子。

离开她，所以她的痛苦不如许多被深爱的妻子的痛苦那样被他感知，尤其考虑到她漫长又严重的疾病的情况。他早就知道她一定会死去，最终的确是个解脱。我们对她的悼念还没结束，否则我们现在会为了托马斯·利先生重新穿上孝衣——如此令人尊重、财产丰厚、聪明和蔼的托马斯·利先生。他刚于 79 岁高龄结束了幸福的人生，离开这个世界时，他一定是英格兰最佳地产的拥有者，以及联合王国中拥有最多堂表子孙的人。我们急切地想要知道谁会继承阿德斯特罗普的产业，他的好妹妹余生的日子将以何处为家。她坚强地承受着对他的失去，而她似乎对他那么一心一意，让我担心当忙乱的事情结束后她会感到极度痛苦。还有另一个值得同情的痛苦女人，可怜的利·佩罗特太太——她现在本该成为斯通利的女主人，如果没有那么恶毒的协议，而事实上这份协议向来对她们没什么好处。这将是一场艰难的考验。查尔斯的小女孩们和我们住了约一个月，她们实在太可爱了，离开时让我们非常难过。不过，我们很高兴地听说，她们的家人认为她们都大有改善——哈丽特的健康和卡西的举止。后者**应该**是个很可爱的孩子，自然已经为她做得足够多，但缺少了方法。我们自己认为她改进了许多，但她的爸爸妈妈也能这么想，令我们非常满足。她的确会是个很讨人喜欢的孩子，只要他们稍作努力——哈丽特的确是个性情甜美的小宝贝。他们此时都在骚桑德①。我为何提起**那个**？好像查尔斯自己不会写信似的。我讨厌无谓地浪费我的时间，同时侵犯别人的权利。我不知你一月时有没有在报纸

---

① 原文为 "Southend"，《爱玛》中出现过的地名。

上看到布莱科尔先生结婚的消息。**我们**看见了。他在克利夫顿和一位路易斯小姐结了婚，她的父亲近来在安提瓜①。我很想知道她是哪一种女人。他堪称完美，他本人喧闹却不失完美，我想起他总是心怀敬意——在他接替一所大学的牧师职务前好几个月我们就注意到了，我们记得那是他提过并很想得到的职位，非常不错，在萨默塞特郡的大加德伯里。我希望路易斯小姐反而性格安静，有些无知，但天资聪颖，乐意学习——喜欢吃冷牛肉饼，在下午喝绿茶，夜里用绿色百叶窗。

7月6日

我亲爱的弗兰克，现在我要完成我的信。我把它打开着，以备星期二的来信可能增加些内容。带来的消息是我们也许会让大宅②的邻居比预计多等待几个星期。哥哥提到的斯丘达莫尔先生，他很确信戈德舍姆目前不适合居住③，甚至说需要两个月的时间来改善，但如果天气温暖，我敢说可以少些时间。哥哥也许会去一趟，亲自查看，同时收纳租金——交租日已经推迟了。**我们**会因为他们住在这里而受益，但孩子们都感到失望，因此我们希望情况相反。

我们的堂亲托马斯·奥斯汀和玛格丽塔要随军去爱尔兰，惠特沃思勋爵将作为上尉勋爵和他们一起去，对双方来说都是不错的任命。上帝保佑你。我希望你保持英俊，记得梳头，但别把头

---

① 《曼斯菲尔德庄园》中托马斯爵士的西印度种植园产业也在安提瓜。
② 指乔顿大宅（Chawton House）。
③ 房屋需要装修后居住。

发都梳掉了。我们的爱没有止境。

你挚爱的简·奥斯汀

　　你会很高兴地听说 S&S 每一本都卖完了，给我带来了 140 英镑——还有版权，如果那还会有任何价值的话。因此我已经通过写作得到了 250 英镑，这只会使我想要更多。我手上有一本书，希望能借助 P&P 的声誉而畅销，虽然那本书不及这本一半有趣。顺便说一下，你会反对我在里面提起大象吗，还有你的另外两三艘旧船①？我已经这么做了，但不会一直谈论，让你生气——它们是不久前才提到的。

---

① 《曼斯菲尔德庄园》中的船舰名称。

55. 致卡桑德拉·奥斯汀

我最亲爱的卡桑德拉：

我坐在这儿，开始吃早餐，接着来到客厅，全力以赴为你写信。范尼梳洗完毕立即过来，开始写她的信。

我们的旅途非常愉快，天气和道路极好。开始的三段路程花了 1 先令 6 便士，我们唯一的不幸是在金斯顿因为换马耽搁了一刻钟，只得忍受来自租赁马车上的一位乘客和他们的车夫，使得莉齐在四轮大马车的车厢里没有座位，她只好以开始的方式结束她的最后一段旅程；最后我们四个人都坐在里面，因此有些拥挤。

我们在四点一刻到达，得到车夫的好意欢迎，接着是他的主人，随后是威廉，还有彭格德太太，他们都在我们还没走到台阶时就迎了上来。比京太太在下面为我们做着极其丰盛的大餐，有汤、鱼、牛奶、山鹑和苹果馅饼。我们梳洗更衣后胃口大开，刚过五点就坐下来。与我们房间相邻的小小更衣室的确让我和范尼很舒心。因为用了可怜的伊丽莎的床，我们的空间十分宽裕。

赛斯大约六点半平安到达。七点时我们乘马车去剧院；大约四个半小时后又回到家；喝了汤汁、葡萄酒和水，然后回到我们的巢穴。

爱德华发现他的住处温馨安静。我必须得到一支更软的笔。这支太硬了。我很痛苦。我还没见到克拉布先生。玛莎的信已寄出。

我打算只写短句。每行都要有两个句号。莱顿和希尔**是在**贝德福德商店。如果可能，我们打算早餐前去那儿，因为我们越来越感到要做的事情太多而时间太少。这座房子看起来很漂亮。好像是斯隆街搬到了这儿。我相信亨利刚刚摆脱了斯隆街。范尼没有来，但爱德华坐在我身边开始写一封信，看上去自然而然。

亨利面部疼痛，他以前也犯过。他在马特洛克感冒了，自从回来后在为他过去的欢愉付出些代价。他现在几乎好了，但脸看起来很瘦，可能因为疼痛或旅途的疲劳，两者的程度一定都很深。

罗伯特夫人很喜欢P&P，据我所知，的确**本来**就喜欢，在她还不知道谁是作者时，她现在当然知道。亨利心满意足地告诉了她，好像是我想让他这么做的。他没有告诉**我**，但他告诉了范尼。还有黑斯廷斯先生！我对这样的人写出的评价很高兴。亨利在他从戴尔斯福德回来后给他寄了书，但你也会得知信的内容。

让我理智些，回到我的两个句号。

昨晚看戏时我和亨利说了话。我们在一个私人包厢——是斯宾塞先生的——因此更令人愉快。包厢就在舞台上。比起平常的看戏方式全无倦意。不过亨利的计划不如人愿。他打算 29 日才回到乔顿。他必须在 10 月 5 日再次去城里。他计划用两天去打雉鸡，然后直接回来。他希望带你和他一同返回。我已经告诉他你的顾虑。他希望你按照自己的时间安排，如果你晚些才能来，随时可以到最远至巴格肖特的地方去接你。他认为你去那么远的地方不会有困难。我不能说你有。他建议你和他一起去牛津郡。这是他最初的想法。我只能为你答应下来。

我们今天早上又谈论了这一点（因为现在我们已经吃完早餐），我相信如果在其他方面合适，你无须为他心生顾虑。如果你不能在 3 日或 4 日和他一起回来，那么，我的确希望你能设法去阿德斯特罗普。要是你能在本月中旬后再离开，我想你能安排得很好。但你会对这一切仔细考虑。我真希望他打算早点去你那儿，但无能为力。

我完全没对他说起希［思科特］太太和比［格］小姐，以免让他想到困难。你会不会让**她们**住我们自己的房间？在我看来像是最好的安排，女仆就在身旁，非常方便。

哦，天啊！我什么时候才能不这样。我们**的确**在早餐前去了莱顿和希尔。非常好看的英国府绸要 4 先令 3 便士；爱尔兰的同样物品 6 先令，当然**更加**好看——漂亮。

范尼和两个小女孩为今晚到科文特花园占座位去了；上演《秘密婚姻》和《迈达斯》两部剧。后者对莉［齐］和玛［丽安］来说将是一出好戏。她们昨晚对《唐璜》陶醉不已，我们直到 11 点半才回了家。我们看到丑角和一个幽灵，感到很高兴。我说的是**她们**；**我**不露声色，其他人都面容严肃。《唐璜》是三部音乐剧中的最后一部。《在布赖顿的五小时》有三幕剧——其中一部在我们到达时已经结束，这样也好——而《蜂巢》更加乏味无趣①。

我至今从好心帅气的爱德华那儿得到了 5 英镑。范尼也差不多。我会尽量节约，让你在这儿玩得更开心。**我的**信是夏普小姐写来的，无甚特别。今天早上收到了范尼·凯奇的一封信。

四点——我们刚拜访了提卡斯太太、黑尔太太和思朋斯先生回到家。黑尔先生在这儿，当范尼和他说话时，我会试着再写一点。

黑尔太太有几顶漂亮的帽子，会帮我做一顶类似的，只是用**白色**而非蓝色缎带。将用白色缎带和蕾丝，左耳边突出一朵白色小花，像哈利奥特·拜伦的羽毛。我允许她开出了 1 英镑 16 先令的价格。我的长裙会四处镶上编织的缎带。她说会很好看。我不太乐观。他们镶嵌了太多白色。

极其有趣的是，我从提卡斯太太家的年轻小姐那儿听说，如今的胸衣完全不会把胸部挤压上去；**那**是很不得体、违背自然的时尚。我很高兴地听说它们不会像从前那样，在肩部下垂过多。

去思朋斯先生那儿是件苦差，让我们流了许多眼泪。不幸的是，我们在他只是检查之前还得再去一次。我们第一次去是 12 点半，接着三点再去一次；爸爸每次都陪着我们。可是，哎呀！我们明天还要去。莉齐还没结束。不过，没有拔牙，我相信也不会拔牙，但他发现**她的牙齿**状况极差，似乎特别担心它们能否持

① 《秘密婚姻》（1766）由乔治·科尔曼（1732—1794）和大卫·加里克（1717—1779）创作。《迈达斯》（1764）由爱尔兰作家凯恩·奥哈拉（1742?—1782）创作。《唐璜，或被毁的自由》（1782）作者为卡洛·安东尼奥·德尔皮尼（?—1828）。《蜂巢》（1811）的作者为约翰·吉迪恩·米林根（1782—1862）。

久。我们都洗了牙，修补了**她的**牙齿，还得再修补一次。在她的两颗门牙之间有个可怜的蛀孔。

星期四早晨 7 点半——起床梳洗下楼，只为及时写完信随包裹寄出。我八点和比〔京〕太太有约，她想向我展示楼下的某件物品。九点我们会出发去格拉夫顿大宅，在早餐前办完事情。爱德华好意陪我们走到那儿。我们 11 点会再去思朋斯先生那儿。接着我猜我们要乘车出行至少四点。如果可能，我们会拜访蒂尔森太太。

霍尔先生昨天很准时，帮我卷发卷得很快。我认为很难看，想以一顶舒适的帽子代替，但同行者的赞赏使我沉默。我的头上只有一点丝绒。但我没有感冒。天气非常适宜。自从离开你后，我的脸从未疼过。

我们在舞台包厢的隔壁包厢，位置很不错，在第一和第二排；三位年长者当然坐在后面。我对没见到克拉布先生感到特别失望。当我看到包厢饰以深红丝带时，相信一定能在包厢见到他。新来的特里先生扮演奥格勒比勋爵，亨利认为他也许不错；但整场表演都不温不火，哪个部分都不及回忆《迈达斯》有趣。女孩们很高兴，但还是更喜欢《唐璜》。我必须说，相比那个集残忍和情欲于一身的人，我没在舞台上见过更有趣的角色。

我昨天不可能拿到毛料。我昨晚听见爱德华催促亨利去看你，我想亨利打算在他 11 月的安排结束后去那儿。对 S&S 尚无安排。书到达他手中太晚，让他离开前没时间安排。黑斯廷斯先生从未给过伊丽莎一丝**暗示**。亨利完全不知道特里默先生的死讯。我把这些告诉你，你就不必再问他们了。

给奥尔顿派来了一位新牧师，一位埃德蒙·威廉斯先生，是亨利非常看重的一个年轻人，原来他是格罗夫纳广场倒霉的威廉斯先生的儿子。

我很想让你听听黑［斯廷斯］先生对 P&P 的看法。他对伊丽莎白的无比喜爱尤其令我高兴。

与其把我多余的财富攒给你用，我准备用掉，款待自己。我希望，至少，我能在莱顿和希尔找到一些能诱使我购买的府绸。如果能找到，将会寄到乔顿，因为一半是给你的；我相信你会好意接受，这是主要的一点。这会让我非常高兴。不必多说。我只希望你也能挑选。我会寄来 20 码。

现在说说巴斯。可怜的 F. 凯奇因为事故受了很多苦。怀特哈德的噪音对她而言实在可怕。我敢说他们会让她保持安静。**她**不像别人那么喜欢这个地方；正如她本人所说，也许因为她身体不适，但她认为旺季时她应该喜欢这儿。如今街道空空荡荡，商店也不像她期待的那么热闹欢欣。他们住在亨丽埃塔街 1 号，劳拉广场的角落，现在除布拉姆施顿一家，没别的熟人。

布里奇斯夫人在十字温泉喝矿泉水，她的儿子在热泉，路易莎准备沐浴。帕里医生似乎在把布里奇斯先生饿得半死，因为他只能吃些像詹姆士那样的面包、水和肉之类，从来不能吃得尽兴，还得走很多路——我相信，一直走到他倒在地上——无论他有没有痛风。的确为了那个目的。我毫不夸张。

愿你我，旅行者们和每个人都有明朗的天气。你今天下午要去散步，那么……［信末内容缺失］

56. 致卡桑德拉·奥斯汀

1813 年 10 月 18 日
戈德默舍姆庄园

我亲爱的卡桑德拉姑妈：

　　非常感谢你的长信，以及你对乔顿的美妙叙述。我们都很高兴地听说亚当一家走了，希望利博思库姆夫人现在能更开心地和她口中的傻孩子在一起，可我担心她没多少机会当家中唯一的女主人。

　　我很遗憾你对我们的兔子给不出任何更好的消息，可怜的小东西！我以前就认为它在那座**潮湿的房子**里活不久。我不奇怪玛丽·多伊为兔子的死而难过，因为我们答应她要是我们回到乔顿时它还活着，会奖励她双倍的酬劳。

　　爸爸很感谢你叫人砍掉矮杉树，我想他起初很为大橡树担心。范尼相信了，因为她叫道："天啊，太可惜了，他们怎能这么愚蠢！"我希望他们此时已经为羊群装了栅栏，或是把拉车的马儿赶出了草坪。

　　请告诉祖母我们已经开始为她收集种子；我希望我们能为她收集许多种子，可我担心这潮湿的天气对种子很不利。听说她鸡养得特别棒我高兴极了，但我希望里面有更多矮脚鸡。听到可怜的利兹的命运，真让我难过。

　　我必须告诉你我们这儿一些可怜人的事情。我相信你认识老玛丽·克劳彻，她每天都变得**越来越疯癫**。简姑妈去看过她，但那是在她清醒的某个日子。可怜的韦尔·阿莫斯希望你的串肉扦很好用。他已经离开穷人区的房子，住在比尔廷的谷仓里。我们问他为何离开，他说当他从乔顿回来时，饥饿不堪的跳蚤全都一扑而上，**几乎**把他吃掉。

天气如此潮湿，多么不幸！可怜的查尔斯叔叔每天回来都成了落汤鸡。

我觉得小范尼没以前漂亮，我相信一个原因是她穿了短衬裙。我希望库克好些了，我们走的那天她身体很不好。爸爸给了我六支新铅笔，真的很不错。我每隔一天会画画。我希望你每晚去教训一下露西·查尔克拉夫特。

克卢斯小姐请求我给你最热切的致意；她很感谢你好意询问她。请代我问候祖母，向佛洛伊德小姐转达爱意。我亲爱的卡桑德拉姑妈，我始终是你挚爱的侄女——

伊丽莎白·奈特

星期四——我想莉齐的信会让你开心。我为刚收到的信谢谢你。明天可能是晴天。我们这儿的人出发前你会在吉尔福德。他们只去基尔街，因为事务官斯基特先生在那儿，他们已经答应和他吃饭并住在那里。

卡西的气色好多了。她和堂兄妹们相处融洽，但和他们一起不太开心；对她而言人太多，太吵闹了。我已经给她捎了你的口信，但她什么也没说，似乎再去乔顿的想法没让她高兴。爱德华的马车去了奥斯普林奇。

我想我刚做了一件好事——把查尔斯从楼上他妻子和孩子那儿带出来，让他收拾妥当出去打猎，不让摩尔先生继续等待。

希勒先生太太和约瑟夫昨天在这儿愉快地吃了饭。爱德华和乔治都不在，去伊斯特林待了一晚。两个范尼早上去了坎蒂，带着路易莎和卡西试穿新胸衣。我和哈利奥特一起轻松地散了步。她给你最诚挚的爱意，同时问候亨利。范尼也热情问候你们。我猜明天有一群人去坎蒂，是我和摩尔先生太太。

爱德华谢谢亨利的来信。我们非常高兴地听说他好多了。希望你能告诉我，他是否想让我去他那儿住；我敢说你弄不清楚。我本打算请你带上我的一项睡帽，以备我住在这里，但星期二写信时忘了。爱德华非常担心他的池塘：他现在无法怀疑水已经流干，他早就决心要这样做了。

我想母亲会想让我给她写信。我至少会试试。

不，我从没见到克拉布太太去世的消息。我只从他的某个序言中推测他可能结过婚。这简直荒唐可笑。可怜的女人！我会尽量安慰他，但我不会承诺对她的孩子好。她最好别留下任何孩子。

爱德华和乔治今天出发去牛津待一个星期。因为摩尔一家几乎同时离开，我们的人会变得很少。为了使我们开心起来，范尼提出随后去弗雷德维尔住几天。这的确是个好机会，因为她的父亲会得到同伴。我们三个人会一起去鲁特姆，但我和爱德华也许只住一晚。向蒂尔森先生问好。

你挚爱的 J. A.

57. 致卡桑德拉·奥斯汀

1813 年 11 月 3 日星期三

戈德默舍姆庄园

我最亲爱的卡桑德拉：

我要以写信来庆祝这个众人欢庆的生日①，因为我似乎会把字写得很大，我要将每一行写得紧凑些。我昨天和爱德华乘车出发去坎特伯雷前，刚好有时间欣赏了你当天的来信，一路上为他讲述了主要内容。

我们为亨利的身体恢复感到真心愉快，希望这个星期每日的天气都能让他出去走走，这是让他恢复到预期状态的最佳方式。如果他情况不错，去牛津郡能使他更开心，因而恢复得更好。

我是不是还没有告诉你爱德华的具体计划？瞧，是这样的：他 13 日星期六去鲁特姆，在那儿过星期天，星期一去城里吃饭，如果亨利喜欢，就和他过一整天，很可能在星期二，接着星期三去乔顿。

可我现在要是不和亨利待一段时间就无法安心，除非他不希望如此。他病了，而且在一年中这么无趣的时候，这都让我觉得要是不提出陪陪他，我简直糟糕透顶。因此，除非你知道有任何

---

① 乔治三世的第五个女儿索菲亚公主的生日（1777 年 11 月 3 日出生）。

反对意见，我希望你能告诉他我真心愿意在亨丽埃塔街住上十天或两个星期，如果他愿意接受我。我不想超出两个星期，因为那时已经离家很久；不过像往常一样，如果能和他在一起会非常令人高兴。我对你没有那么多遗憾和顾虑，因为我和你有一天半的见面时间，也因为你能和爱德华至少住上一个星期。我计划在回家途中去波科海姆待几天，希望亨利能够好好恢复，可以送我一程。我又收到库克太太二三十次的反复邀请，她希望能在无论哪趟出行时见见我。

范尼的感冒好多了。她星期天待在屋里昏昏欲睡，熬过了最糟糕的时候，但我真的担心这一天可能对她的影响。她和克卢斯小姐、莉［齐］和玛［丽安］去了坎蒂，天气对脆弱的人而言非常恶劣。克卢斯小姐一直想去坎蒂。她在回来之后，刚刚要实现目标。

我和爱德华早上乘车去了那儿，气候宜人。我喜爱极了；可是天气出乎意料地变坏，我们冒雨回到家，一路上担心不已。不过没对我们造成任何伤害。他以访问治安官的身份视察了监狱，并带上了我。我很开心，也认为我经历了人们在参观这样的地方时必然经历的所有感受。我们没去别的地方，只是舒舒服服地散了步并且购了物。我买了一张音乐会门票，还有一枝适合我这把年纪的花儿。

为了以无与伦比的方式将话题从轻松转入严肃①，我现在要和你说说巴斯的那些人——他们还在巴斯，因为他们上个星期突

---

① 对英国启蒙主义诗人亚历山大·蒲柏（1688—1744）的戏仿。

发痛风。布〔里奇斯〕夫人的情形在那种状况下还算不错；帕〔里〕医生说这次痛风的情况似乎还行，她的情绪比以往好些，但至于她能否离开，当然完全无法确定。如果爱德华在汉普郡时他们尚未离开，我毫不怀疑爱德华会去巴斯。如果他去了，他会接着去史蒂文顿，然后不回乔顿，直接去伦敦。此番耽搁不会合他心意。不过帕医生能在布夫人痛风时见到她倒有可能是件好事。哈利奥特很希望如此。

天气似乎在好转。我希望我的笔也一样。

可爱的奥格尔先生！我敢说他似乎不花分文就看到了所有的全景画，到处都能免费参观。他真开心！现在，你无需见其他任何人了。

听说我们也许能在圣诞节见到查尔斯和范尼，我很高兴，但如果可怜的卡斯不喜欢，别强迫她留下。你对 F. A. 太太做得很对。你关于 S&S 的消息令人愉快。我从未见它做过广告。

哈利奥特在今天写给范尼的信中，询问贝德福德商店是否出售做外套的布料。如果是，你能否让他们把她想要的图案寄来，包括宽幅和价格。他们之后的一个星期随时可能从查灵·克罗斯过来，但如果需要**现钱**支付就不行，因为前主教的儿媳说她无法当场支付。我和范尼怀疑他们不卖这个商品。

我相信希勒一家现在真打算走了。约瑟夫在这儿住了两晚，我不知道今天是否会离开。希勒先生昨天过来告别。天气似乎又变坏了。

我们明天去奇勒姆城堡，希望能找到些乐趣。但我想从明天的音乐会得到更多快乐，因为我认为可以看到好几个想看的节目。我们会见到来自古尼斯通的一群人，有 B. 夫人、霍利小姐和露西·富特。我会见见哈里森太太[1]，和她聊聊本和安娜。"我亲爱的哈里森太太，"我会说，"这位年轻人恐怕有些你们家庭的疯狂；虽然安娜时常也会显得有点疯狂，我想是从她母亲那边继承而来，而不是来自我们这边。"那就是我要说的话，我想她会觉得难以回答。

我重读了你的来信提提神，因为有些累了。漂亮的字迹令我吃惊：你的信的确总是这么漂亮，又小又整齐！希望我也能在一张纸上写下这么多内容。下次我会花两天时间写一封信：一次写完一整封信会令人疲惫。我希望星期天能再次收到你的信，还有星期五，那是我们离开的前一天。我想你星期一要去斯特里姆，去看望寡言少语的希尔先生，吃特别糟糕的烤面包。

顺便说一句，面包降价了。我希望母亲下星期的账单能显示出来。我收到她写的一封令人欣慰的来信，一张大页纸上满是家中的琐碎小事。安娜开始的两天在那儿。被送走的安娜和被接来的安娜是截然不同的人。如今我们这些难以应付的人都不在家，这是本过来拜访的好时机。

我没打算吃东西，可是翰科克先生端来了盘子，因此我必须吃一些。我独自一人。爱德华去了树林。此时我独自拥有着五张桌子、二十八张椅子和两个火炉。

克卢斯小姐将应邀和我们一起去听音乐会；因为哥哥不能去，他的票和座位都给了她。他当天要去米尔盖特见见凯奇家别

---

① 本·勒弗罗伊的姨妈。

的亲戚，谈谈梅德斯通路可能的改造，凯奇一家对此很感兴趣。布鲁克爵士早上过来了，迪兹先生要在阿什福德同他们会合。不能参加音乐会对这些乡绅来说算不了什么。因此我们一行三位女士将会和三位女士见面。

亨利的马车真方便，对他的朋友而言通常如此！谁会下一个使用呢？我很高兴威廉是主动离开的，绝不是因为更糟糕的原因。喜欢乡村是个无关紧要的过错。他的性格更像库珀，而非约翰逊——更喜欢温顺的野兔和无韵诗，而不是查灵十字路口的人潮汹涌。

哦！我从夏普小姐那儿得到更多这样的甜言蜜语。她是那种极好的朋友。我的作品在爱尔兰也有人阅读并受到喜爱。有一位弗莱彻太太，她是法官的妻子，一位老妇人，善良聪明，很想了解我的情况——我的爱好之类。但她并不知道我的**名字**。这是来自卡里克太太的消息，不是戈尔太太。那些事情你一无所知。

我对我的照片最终出现在展会上并非不抱希望——是红白两色的，我的头偏向一侧；也许我会嫁给年轻的德阿布利先生。我猜此时我会欠亲爱的亨利一大笔印刷之类的费用。

我希望弗莱彻太太能够沉迷于 S&S。如果我**会**待在亨丽埃塔街，而且你很快要给家中写信，希望你能好心向我提起。这十天我不大可能再往家中写信，昨天刚刚写过。

范尼满心以为要娶村里一位多拉·贝斯特小姐的是一位布雷特先生。我敢说亨利毫不反对。请告诉我，男孩们在哪儿睡觉？

迪兹一家星期一过来了，要住到星期五，因此我们最后的篇章会热闹非凡。他们带了伊莎贝拉和一个成年的孩子，星期四要去坎蒂参加一场舞会。我会很高兴见到他们。我想，我和迪兹太太肯定会一起理智地说说话。

爱德华没给亨利写信，因为我写得太频繁。上帝保佑你。我会很高兴再次见到你，希望这样的日子时常能愉快地重现。可怜的霍华德爵士①！他会为此多么伤心！

你真诚的

J. A.

---

① 也许指理查德·霍华德（1748—1816）伯爵因为摄政王赐予他的姐妹独立住所而难过。

58. 致卡桑德拉·奥斯汀

1813 年 11 月 6 日星期六——11 月 7 日星期天

戈德默舍姆庄园

我最亲爱的卡桑德拉：

离早餐还有半个小时（舒适地待在自己的房间里，可爱的早晨，温暖的炉火——想想吧!），我来和你说说过去两天的情况。可是，该说什么呢？除非长话短说，否则我会傻乎乎地事无巨细，一一道来。

我们在奇勒姆城堡只见到布列塔一家，以及待在家里的一对奥斯本先生太太和一位李小姐，总共只有十四个人。哥哥和范尼认为他们是这儿来过的最讨人喜欢的一群人，我也从琐碎小事中得到了不少快乐。我一直想见布列塔博士，他妻子的故作高贵和刻意优雅让我感到非常好笑。我发现李小姐很健谈，对克拉布怀着应有的尊重。她处于富有理智的年龄，至少比我年长十岁。她参加过奇勒姆城堡的著名舞会，因此你当然记得他。

顺便说一下，因为我必须告别年轻，我发现当个监护人好处颇多，因为我可以躺在火炉旁的沙发上，尽情喝葡萄酒。晚上我们听了音乐：范尼和怀尔德曼小姐弹琴，詹姆士·怀尔德曼坐在近旁听着，或是假装倾听。

昨日一整天都在消磨时光：先是布鲁克爵士过来消磨我们早

餐前的时光；然后希勒先生过来拜访；接着霍尼伍德夫人从伊斯特韦尔回家时顺路来做个日常晨访；随后布鲁克爵士和爱德华出去了。我们在四点半吃了饭（第五件事）；接着喝咖啡；六点时我和克卢斯小姐与范妮乘车出去。我们尽情度过了一个愉快的夜晚。我们去得稍早了些，但 B. 夫人和她的两个同伴不久后出现，我们为她们留了位置；于是我们六人排成一排，坐在一道边墙的下面，我在露西·富特和克卢斯小姐中间。

B. 夫人比较符合我的期待，我无法确定她究竟很漂亮还是很平常。我喜欢她，因为她急于让音乐会结束，以便离开；因为她最后果断迅速地走了，没有磨磨蹭蹭地等待去夸赞，为见到**亲爱的范妮**而大惊小怪。她半个晚上都和她的朋友普伦普特里一家在屋子的另一边。我说得过于细致，因此我要去吃早餐了。

音乐会结束后，我和哈里斯太太发现了彼此，愉快地互相夸赞，友好地闲聊了一阵。她是个温柔的女人，依然那么温柔，很像她的姐姐！我几乎以为我在和勒弗罗伊太太说话。她把我介绍给她女儿，我觉得她很漂亮，但绝对比不上美丽的母亲。法格一家和哈蒙德一家在那儿，威廉·哈蒙德是唯一有些名气的年轻人。**大小姐**看起来很漂亮，但我更喜欢她面含笑意、打情骂俏的妹妹茱莉娅。

最后有人介绍我认识玛丽·普伦普特里，但我几乎不想再见到她。不过她很喜欢**我**，热情洋溢的好人儿！B. 夫人发现我比她想象的更漂亮，所以你看，我可能并非你想象的那么糟糕。

我们十二点后才回到家，全都疲惫不堪，但今天还不错：克卢斯小姐说她没有感冒，范妮的感冒似乎没有加重。我太累了，因此我开始想到该怎么度过下星期四的舞会。不过那时四处走动也许会有更多花样，或许没这么热，我可能不会更加疲惫。我的绉纱裙还为舞会保留着。音乐会听够了。

我昨天收到玛丽·［劳埃德·奥斯汀］的来信。他们上星期一平安到达了切尔滕纳姆，肯定会在那儿住一个月。巴斯依然是巴斯。H. 布里奇一家必须在下星期刚开始就离开他们，路易莎似乎对他们一起离开还抱有希望，但在置身事外的人看来毫无可能。只要 B. 夫人能够乘车，帕里医生似乎不想把她留在巴斯。那很幸运。你会看到可怜的伊夫林先生的死讯。

自从我写上封信以来，我的第二版书即将问世①。玛丽告诉我伊丽莎·［福勒］打算购买。我希望她会。这一版几乎不能再指望法伊菲尔德庄园②。我忍不住希望许多人会情不自禁地想要购买。我不介意将此视为令他们不快的职责，只要他们买了就行。玛丽在离家之前听说切尔滕纳姆的人非常喜欢，书还被送给了汉密尔顿小姐③。能提到如此令人尊敬的作家真是令人愉快。我相信不会在这个问题上让**你**厌烦，否则我会道歉的。

这是怎样的天气和怎样的消息④啊！两者都足以令人欣喜。我希望你能为任何一条感到非常快乐。

这两天我已经增长了见识，结交了许多人。你知道霍尼伍德夫人。我坐的位置不够近，不能做出最佳判断，但我认为她非常

---

① 《理智与情感》，简·奥斯汀拥有这本书的版权。
② 福勒家刚刚卖出了法伊菲尔德庄园的地产。
③ 当时的著名小说家伊丽莎白·汉密尔顿（1758—1816）。
④ 《泰晤士报》10 月 19 日刊登的英军极有可能在英法战争中获胜的消息。

漂亮，她的举止大方愉悦，毫不做作，令人赞赏。她乘坐驷马马车并且服饰优雅，堪称完美的女人。

哦，我昨晚还见到了吉普斯先生。他殷勤地送我们上马车，正如他们对爱玛·普伦普特里的做法，因为没有更好的男士，我们欣然接受。我认为他的确是个好看的小个子男人。

我期盼着你明天的来信，尤其是想知道我的伦敦之行命运如何。我的第一个愿望是亨利能真正选择他喜欢的做法；如果他不想让我去，我当然不会难过。我明天要去教堂做晨祷，会迫不及待地赶回家。

希勒一家走了，但佩吉特一家还没来，因此我们将再次见到 S. 先生。佩吉特先生似乎有些反复无常。不过汉特博士说他性情极好，错误应当归咎于那位女士。我敢说他们的家喜欢由女性掌管。

我收到了查尔斯一封漂亮的红黑相间的长信①，但没什么我不知道的内容。

下星期可能举办一场不错的舞会，只要女士们能够参加。布里奇斯夫人也许会和纳奇布尔家的人去那儿。哈里森太太可能和奥克森登小姐同行；如果哈里森太太去，那么法格夫人也会来。

夜幕降临，我要继续我的精彩叙述。布鲁克爵士和我哥哥大约四点回来，布鲁克爵士几乎立即又启程前往古尼斯通。我们明天会见到爱德华·B.，将再给我们一次星期天的来访。最后，因为种种原因，他们都将在我们离开的当天回家。迪兹一家星期二才来。索菲亚会过来，她是个颇具争议的美女，我非常想见到

---

① 指用不同颜色以适当角度在原文上添加信息，为了节省邮资。

她。伊丽莎·哈顿夫人和安娜玛丽亚今天上午来了。是的，她们过来拜访；但我对她们没别的可说。她们来了，她们坐了会儿，然后她们就走了。

星期天——我最亲爱的亨利！他怎么忽然病了，胆汁究竟是什么东西[①]！这次发病很可能和他之前的闭门不出与心情焦虑有关，但无论来势如何，我希望能够很快消除，让你可以在星期二的信中说他身体很好。因为我星期三收到了来信，当然不会期待星期五再次收到信件。也许往鲁特姆写一封信没什么坏处。

我们将在星期六出发，早于邮车到来的时间，因为爱德华会一路驾驶自己的马车。他说九点离开。我们要在莱纳姆喂马。

你给我写了一封如此美妙的长信，真是太好了。我满心焦虑地进屋不久它就到了，和母亲的信一起到来。我真高兴做了之前做到的事情！我只担心你会认为我的提议毫无必要，可你让我放下心来。告诉亨利我**要**和他住上一阵子，无论他有多么不喜欢。

哦，天啊！纸上的空间不够我写出一半想说的话。从牛津来了两封信，一封是昨天收到的乔治的信。他们平安到达——爱德华比公共马车慢了两个小时，因为在离开伦敦后迷了路。乔治的信写得愉悦平和，他希望能很快得到厄特森的屋子。他星期三做了布道，说明了他的一些花费，结尾是"我担心我将会贫穷"。我很高兴他这么早就开始考虑这件事。我相信现在还没选定家庭牧师，但哥哥很快会收到爱德华对这件事的来信。

———————————————————

[①] 此处指胃部不适。

你、希〔思科特〕太太、凯瑟琳和阿勒西娅一同乘坐亨利的马车观光——我还没有适应这个想法。你们想见的关于斯特里特姆的一切,你都已见过!你的斯特里特姆和我的波科海姆都能搁在一边。想到亨利也许能带我去乔顿,让这个计划对我而言变得完美。我本来希望你能见到一些灯光,你却**已经**见过。"我想着你会来,可**真的**来了。"① 我很遗憾**他**没有早些从波罗的海**过来**。可怜的玛丽!

哥哥今天收到路易莎的一封不受欢迎的来信,他们要在巴斯过冬。刚刚决定下来。帕里医生希望如此,并非因为想到 B. 夫人需要那儿的水,而是因为他也许能更好地判断他的治疗方法有多正确,这和她习惯的方式截然不同;我想他不会介意多收夫人几个畿尼的费用。他的体系是做减法。他曾在她痛风发作时给她放了 12 盎司血②,还禁止她喝葡萄酒等。迄今为止,这个方案很适合她。**她**很满意留下来,但这让路易莎和范妮极其失望。

H. 布里奇斯一家星期二离开他们,打算搬进小一点的房子,你能猜出爱德华的感受。现在他毫无疑问会去巴斯,如果他把范尼·凯奇一同带回,我也不会惊讶。

你还会收到我的来信,在某一天。

你非常挚爱的 J. A.

我们不喜欢汉普森先生的计划。

---

① 弗兰克的童年话语。
② 在 19 世纪早期,放血是英国的传统治疗方法。

59. 致卡桑德拉·奥斯汀

1814 年 3 月 2 日星期三—3 月 3 日星期四

亨丽埃塔街

你误以为我们昨晚在吉尔福德,其实我们在科巴姆。到达吉尔福德时,我们发现约翰和马儿还在准备。于是我们像在法纳姆时那样,在更换马匹时坐在车厢里,直接前往科巴姆。我们七点前到达,大约八点时坐在桌旁品尝美味的烤鸡。总的来说旅途非常顺利,科巴姆的一切令人愉悦。我无法支付哈林顿先生的费用!那是整件事情唯一的遗憾。因此我要偿还他的账单和母亲的2 英镑。你可以试试你的运气。

直到本特利·格林到来后,我们才开始阅读①。亨利至今给予的赞许简直如我所愿。他说这本书和另外两本很不一样,但似乎完全不认为不及其他。他刚读完拉什沃斯太太的结婚。我担心他已经读完最有趣的部分。他喜欢伯特伦夫人和诺里斯太太②真是太好了,还热情夸赞了人物的刻画。他和范尼一样理解所有的人物,我想也能预测他们未来的命运。

我昨晚读完了《女主角》③,感觉特别有趣。我奇怪詹姆士为

---

① 阅读《曼斯菲尔德庄园》。
② 均为《曼斯菲尔德庄园》的重要人物。
③ 爱尔兰作家伊顿·斯坦纳德·巴雷特(1786—1820)1813 年创作的哥特小说。

何不能更喜欢一些。我觉得这很有趣味。

我们十点上床睡觉。我非常疲惫，但睡得很香。今天心情愉快，此时亨利似乎毫无怨言。我们八点半离开了科巴姆，在金斯顿停下来喂马吃早餐，离两点还差很久就进了屋，很像奈特先生的风格。满脸微笑的巴洛先生在门前迎接我们，当我们询问有何消息时，他说大家都在期盼和平①。

我已经进入我的卧室，打开帽盒，以每封两便士的邮资寄出了给 P. 小姐的两封信，接待了来访的比〔京〕太太。此时我独自在房间前端的新桌子上写信。外面正在下雪。昨天下了暴雪，夜里又起了霜冻，使得从科巴姆到金斯顿的路非常难走。不过，因为当时道路变得愈发泥泞，从金斯顿到斯隆街的路上，亨利用了一对领路马，因此他自己的马儿不会过于吃力。穿过街道时我寻找着**面纱**，并满意地在几张粗俗的脸上看到了。

现在，你们都怎么样？尤其是你，在经历昨天和前天的担忧之后。我希望玛莎又有了一次愉快的拜访，你和母亲能吃上你的牛肉布丁。请相信，我明天醒来时一定会想着《扫烟囱的人》②。

星期六在德鲁里的位置已经订好，但人们都疯狂地想见基恩，因此只能得到第三和第四排的座位。不过，因为这是前面的包厢，我希望我们可以看得清楚。是《夏洛克》③，范尼喜欢的戏剧。我想她不会受到很大影响。

---

① 普鲁士布卢彻将军带领的联军正逼近巴黎，于 4 月 11 日签订了暂时的和平协议。
② 英国诗人威廉·布莱克（1757—1827）的诗歌，包含两部分，分别出版于 1789 年和 1794 年。
③ 莎士比亚（1564—1616）《威尼斯商人》（1596—1597）中的主要人物。

佩里戈尔太太刚来了这儿。我为买柳枝①付给她一先令。她说我们欠她主人印染布料的钱。我可怜的旧细纱布还从未染过色。他们好几次答应会做。这些印染工真够坏的，他们先把自己的灵魂浸入了红色的罪恶。

告诉母亲我按时收到了 6.15 英镑，但放进了**我的**账户而不是她的，我刚签了字把钱转给她。

现在是晚上。我们喝了茶，我快速翻阅了《女主角》第三卷的内容。我认为内容没有变差。这是令人愉快的滑稽戏，很有拉德克里夫②的风格。亨利在继续阅读《曼斯菲尔德庄园》。他喜欢亨利·克劳福德：我说实话，这是一位聪明并且讨人喜爱的男子。我尽可能告诉你这本书的妙处，因为我知道你会多么喜欢它。

约翰·沃伦应邀来这儿吃饭，由他们自己在随后的两个星期定个日子。我不期待他们来。将会邀请温德姆·纳奇布尔星期天过来，如果他残忍地答应了，必须有人去接他。我们听说基恩先生比以前更受喜爱。我们两排中的两个空位可能由蒂尔森先生和他的弟弟乔恩斯将军填补。再次见到弗雷德里克会让我开怀大笑。似乎已经决定我星期五可以乘坐马车出门拜访，因此我几乎不怀疑能见到黑尔斯小姐。我会拜访斯宾塞小姐：我真有趣！

接下来的两个星期在德鲁里巷没有好位置，但亨利打算定下两周后星期六的票，等能够算上你的时候。

---

① 用来装饰帽子。
② 指英国作家安·拉德克里夫夫人（1764—1823），简·奥斯汀最喜欢的哥特小说家。《北怒庄园》和她的《尤多尔弗之谜》构成了互文关系。

我不知道此时有没有比强迫你去见莎拉·米歇尔更糟糕的事情。代我问候小卡桑德拉，我希望她昨晚觉得我的床很舒适，没弄得床上满是跳蚤。我在伦敦还没见过谁的下巴和辛塔克斯博士一样长，也没见过谁的体形像格玛格里科斯那么庞大。

你挚爱的

J. 奥斯汀

星期四——我的箱子昨晚没有到达，我想今天上午可以到。如果没有，我必须为这次拜访借丝袜，购买鞋和手套。我没为这种可能性做好准备，真是愚蠢。不过我非常希望以这种方式写这件事情，会让箱子马上到来。

60. 致卡桑德拉·奥斯汀

1814 年 3 月 9 日星期三

亨丽埃塔街

好了，我们昨天又去看戏了，因为我们早上的很多时间也在外出购物，看印度杂耍，我很高兴能在更衣之前安静一下。我们要去蒂尔森家吃饭，明天去斯宾塞先生家。

昨天 J. 费姆特先生来说他已经订到包厢时，我们还没吃完早餐。亨利让他在这儿吃饭，我想他很乐意如此，因此五点时我们四个人一起坐在桌旁，而房子的主人却准备独自出门。《农夫的妻子》① 是有三幕的音乐剧，因为爱德华始终不愿等待更多内容，我们十点前就到了家。

范尼和 J. P. 先生对 S. 小姐很满意，我敢说她的确唱歌非常好。她没给**我**带来快乐绝非她的问题，我希望也不是我的错误，因为在那一方面我天性如此。我只看出 S. 小姐性情愉悦，不善表演。我们有马修斯、利斯顿和埃默里，当然也有一些乐趣。

我们的朋友今天早上八点半前就出发了，很可能面临着一场极度寒冷的旅行。我想他们都很喜欢这次拜访。我相信范尼是这样。亨利看出她和他的新交显然彼此爱慕。

---

① 小查尔斯·迪布丁（1768—1833）的喜剧作品。

我感冒了，母亲和玛莎也一样。让我们像往常一样，比比谁能最先恢复吧。

我今天穿了纱布裙，是长袖的。我不知怎么会这样，但我至今没理由认为长袖能被人接受。我已经降低了胸口的位置，尤其在边缘处，上面镶了编织的黑缎带。这将是我的藤叶与面团装束。

准备好第一天晚上去看戏吧，我认为会在科文特花园，看看杨在《理查德》中的表演[①]。我已经答应立即把你的小伙伴送到凯珀尔街。我自己从来没去过，但我希望很快可以去。

天气真令人痛苦！朴茨茅斯勋爵[②]和汉森小姐的婚姻也同样如此！亨利已经读完了《曼斯菲尔德庄园》，他的赞许没有减少。他发现最后一卷的后半部分**极其有趣**。

我想母亲记起了她没把付给布莱克内尔和特文宁的钱给我，而**我**的钱不够支付。

我们到家的时间非常合适，让我今晚能写完信。这比明天起床后写信更好，尤其因为我在感冒，今晚已经昏昏沉沉，我的确想比平时晚些起床。无论如何，我只有身体足够好才能去赫特福德街。

我们今天只见到库恩将军，他没说多少自己的事情。想起弗雷德里克总会让我发笑，让我们愿意把他想象成真正的克里斯托弗的如此一位截然不同的弗雷德里克！

蒂尔森太太也穿了长袖，她让我放心，许多人晚上会穿。我

---

① 当时的著名悲剧演员查尔斯·梅恩·杨在莎士比亚的《理查德三世》(1591)中扮演主角。
② 奥斯汀父亲曾经的学生，也是朴茨茅斯第三代伯爵，他的婚姻是场悲剧。

很高兴听到这些。我相信她下星期二会在这儿吃饭。

星期五我们只会和巴洛先生舒适地待在一起谈些事情。我真高兴酿了蜂蜜酒。爱你们所有人。我已经给希尔太太写了信，没问候任何人。

你挚爱的

J. 奥斯汀

61. 致安娜·奥斯汀

1814 年 6 月中旬？

乔顿

我亲爱的安娜：

非常感谢你寄来你的手稿。它给我带来了极大的乐趣，事实上所有人都如此。我为祖母和卡桑德拉姑妈大声朗读，她们听得高兴极了。文章始终热情洋溢。托马斯爵士、海伦夫人和圣朱利安都非常精彩；西西里亚依然有趣，尽管她的性情非常和蔼。你应该提升她的年龄，这样更合适。我特别喜欢 D·福雷斯特开始的部分，比他是个很好或很坏的人精彩得多。我只想做几处词语上的修改，主要改动圣朱利安和海伦夫人之间的对话，你看得出我擅自做了更改。因为 H. 夫人比西西里亚地位更高，说**她**被介绍很不合适。西西里亚必须是被介绍的人。而且我不喜欢一位情人以第三人称说话，太像奥维尔勋爵非常正式的那部分。我认为这不自然。但**你**如果想法不同，无需在意我。我迫不及待地想读到更多，只在等待安全的方式将此送还。

你挚爱的
J. A.

62. 致卡桑德拉·奥斯汀

1814 年 6 月 23 日星期四

乔顿

最亲爱的卡桑德拉：

我在孩子们与我们一起喝茶时收到了你漂亮的来信，因为劳齐先生非常热心地走过来送信。你说人人都好，让我们特别开心。

我昨天收到了弗兰克的信。他刚写信时希望星期一到来，但结束前得知海军检阅星期五前不会进行，可能让他有些耽搁，因为在朴茨茅斯如此忙碌之时，他也许无法处理自己的一些必要事务。我希望范尼已经见到国王①，然后我就能衷心祝愿他们全都离开。我明天出发，期待发生一些耽搁和冒险。

母亲的木材送来了，但出了些差错，不是生火的柴束。因此她必须再买一些。

亨利在怀特俱乐部！哦，这样的亨利！我不知该怎么祝愿 B. 小姐，就闭口不言，不说祝福吧。

萨克丽和孩子们昨天出发，还没返回这儿。他们前一天晚上都很好。我们昨天收到了大宅送的漂亮礼物——一份火腿和四条

---

① 拿破仑退位并被流放至厄巴岛后，俄国与普鲁士国王访问了英国。6 月 24 日摄政王对军舰进行检阅。因为途经乔顿附近，沿途旁观的范尼有可能见到国王。

水蛭。萨克丽把她主人的一些衬衫丢在学校，她请求亨利和威廉送来，无论是否完工。欣顿先生即将回家，这对衬衫们是件好事。

我们拜访了杜桑托伊小姐和帕皮伦小姐，非常愉快。杜小姐很想成为范尼·普莱斯[1]——她和她最小的妹妹都是，妹妹的名字叫范尼。

本小姐已经和普罗廷一家喝了茶，我相信今晚会来这儿。她的食指依然肿胀，有些炎症，似乎并未妥善恢复，但她兴致很高，我相信她会非常高兴地接受我的邀请。克莱门特一家要去彼得斯菲尔德看看。

想想格兰比的侯爵之死吧。我希望，如果上天愿意让他们有另一个儿子，他们会有更好的提案人，少一些游行。

我当然不**希望**亨利竟然又在考虑带我去城里。我宁愿直接从波科海姆回来，但如果他真的提出，我无法对如此善意的打算说不。不过，只是几天时间，因为我如果超过现在说的离开十四天，母亲会很失望。至少，我们不可能两人都舒适地分别更久。

七月中旬是玛莎过来的时间，只要她能有时间。她已经让克雷文太太定个日子。我希望她能得到她的钱，因为我担心她能否成行完全取决于这一点。迪安斯·邓达斯一家没去巴斯，而是在克利夫顿租了房子，名为里士满排屋。她对此变化甚至和你我一样高兴，或几乎如此。她现在能从伯克郡出发，毫不担心要冒着炎热拜访他们。

---

[1]《曼斯菲尔德庄园》的女主角。

这班邮车给我带来夏普小姐的信。可怜的人！她的确承受着痛苦，但现在的情形相对舒适。她在约克郡的威〔廉〕·皮〔尔金顿〕爵士家，家中有孩子，看来她不会离开他们。我们当然失去了在这儿见到她的快乐。她在信中对威廉爵士赞赏有加。我真的因此希望他会娶她。有些可能：P.夫人会在那儿促成此事。是同一位**先生**，但她没有提及他的身份职业。她认为 P.夫人并不知晓他对她的计划，而是受制于他，只得如此。哦，威廉爵士！威廉爵士！你要是能爱上夏普小姐，我该多爱你啊！

　　德赖弗太太等人乘坐科利尔的马车离开，但差点迟到，所以没时间亲自来访，把钥匙留下。不过，我拿到钥匙了。我想其中一把是布料柜的，但我猜不出另一把用在哪儿。

　　马车在铁匠铺门前停下，人们同特里格勃朗宁们一起跑下来，拿着箱子鸟笼。很有趣。

　　母亲说爱你，希望收到你的信。

你非常挚爱的

J.奥斯汀

　　弗兰克和玛丽要请玛丽·古德柴尔德过来**帮忙**，直到他们找了厨师。**她**很乐意去。

　　从斯特里特姆给你最深的爱。

63. 致安娜·奥斯汀

1814 年 8 月 10 日星期三—8 月 18 日星期四
乔顿

我亲爱的安娜：

我很惭愧地发现我在上封信中没有回答你的一些问题。我特意留到合适的时候提起，然后忘了。我很喜欢"谁是女主角"的书名，相信自己会渐渐非常喜欢它；不过"激情"的名称极其出色，一定让我的常规标题显得相形见绌。我没看出有关道利什的任何错误；图书馆十二年前可怜又破败，不像藏有任何人的出版书籍。没有德斯伯勒这样的称呼，无论在公爵、侯爵、伯爵、子爵或男爵中都没有。这些是你的问题。现在我要为今天早上收到的信感谢你。我希望 W. D. 先生会来。我能轻松想象 H. 迪〔格韦德〕太太也许会很像一个挥霍放荡的年轻勋爵。我敢说像得"无可比拟"。你的卡斯①姑妈还是那么喜欢圣朱利安。我为能再次见到普罗吉利安感到高兴。

星期三，17 日——昨天愉快地收到三本书，我刚刚读完第一本。我大声朗读，大家都被逗乐了，和以前一样喜欢这部作品。

---

① 原文为"Cass"，是卡桑德拉（Cassandra）的昵称。

我打算在晚餐前读完另一卷，但你四十八页的书中的确有许多值得品读之处。我毫不怀疑六卷本会很合适。你一定很高兴已经做了这么多。我非常喜欢波特曼勋爵和他的弟弟。我只担心波勋爵的好脾气会使大多数人对他的喜爱超乎他的应得。整个家庭都写得非常好；安妮夫人是你最大的担心，但你写得特别成功。贝尔·格里芬正是她应有的样子。我的修改和以前一样无足轻重；有些地方我们觉得可以用较少的语言表达意思，同时我删除了托马斯爵士在摔断胳膊的第二天和别人一同走出马厩的情节。虽然我知道你爸爸的确在**他的**胳膊固定后立即和别人走了出去，我还是认为这太不常见，在书中会**显得**不自然。林恩的部分不行。林恩距离道利什将近四十英里，在那儿不会有人谈论他。我改成了斯塔克罗斯。如果你喜欢**埃克塞特**，那完全可以。

我还删除了波特曼勋爵和他弟弟与格里芬先生之间的介绍。一个乡村医生（别告诉 C. 莱福德先生）不会被介绍给与他爵位相同的人。当波先生第一次被领入时，他不会被称为"**阁下**"。在那种时候不会对他用**那样**的尊称；至少，我认为如此。现在我们已经结束了第三卷书，或者说第五卷。我**的确**认为你最好省略海伦娜夫人的附言。熟悉 P&P 的读者会感觉像是模仿。我和你的卡桑德拉姑妈都建议你在德弗卢·F. 和克兰默里夫人以及她女儿的最后一幕稍作修改。我们认为她们对他过于强求，不是理智或有教养的女人所为。C. **夫人**，至少她应该足够审慎，对他决意不和她们离开能更快接受。我至今对埃格顿非常满意。我没打算喜欢他，但我的确喜欢，而苏珊是个充满活力的可爱小东西；不过圣朱利安是我们的最爱。他非常有趣。他和海伦娜夫人分手的整个过程都写得极好。

是的，拉塞尔广场和伯克利广场距离合适。我们正在读最后一卷。他们从道利什到巴斯得花**两天**时间。他们几乎隔了一百英里。

星期四——我们昨晚在大宅喝茶回家后，终于读完了。最后一章我们没那么喜欢；我们并非完全喜欢那场**戏剧**，也许因为最近已经有太多那样的戏。我们认为你最好别离开英格兰。让波特曼一家去爱尔兰；但你对那儿的礼仪一无所知，所以你最好别和他们一起去。你会冒着内容不实的风险。就写巴斯和福雷斯特一家。那样你会得心应手。

你的卡桑德拉姑妈不喜欢零乱的小说，很担心你会写成那样，人物频繁切换，显然非常重要的情形却不了了之。如果真是那样，**我**倒不太反对。我比她包容得多，认为自然和心灵能遮掩许多零乱作品的缺陷，而且人们总的来说对此没那么在意，别太担心。

我希望多一些关于德弗卢的内容。我感觉对他还不够熟悉。我敢说你害怕与他周旋。我喜欢你对克兰默里勋爵的速写，对两个女孩的喜悦之情也描绘得非常好。我还没有评价圣朱利安和西西里亚的严肃交谈，但我特别喜欢。他说的关于原本理智的女人却疯狂地想让女儿们进入社交圈的话题，贵如黄金。

我没有发觉语言变差。请继续下去。

你非常挚爱的 J. 奥斯汀

你两次把德文郡写成多塞特郡。我已经修改。格里芬先生一定住在德文郡，道利什在去那儿的半路上。

这些爱尔兰织布是给你的。你上次来时它们就在我们的手工袋里，我想它们不妨去正确的主人那儿。

64. 致玛莎·劳埃德

1814 年 9 月 2 日星期五

汉斯广场 23 号

我亲爱的玛莎：

我想到会有个漫长安静的上午，于是决定给你写信。我之前常常想起，但无法做到。我希望你太忙碌、太幸福、太**富有**，不会太在乎来信。

我很高兴地听说你的钱已经支付，这种情形一定会提升你和你朋友之间的所有快乐。总的来说，我想你的时间一定过得极其舒服。天气的炎热几乎不可能令你感到不适。我们这儿的许多夜晚非常寒冷，我相信在乡下一定会生火。

你在巴斯一定能察觉很多变化！你身边必然有许多人，发生许多事！我希望你能去看看克利夫顿。

亨利明天带我回家。我期待至少在晚上之前到达乔顿，尽管可能要到星期天上午，因为我们会绕道苏宁山，延长旅程。他最喜爱的克拉奇利太太住在那儿，他想把我介绍给她。我们向伯奇一家提出顺路拜访，但他们无法接待我们，真令人失望。

他星期三会再回来，也许带上詹姆士。詹姆士来了之后会这样安排——他想再见见斯卡曼，因为上星期他牙龈的状态不适合让斯卡曼为他治疗。

我不清楚这些事你已经知道多少。我也许会在这儿愉快地住上十二天，但对他们没什么可说。两三场**非常**小型的家庭晚宴，乘坐马车的几次愉快旅行，和蒂尔森一家安静地喝茶，就是我做的所有事情。我想我从未见到老熟人，除了汉普森先生。亨利偶然遇见了布鲁克爵士和布里奇斯夫人，他们本来打算昨天和我们吃饭，但他们还在城里。

如今女性服装的款式真让我觉得好笑——彩色衬裙，白色短上衣加了内衬，完全张开的巨大帽子，很有意思。对我而言好像是比近来见过的更明显的**变化**。似乎到处是长袖，即便是**礼服**；腰部缩紧；据我所见，遮住了胸部。

我昨晚参加了拉图什太太家的小型晚会，人们穿着讲究。这些是我从中的观察——衬裙很短，虽不完全，但总体饰以荷叶边。长裙或礼服的宽带穿过腰前的白色部位，我感觉效果很美。

我已经见到韦斯特的著名画作①，认为它无与伦比。我不知它**是否**被视为超越了他的《神殿中的愈疗》，但**我**更加喜欢这张，事实上，这是至今第一张令我完全满意的救世主的画像。"长老们的拒绝"是画像的标题。我希望你和卡桑德拉能够见到。

我对亨利的新家极其满意，让人觉得称心如意。我只希望他能一直像现在这样喜欢它，而不是去外面寻找任何更好的地方。他的身体很健康，他说他有一年时间身体不太好。

他的观点，以及他那些朋友们对政治的看法不太乐观——我

---

① 本杰明·韦斯特（1738—1820）的大型油画《被弃绝的基督》。

是说关于一场美国的战争①。他们认为那是必然，认为那将毁灭我们。这些［美国人？］不可征服，我们只在向他们传授他们如今或许缺乏的战争技巧。我们会把他们变成好水手和好士兵，自己依然一无所［获？］。

如果我们**将**被毁灭，那也无可奈何。但我相信上天的佑护，让我们能有更好的期待，作为一个宗教国家，一个虽有邪恶却信仰愈增的国家；我无法相信美国也能拥有这样的信仰。

无论如何，巴洛先生今天会和我们一起吃饭，我也有点希望在离开前到埃格顿存进我账户的一些钱②。因此我们要及时行乐。

舅母似乎不喜欢迪［恩斯］·邓［达斯］上校和太太在巴斯租了房子，我担心她不喜欢，但我［希望他们］这样做。等我回家后，我会听到［大约缺失五个单词］……［将会很高兴］发现自己在［几乎下面一整行缺失］……本小姐［几乎下面一整行缺失］……听迪格韦德太太愉快的交流。伦敦的语言很平淡，需要她的表达。天啊！我不知道你是否见过欧文小姐！在一年中的这个时候，她更可能离开了巴斯，而不是在这儿。

一天下午我们乘车前往斯特里特姆，路上高兴地见到了希尔太太，她和往常一样快乐安心。但爸爸和小孩们有些不相称的忧郁。她告诉我安德里一家已经带上我们路过的那位甜美的圣博［尼费斯］［缺失三四个单词］和文特诺。［大约缺失两行，包括结尾］

---

① 英国自 1812 年 6 月开始和美国卷入在加拿大东部领域的主权之争，1814 年 12 月双方签署了《根特协议》。
② 埃格顿出版社支付的《曼斯菲尔德庄园》稿费。巴洛先生是亨利的银行职员。

请代我向你的朋友们问好。我没忘记他们特别有权要求我这位作者的感谢。我们刚刚听说查尔斯·奥斯汀太太平安产下一个小女孩，就在我们期待了两个星期后发生。

65. 致安娜·奥斯汀

1814 年 9 月 9 日星期五—9 月 18 日星期天

乔顿

我亲爱的安娜：

你的三本书真把我们逗乐了，但我有许多批评意见，你不会太喜欢。我们不满意你让福雷斯特太太作为佃户安顿下来，和托马斯爵士那样的人成为近邻，却没给她去那儿的其他诱因。她应该有个住在附近的朋友诱惑她。带着两个女孩的女人，就这样搬到一个地方，除了一个品性不端的男人之外谁也不认识，这是 F. 太太这样谨慎的女人不愿陷入的尴尬。记住，她很慎重。我们一定不能让她前后矛盾。给她一个朋友，让那位朋友在托马斯·H. 爵士的邀请下去见她，我们就不会反对她在大宅吃饭；否则，她这种境遇的女人几乎不可能在别人拜访前去那儿。我喜欢这个场景，很喜欢莱斯利小姐、安妮夫人以及音乐。莱斯利是个高贵的姓氏。你对托马斯·H. 爵士的处理始终很好。我只能贸然删除他不可能说出的一句话——"老天爷保佑！"这过于粗俗，很不文雅。你的祖母更担心福雷斯特太太没有尽早回访埃格顿一家。他们应该在星期天之前去牧师住宅拜访。你会描述可爱的地方，但你的描绘常常过于细致，反而不受喜欢。你对左右两边的细节描述过多。福雷斯特太太对苏珊的身体不够注意。苏珊不该在大雨后很快走出屋子，在泥泞中长时间散步。一个焦虑的母亲绝不会允许这样。我很喜欢你的苏珊，她性情甜美。她淘气的幻想很令人喜爱。以她**现在**的样子，我已经对她极其喜欢，但我不太喜欢她对乔治·R. 的行为。起初她似乎满心爱恋，接着却毫无感觉；她在舞会上非常困惑，此时又对摩根先生特别满意。她似乎改变了性格。

现在你将你的人物愉快地聚集在一起，让他们恰好进入一种我所喜爱的场景。一个乡村中的三四户人家是最好的写作对象，我希望你能再写许多这样的故事，趁他们安排得如此合理时好好加以利用。

你**此时**刚刚进入你故事的核心与美妙之处。在女主角长大前不可能非常有趣，但我希望从接下来的三四本书中得到许多乐趣，我希望你不会因为讨厌这些评语而不愿再寄给我。我们很喜欢埃格顿一家。我们不会见到蓝色马裤或是公鸡母鸡。L. L. 先生当然没有**令人着迷**之处，但我们对他绝不讨厌，他对苏珊的好感也让人高兴。那位妹妹是个鲜明对比，但我只能勉强接受雷切尔这个名字。她们和帕皮伦一家的相似度比我期待的小一些。你的上一章很有趣——关于天才之类的那段对话；圣朱利安先生和苏珊的话语都很有个性，非常不错。在之前的一些部分，西西里亚也许有点过于严肃和完美，但总体而言她的性情和苏珊形成了很好的对比，她想象力的缺乏也非常自然。我希望你能让福雷斯特太太多说些话，但她一定很难处理或是变得有趣，因为她过于理智端庄，无法把任何一点写得很**随性**。绝不能过分突出她的节俭和野心。费希尔先生留下的材料特别好。人们当然能猜出一些内容。我希望在你写了很多之后，能删除一些前面的内容。我要批评和梅利什太太的那一幕，内容单调，毫无意义；事实上你越能删减道利什和牛顿·普赖厄斯先生之间的内容，我就越觉得好——在女孩们长大之前，谁都不在乎她们。你的卡桑德拉姑妈很能理解那个名字的特别之处——牛顿·普赖厄斯的确无与伦比。弥尔顿①宁愿失去双眼来想出这个名字。这间小屋不是从托拉德·罗亚尔那儿得来的吗？

18日星期天——亲爱的安娜，我很高兴我在这件悲伤的事情②发生前写了信。我只想说你的祖母此时似乎还没有因为震惊而身体变差。

我很乐意收到你更多的作品，如果你已经写好的话。你写得太快了，我非常希望迪［格韦德］先生能满载着这样的货物回来，让他所有的啤酒花和羊群都黯然失色。

你的祖母想让我说她明天就能做完你的鞋子，感觉很漂亮。她希望能按照你的承诺，在你离开村子前见到你，希望你可以给她不止一天的时间。

你挚爱的

J. 奥斯汀

---

① 指英国诗人约翰·弥尔顿（1608—1674）。
② 查尔斯的妻子范尼·帕默8月31日产下女儿后，于9月6日死去。女婴9月20日死去。

66. 致安娜·奥斯汀

我亲爱的安娜：

我希望你不想立即拿回你的书稿。我保留下来，以便祖母能够听到，因为它目前还不可能被公众阅读。不过，晚上和你的卡桑德拉姑妈在我们的房间里更衣时我读给她听了，这带给了我们许多快乐。我们极其喜欢第一章，只是稍稍怀疑海伦娜夫人几乎**太过愚蠢**。关于婚姻的对话当然特别好。我和从前一样喜欢苏珊，现在开始毫不在意西西里亚了；她可以尽情待在伊斯顿庄园。我担心亨利·梅利什的风格过于寻常——一位英俊、和蔼、无与伦比的年轻人（以至在生活中难得一见），爱得发狂却总是一无所获。但我不该对他评价过早。简·埃格顿是个非常自然、容易理解的女孩，她和苏珊相识的整个过程以及苏珊写给西西里亚的信都令人愉悦，符合人物性格。不过埃格顿**小姐**没有完全令我们满意。我们认为她在建议哥哥不要坠入爱河时，过于庄重严肃，几乎不像个理智的女人——是在向他灌输想法。我们更希望她给些暗示。我们非常感谢你引入了一位肯里克夫人；这会消除本书最大的不足，你作为一个作家，能够接受我们的许多意见，我为你由此表现出的宽容大度夸奖你。我期待费希尔太太和托马斯爵士能带来许多快乐。你告诉本·勒弗罗伊你的作品非常正确，我很高兴听说他那么喜欢。**他**的鼓励和赞成肯定"超乎一切"。他**起初**没想到对任何人的喜爱程度能够超出西西里亚，我对此毫不惊讶，但他如果不能最终成为一个苏珊迷，我会感到惊讶。德弗卢·福雷斯特毁于他的自负非常好，但我希望你别让他陷入"放荡的漩涡"。我不反对这件事，但我无法忍受这些表达；是彻彻底底的小说俚语，陈旧得我敢说亚当在他打开的第一本小说中就见到过。说实话，我的确很想知道本的看法。我希望他能继续喜欢，我想他必须如此，但我不能让他以为会有许多插曲。我们没什么权利对他不看重普洛吉莉安的名字感到诧异。**那种**快乐之源即使他也难以领会。

沃尔特·斯科特没必要写小说，尤其是好小说。这不公平。他作为诗人已经享有足够的名声和收益，不该从别人的口中夺取面包。

我不喜欢他，只要能忍住就不打算喜欢《韦弗利》①，可我担心必须得喜欢。

不过，我已经下定决心不喜欢韦斯特太太的《阿利西亚·德·莱西》②，假如我会遇见这本书，但我希望别遇见它。我想我**能**足够坚定，不去喜欢韦斯特太太写的任何作品。我的确已经打定主意，除了埃奇沃思小姐③，以及你和我本人的作品之外，不去喜欢任何小说。

你能对埃格顿做点什么来提高他的吸引力呢？我希望你能做

① 沃尔特·斯科特 1814 年 7 月匿名发表的第一部小说。
② 英国小说家简·韦斯特（1758—1852）1814 年发表的小说。
③ 爱尔兰小说家玛丽亚·埃奇沃思（1767—1849）。

些设计，用一些家庭事件更好地展示他的优点。凭借他作为副牧师的口才缓解他兄弟姐妹们的焦虑！让他因为某件事而神秘失踪，然后听说他穿着旧大衣出现在约克或爱丁堡。我不能严肃地推荐任何不可能的情况，但如果你能为他安排某些有趣的事件，会带来很好的效果。他也许会把所有的钱都借给莫里斯上校，但他如果那样做就成了大傻瓜。不能让莫里斯一家人吵架，由他调停吗？原谅我自作主张地提出这些建议。

你弗兰克婶婶的保姆已经向她提出警告①，但她是否值得你拥有，或想不想取代你的位置，我不知道。她去大宅前曾是韦伯太太的女仆。她要离开你婶婶，因为她不能和其他仆人好好相处。她爱上了那个男人，对他倾心不已。他也爱她，但她幻想着别的人每个都想得到他并嫉妒她。她曾经的工作一定让她非常适合在你这儿干活，而且她很活泼整洁。韦伯一家真的走了！当我看见门前的马车，想到他们的搬家必然会带来的所有麻烦，我开始责备自己没有更喜欢他们；但从马车消失的一刻起我的内疚感再次消失，我为他们的离开感到极其高兴。

我非常喜欢《夏洛克的布道》②，几乎超过对任何布道的喜爱。

你挚爱的姑妈

J. 奥斯汀

如果你想让我和女仆谈话，请告诉我。

---

① 她打算找个新雇主。
② 作者为托马斯·夏洛克（1679—1761）。

67. 致范尼·奈特

1814 年 11 月 18 日星期五—11 月 20 日星期天

乔顿

我最亲爱的范尼：

关于我的信**何时**能写完的问题，我和你一样感到困惑，因为如今我难得有安静的时候。但我必须开始，因为我知道你很想尽快收到来信，我自己也的确迫不及待地想对如此有趣的话题写点什么，虽然我毫不期望写出的内容有任何道理。我敢说，我能做的，只不过是把你说过的话重述一遍。

我**最初**当然非常惊讶，因为我毫不怀疑你的感情有了任何变化，也会毫不迟疑地说你不可能恋爱。我亲爱的范尼，这个念头让我发笑，但如此误解你本人的感情绝非好笑之事。我真心希望在你第一次告诉我时提醒过你；我当时虽然不觉得你像自以为的那样爱得**那么**深，但我的确认为你的爱恋程度足以使你感到幸福，因为我毫不怀疑这份感情有加深的机会。从我们在伦敦时起，我认为你的确爱得很深。但你现在真的毫无爱意——这无可掩饰。

我们是多么奇怪的人啊！似乎你对他感情的确信（如你自己所说）让你变得冷漠。我猜还有对相互竞争的一些厌恶，我对此并不怀疑。他的表白对一个敏锐度、洞察力和品位远胜于爱意的人起不了作用，这就是你的情况。然而，无论如何，我**的确**为你感情上如此巨大的变化而惊讶。他正是从前的样子，只是对**你**的爱慕更加明显专一。这就是全部的差别。我们该如何解释？

我最亲爱的范尼，我写的话对你不会有丝毫帮助。我时刻都有不同的感受，无法提出对你有用的任何想法。我会为一句话悲伤，又为下一句话大笑，但至于想法和建议，我相信这封信中找不出一句有用的话。

收到你来信的当天晚上，我独自离开并看完了信。一旦开始我就无法放下。我特别好奇，非常担心。幸运的是，你的卡桑德拉姑妈在另一间屋子吃饭；因此我不必设法离开**她**，至于别人，我并不在意。

可怜又亲爱的约［翰］·普［伦普特里］！哦，亲爱的范尼！你的错误数以千计的女人都曾犯过。他是你爱过的**第一个**年轻人。那就是魅力所在，最强大的魅力。不过在无数和你本人犯过同样错误的人当中，感觉几乎没理由遗憾的人确实少之又少。**他的性格和他的爱恋让你不会感到丝毫的羞愧。**

总而言之，该做什么呢？你当然**已经**给了他许多鼓励，让他几乎满怀信心。你对别人完全无意。他的境遇、家庭、朋友，更重要的是他的品格，他性情和蔼、恪守原则、想法公正、习惯良好，**所有那些你都清楚有怎样的价值，所有那些的确至关重要**——这一切都对他的心愿大有帮助。你毫不怀疑他才华出众，他在大学时已经证明了这一点；我敢说，他学识渊博，让你随性散漫的弟弟们无法企及。

哦，我亲爱的范尼！我越是写他感情就越热烈，也愈发强烈地感觉到这样一个年轻人无与伦比的价值，并更加希望你能重新爱上他。我真心诚意地希望如此。在这个世界上**有**这样的人，也许千里挑一，能让你我视作完美，他的魅力和勇气令人珍惜，行为尽显感情与理智。但这样的人也许不会出现在你面前，或者，如果他真能出现，或许并不是有钱人的长子，你好朋友的近亲，和你生活在同一个郡。

想想这一切吧，范尼。这第一位先生具备我们不常在同一个人身上见到的种种优点。他唯一的缺点，的确似乎是他的谦逊。如果他不那么谦逊，他会更讨人喜欢，说话声更响亮，看起来更放肆。难道不是良好的品性，使谦逊成了唯一缺点吗？我毫不怀疑他越是和你在一起，就会变得越有活力，和你更相似；如果他属于你，就能得到你的方式。至于对他**善良**的反对，因为他甚至有成为福音派的危险，我对**那一点**并不认同。我绝不相信完全不能成为福音派，我至少赞成如此理智感性之人一定最幸福，也最可靠。不要因为你的弟弟们更加机智感到害怕——智慧高于机智，长久而言必能胜出。别因为想着他的行为比别人更恪守新约而感到惊恐。

现在，我亲爱的范尼，在对事情的一方面说了这么多后，我要改变方向，请求你别陷得更深，不要想着接受他，除非你的确真正喜欢他。比起没有爱情的婚姻，一切皆可选择或忍受。如果他举止上的缺陷等一切方面，对你而言超过了他所有的好品质，如果你依然对此非常在意，那就立即放弃他。如今的情形让你必须下定决心做出选择——不是允许他这样继续下去，就是无论你们何时在一起，你都以冷淡的态度让他相信他在自我欺骗。我毫不怀疑他有一段时间会特别痛苦——当他感到必须放弃你时会非常痛苦；不过你一定知道，在我看来，这种失望绝不会杀死任何人。

你寄来乐谱是个绝妙的办法，这使一切变得简单，否则我不知该怎样解释这个包裹；因为虽然你亲爱的爸爸尽心尽意地在我独自待在餐厅时找到我，你的卡桑德拉姑妈一定看见他**有**个包裹要给我。不过，尽管如此，我想没引起丝毫猜测。

我们没从安娜那儿得到新的消息。我相信她在新家过得很舒适。她的信件很理智，也很满足，绝没有**夸耀**幸福，我为此而更喜欢他们。我知道许多结了婚的年轻女人，她们写信的方式常常在那方面让我不大喜欢。

你会高兴地听说 M. P.① 的第一版全部售出。你的亨利叔叔很希望我去城里安排第二版的事宜，但因为我现在不太方便离家，我已经给他写信，说明我很乐意，也很愉快。除非他依然催促，否则我就不去。我很贪心，想对此充分利用；不过因为你完全不在乎钱，我就不以任何细节令你心烦。你更能理解虚荣心带来的喜悦，你也可以想象我的快乐时常来自以某种途径获得的**赞扬**。

星期六——帕默先生昨天和我们在一起，今天早上和卡西一同离开了。过去两天我们一直盼望着劳埃德小姐，觉得她今天一定会来。奈特先生和爱德华·奈特先生要来和我们吃饭，星期一

---

① "Mansfield Park"（《曼斯菲尔德庄园》）的缩写形式。

会在他们令人尊敬的男女主人的陪同下，再次过来与我们一同用餐①。

星期天——你爸爸已经告诉我要捎给你的口信，但毫无必要，因为他从这班邮车给路易莎·［布里奇斯］姑妈写了信。我们昨天的一群人很愉快，至少**我们**觉得如此。看着他这么开心自信，真令人欣喜。我和卡斯姑妈今天去大宅吃饭。我们只有六个人舒舒服服地在一起。如我们所愿劳埃德小姐昨天来了，她向你问好。听说你在学竖琴，她很高兴。我不打算把我欠黑尔小姐的钱寄给你，因为我想你宁愿不事先收到付款。

你非常挚爱的

J·奥斯汀

你尝试以参观他的房间激发你本人的感情让我乐不可支，肮脏的剃须布简直妙不可言！这样的情景应该写进书里，精彩得不可失去。

特别代我问候范尼·凯［奇］。我想你和她在一起时，会希望收到我的来信。

---

① 简·奥斯汀以正式的口吻提起她的爱德华哥哥与哥哥之子。弗兰克一家租下乔顿大宅，成为哥哥的房客。

68. 致安娜·勒弗罗伊

我亲爱的安娜：

我向你保证，我绝不认为读你的书是个麻烦。我收到后立即阅读，非常愉快。我认为你写得很棒。对格里芬博士和海伦娜夫人不幸的描述非常好，恰如其分。我很好奇**他们**的结局将会怎样。牛顿·普赖厄斯的名字真是无价之宝，我从未见过比这更好的名字。很令人愉快，让人能凭借牛顿·普赖厄斯的名字活上十二个月。说实话，我**的确**认为你进展迅速。我喜欢狗的一幕，以及乔治和苏珊的整段恋情，但更令我印象深刻的是那些**严肃**的对话，从头至尾特别精彩。圣朱利安的经历很让我吃惊。我猜你自己也是想到不久；但我绝不反对你这样安排，叙述得很清楚。他爱上姑妈让西西里亚对他增添了一分兴趣。我喜欢这个想法——是对一位姑妈很恰当的恭维！事实上，我的确觉得除非为了向某位姑妈致敬，很少选择侄女的角色。我敢说本曾经爱过我，要不是猜测我会死于猩红热，他永远想不到**你**。是的，书本的数量我弄错了。我原以为在乔顿的三本之前我已经读了三本，但少于六本可不行。我想再见见亲爱的贝尔·格里芬，你是否最好〔在小说开头〕对圣朱利安的早期〔生活〕给些暗示？

69. 致范尼·奈特

1814 年 11 月 30 日星期三

汉斯广场 23 号

我亲爱的范尼：

非常感谢你的来信，希望你能很快再次写信，让我知道你们都在家中平安快乐。

我相信你会对我们的亨登之行感兴趣，但我无需进入细节，因为你爸爸能够回答**几乎**每一个问题。我当然能比他更好地描述她的卧室、抽屉和橱柜，但我无法停下来做这件事。我很遗憾她**真的**会有一架钢琴，这似乎是白白丢钱。六个月后，他们会希望这二十四畿尼变成床单毛巾的模样；至于她的演奏，永远都将不值一提。

她的紫色外套真让我吃惊。我以为我们已经知道那种外套所有的样子。我无意责备她；衣服看上去很不错，我敢说她希望如此。我最坏的猜测不过于衣服是悄悄得来，不属于任何人。我昨天收到她非常好意的便笺，要我再来一趟，和他们住一晚。我不会这么做，但我很高兴她有**能力**做出如此正确的事情。我的离开很得体地给了他们**双重**快乐。

我刚刚在看戏时见到了海特先生，觉得假如能够相识，他的脸我倒是会喜欢。我很遗憾他没在这儿吃饭。对我来说，要是在剧院无人可**看**似乎非常奇怪。我本人很平静，从容面对激动的伊莎贝拉①引起的一切情绪。

现在，我亲爱的范尼，我要开始一个自然而然到来的话题。你的话把我吓得不知所措。你的感情带给了我最大的喜悦，但你绝不要基于我的想法来考虑任何事。你自己的感觉，只有你自己的感觉，才应该决定这样一件重要的事情。不过，迄今为止，关于回答你的问题，我无所顾忌。我完全相信你现在的感情，假如你**现在**就要结婚足以为他带来幸福。但当我想到这件事与"现在"有多么、多么遥远，将一切**可能的**方面加以考虑，我不敢说"决定接受他"；这对**你**而言过于冒险，除非你自己的感情促使你这样做。

你也许会认为我不通情理，在上封信中我还在为他说着一切好话，现在我却有了相反的想法，但我只能如此。我现在想的更多的是你本人和他订婚后可能给**你**带来的麻烦——在口头上或脑海中——胜过其他的一切。当我想到你全今见到的年轻人实在太少，想到你能够（是的，我的确认为你**完全**能够）真心相爱，想到你人生的未来六七年也许会充满诱惑（那正是产生最强烈爱恋的人生阶段）——以你此时非常冷静的感情，我无法希望你将自己献给他。你当然有可能无法像爱他一样爱慕另一个男人，但如果那另一个人有能力让你**更加**爱恋他，他在你眼中将会完美无缺。

如果你能恢复昔日的感情，我会很高兴，若是你能不偏不倚地决定这样继续下去，但我并不期待；假如这没有发生，我不可能希望你受到束缚。我不担心你和他**结婚**；以他的所有价值，你

---

① 英国演员、剧作家大卫·加里克（1717—1779）的悲剧《伊莎贝拉，或致命婚姻》中的女主角。

很快会对他爱得足以让你们两人都感到幸福；但如果这种心照不宣的婚姻继续下去，因为已经有了如此的不确定性，我会害怕它**何时**将会结束。他的独立也许需要数年时间，你对他的爱足以使你进入婚姻，但不足以让你等待。看似用情不专当然非常令人不快①，但你如果考虑到会为过去的幻想受到惩罚，而这必然会发生，什么都不及**没有**爱的婚约那么令人痛苦——束缚于一个人，却更爱另一个；**那**是你**不该**得到的惩罚。

我知道你们没有见面，今天也不会见，因为他昨天过来了；我为此感到高兴。至少，他似乎无法及时赶上六十英里外的拜访晚餐。我们没有见到他，只在四点回家后看到他的名片。你的亨利叔叔只说他比"好日子"晚了一天。我们星期一问你哥哥（在谈起海特先生时）为何不也邀请**他**，你哥哥说："我知道他在城里，因为那天我们在邦德街遇见了他。"爱德华回答他不知能在哪儿找到他。"你不知道他的住址？""不知道。"

我将非常高兴再次收到你的信，我最亲爱的范尼，但绝不要晚于星期六，因为我们星期一离开，可能远远早于信件的派送时间；写点适合阅读或谈论的**某些事情**。我星期六会带回穆尔斯小姐，等我回家时，我希望能在桌上发现你漂亮灵动的娟秀笔迹。扮演了妈妈的角色对我而言是个安慰，因为虽然我对 H. M. 小姐的喜爱不亚于对任何一位相识一天的熟人的喜爱，对我而言，和那些相知甚少的人说话确实困难。明天只有**一位**和我回家，也许是伊丽莎小姐，我真感到害怕。我们的想法总是背道而驰。她年

① 简·奥斯汀可能暗指自己 1802 年 12 月的一天接受哈里斯·比格-威瑟的求婚，第二天上午反悔的事。

轻、漂亮、喋喋不休，（我认为）主要想着衣服、陪伴和仰慕。桑福德先生会和我们一起吃饭，这很令人欣慰。到了晚上，当你的叔叔和伊丽莎小姐下棋时，他会给我讲笑话，我会为此大笑，这对我们二人都将是快乐。

我去凯珀尔街拜访，见到了所有人，包括亲爱的查尔斯叔叔，他今天要来和我们安静地用餐。小哈利奥特坐在我的腿上，似乎和以前一样温柔可爱，只是身体没那么好。范尼是个可爱结实的女孩，话说个不停，稍稍有些口齿不清——将来很可能长成最漂亮的一位。卡西见到我没有显得比见到她自己的姐妹更高兴，但我没有期待更多。她情感温柔，并不出色。她永远成不了一位奥尼尔小姐，更像西登斯太太的类型。

谢谢你，但我还没有决定是否**真的**冒险出第二版①。我们今天要去见埃格顿，也许那时能做出决定。人们更愿借阅或夸赞，而不是购买，我对此毫无疑问；不过，我虽然和任何人一样爱听夸赞，我也喜欢爱德华所说的"**奖金**"。我希望他继续注意他的眼睛，得到好的效果。我无法认为我们对基督教观点不同。你已经对此极好地描述了一番。我们只是给了**福音派教会**一词不同的意思。

你最挚爱的

J. 奥斯汀

吉布森小姐很高兴和我们一起去。

---

① 《曼斯菲尔德庄园》第二版。

70. 致安娜·勒弗罗伊

1815 年 2 月末？—3 月初

［2/1/2 页缺失］……"罗姗娜"来到我们这儿，我发觉她和你的描述很相似；和气聪明，但很无趣。霍金斯太太最擅长严肃的话题。在宗教问题上，有一些很愉快的谈话和思考，但我觉得她对轻松的话题有许多荒唐的言语；至于爱情，她的女主角的感觉很可笑。故事里有一千个不可能。你记得两位奥尔梅斯登小姐吗？我在上封信里提到过，平淡乏味，矫揉造作。米勒·科萨特很让我喜欢。吉布森小姐上星期五回到了大宅，身体不错，但不算特别好。克莱门特上尉好心地想带她乘马车出去，她应该很喜欢，但至今没找到合适的日子，或是她的身体还不够好。她问候你……［下一行几乎全部缺失］……好意的问候。

……［这样的东风让我不可能有兴致］对我的皮肤和良心都很不利。我们在城里时完全见不到斯特里特姆。希尔太太三月初会产下一个女儿。布莱克斯通太太将陪伴她。希思科特太太和比格太太正要离开她：后者给我写了信，说布拉什福德小姐真的结婚了，但我从未在报纸上见到消息。如果婚礼没在报纸上宣布，人们有可能还是单身。［其余部分缺失］

71. 致卡罗琳·奥斯汀

1815 年 10 月 30 日星期一夜晚

汉斯广场

我亲爱的卡罗琳：

我尚未感觉能够阅读你的手稿，但我认为很快就可以，希望我耽搁这么久没给你带来不便。你竟然在乔顿，这让我们非常开心。我相信卡西一定为有你在身边而感到很高兴。你当然会练习音乐，我相信你会爱护我的钢琴，绝不会胡乱使用它。除了轻的物件，别把任何东西放在上面。我希望你能试着弹出《隐士》① 以外的其他乐曲。告诉你的祖母我已经给库克太太写信祝贺她，而且我今天收到了斯卡利兹的信。她们因为我感觉上星期三必须寄出的那封信而震惊，但和我星期五的信件比较后就安心了。你父亲也从同一班邮车寄了信，因此我希望他们现在已经很放心。我很遗憾你乘马车淋了雨，如今你已成为姑妈②，已经是个重要人物，无论做什么都必然会引起很大的兴趣。我总是尽量维持姑妈的地位，我相信你现在也是如此——相信我，我亲爱的姐妹姑妈。

你挚爱的

J. 奥斯汀

---

① 希尔达尼先生（1733—1806）1778 年首次出版的乐曲，已不再流行。
② 安娜·奥斯汀·勒弗罗伊的第一个孩子安娜·杰迈玛 10 月 20 日出生。

72. 致詹姆士·斯塔尼尔·克拉克

1815 年 11 月 15 日星期三
抄送克拉克先生

先生：

我必须冒昧地向您提问。星期一我在卡尔顿庄园得到您的大量赞美之辞，其中之一是我可随意将未来的任何作品献给摄政王殿下，无需由我提出任何请求。这些，至少在我看来，是您的原话，但因为我急于明确这有何用意，我请求您好心告知我该怎样理解这一许可，我是否应该将印刷中的作品献给摄政王殿下，以示敬意？倘若显得自以为是或不知感恩，都同样会让我感到忧虑。

此致——

73. 詹姆士·斯塔尼尔·克拉克回复简·奥斯汀

1815 年 11 月 16 日

卡尔顿庄园

亲爱的女士：

您当然并非必须将正在印刷中的作品献给摄政王殿下，但如果您愿意于现在或未来的任何时候以此种方式向摄政王致意，我很乐意给予许可，无需您再费周折或提出请求。

女士，您的最新作品，尤其是《曼斯菲尔德庄园》，展现了您最杰出的天赋和最高尚的原则。在每一部新作品中，您头脑的鉴别力似乎愈发活跃强劲。摄政王阅读了您的全部作品，对每本都极为欣赏。

请接受我为您作品带来的愉悦表达的最高谢意。细细品读之际，我也很想如此写作，这样说话。亲爱的女士，我同时希望能请求您在未来的作品中描述一位牧师的生活习性、性格人品与热爱激情，他应该在都市和乡村间交替生活，应该像是比蒂的吟游诗人：

> 快乐时沉默，挚爱却羞涩，
>
> 他的神情极其庄重忧伤；
>
> 时而开怀大笑，却无人知其缘由。

在我看来，无论戈德史密斯①，或是拉·封丹②在他的《家谱》中，都未能好好描述一位英国牧师，他至少生活在现代，喜爱并沉迷于文学，与人为善，却与己为敌。我请求亲爱的女士能对此加以思考。

请相信我对您始终的诚挚敬意，您忠诚感激的仆人——

J. S. 克拉克，图书管理员

---

① 英国剧作家奥利弗·戈德史密斯（1728—1774）。
② 拉·封丹（1621—1695）是法国古典文学的代表作家之一，著名寓言诗人。

74. 致约翰·默里

1815 年 11 月 23 日星期一

汉斯广场

先生：

我哥哥上星期一的信件毫无作用，让我担心我写的信几乎无法带来任何好处。可是我对印刷的耽搁非常失望恼火，忍不住请求知晓是否毫无希望加快速度——书本没能在本月末准备完毕，以我们现在的进度，几乎不可能在下月末完成印刷。我打算 12 月离开伦敦，因而不再耽搁任何时间变得极为重要。倘若印刷工能够得知此书已获许可，将要献给摄政王，是否可能因此而加快速度，按时完成？假如您能令其发生，我会非常开心。我哥哥返还了《滑铁卢》并再三感谢您的转借。我们已经听闻许多斯科特对巴黎的介绍①——如果和其他安排不相冲突，您能否借予我们阅读——或许您的某一套书已经打开？——请相信它在谨慎的人手中。

先生，我依然是

您感激谦卑的仆人

J. 奥斯汀

---

① 沃尔特·斯科特的《滑铁卢战场》（1815）和《保罗致亲人的来信》（1816），均由默里出版社出版。

75. 致卡桑德拉·奥斯汀

1815 年 12 月 2 日

汉斯广场

我亲爱的卡桑德拉：

亨利昨日返回，他若是及时得知消息也许能在前一天回来。我星期三晚上收到 T. 先生的来信，愉快地得知西摩先生认为他再也没理由请假离开了。

星期三早上寄出你的信后，我也高兴地收到了亨利本人的短信，他说感觉非常好，令我安下心来。他在汉韦尔得到了最好的关心照料，在那儿度过了安静愉快的两天。他去那儿后身体当然没有变差，我们也许能相信他一定变好了，他本人也对此深信不疑。为了使他的回家变成一场盛会，黑登先生被请来吃饭。我无需说晚上过得很愉快。

但你似乎对 H. 先生有些误解。你称他为药剂师。他绝不是药剂师；他从来就不是药剂师；这一带没有一个药剂师——也许是唯一的不便之处——但就是这样。我们的附近没有医生。他是个黑登，只是黑登而已，一种长了两条腿的奇妙又平常的动物，介乎人与天使之间，但绝无一位药剂师的丝毫特征。也许，他是这一带最称不上药剂师的人。他根本没为我们唱歌。没有钢琴伴奏他就绝不唱歌。

迈耶斯先生每星期上三次课，但随心所欲地改变日期和时间，从不守时，从未好好上过课。我没有范尼那种对老师的喜爱，而迈耶斯先生没让我对他们产生丝毫渴望。事实上，我认为他们，至少音乐教师们，太自以为是，能够过度自由地支配他们的学者时间。

我们星期一将愉快地见到爱德华，只是遗憾你一定会错过他。一只火鸡将会和他本人一样受欢迎。他在这儿必须自己打理舒适的卧室，因为亨利上星期搬去下面的房间，他发觉另一间太冷了。

我很遗憾母亲一直不舒服，担心这美妙的天气好得不适合她。**我**彻底享受着，从头到脚，从左到右，无论纵线横线，还是对角线；我只能自私地希望这样的天气能持续到圣诞节——这愉悦、健康、不分季节、令人放松、闷热潮湿的天气。

哦，非常感谢你长长的来信，这对我非常有好处。亨利满心感激地接受了你为他制作九加仑蜂蜜酒的提议。狗的错误让他着实恼火了一阵，但他后来就不再想了。今天他第三次尝试他的强效膏药，我相信他从现在开始会经常出门，希望他能一直坚持使用。他今天上午乘坐切尔西的马车去签署债券，到亨丽埃塔街看看，我毫不怀疑他每天都会去亨丽埃塔街。

我和范尼一旦得知我们的病人在汉韦尔一切平安，就舒舒服服地窝在一起。凭借一点花招和好运，我们挫败了马林一家想来拜访的所有尝试。幸运的是，我星期三有点感冒，因为我们去镇上的那个早晨。我们好好利用这个条件，只见了我们的宝贝和蒂尔森先生。

今天晚上，马林一家获准同我们一起喝茶。我们期待着——也就是说，我们希望——帕默小姐和小女孩们今天上午也许会来。你知道，她星期四当然无法过来，她也不肯说在哪一天来。

上帝保佑你。原谅这封信的简短，但我必须现在结束，也许能为你节省两便士。

爱你

你挚爱的 J. A.

我忽然想到完全不应该装订摄政王的那卷书，但我们将就此事进行商讨。

我很高兴你在细纱布长裙上镶了蕾丝，相信看起来一定特别漂亮，正是我之前的想法。

76. 致约翰·默里

1815 年 12 月 11 日星期一

汉斯广场

亲爱的先生：

因为我发现《爱玛》早在下星期六将要做发行宣传，我想最好不失时机地解决剩下的所有问题，同时尽量占用您最少的时间。

首先，我请求您理解，我将与此事相关的所有问题完全交予您来判断，恳求您在每件事的安排上借助您本人已有的经验，决定最有可能尽快售完这版书的方式。我会对您认为最合适的任何做法感到满意。

扉页必须是：爱玛，获得许可献给摄政王——王子殿下。我特别希望其中一套在作品公开发行前完成装订，提前两三日赠与摄政王。需秘密寄送至卡尔顿庄园图书管理员尊敬的 J. S. 克拉克先生。我将另附一份名单，必须麻烦您在作品出版后给每人寄送一份——全都无需装订，在首页写上**女作家敬赠**。

我将您好意借给我的书籍返还给您，非常感谢。请相信我很清楚您为我的方便和娱乐给予的关照——我同时寄回可交付二次印刷的《曼斯菲尔德庄园》：我相信亦能做到。

我在汉斯广场住到 16 日——从那天起，包括当天，我的地址将为：汉普郡，奥尔顿，乔顿。

> 亲爱的先生，我依然是
> 您忠诚谦卑的仆人
> J.奥斯汀

我希望您能好意让邮差送一封短信，说明这套书寄给摄政王的日期。

77. 致约翰·默里

1815 年 12 月 11 日星期一

汉斯广场

亲爱的先生：

　　非常感谢您的来信，为一切安排都让我们彼此满意而非常高兴。至于我对扉页的要求，只是因为我的无知，我也从未注意过致辞的正确位置。感谢您为我纠正。我绝不希望与此种情形下的常规做法有任何偏离。很高兴能有位朋友让我免受自己的错误带来的恶劣后果。

　　　　　　　　　　　　　　亲爱的先生，您诚挚的

　　　　　　　　　　　　　　简·奥斯汀

78. 致詹姆士·斯塔尼尔·克拉克

亲爱的先生：

　　我的《爱玛》即将出版，因此我觉得应该向您告知，我没有忘记您好心建议我尽早将印刷稿送至卡尔顿庄园，而且默里先生已经承诺将它送给摄政王，在正式出版前三天寄到您手中。亲爱的先生，我必须借此机会，感谢您对我其他小说的极高赞赏。我非常自负，不想劝您认为自己的赞美之辞言过其实。此时我最大的焦虑，是希望这第四部作品不会损害其他作品的精彩之处。但对于这一点，我能公正地宣称，无论我多么希望它大获成功，我还是很担心对那些喜爱《傲慢与偏见》的读者来说，它会显得不够智慧，而喜爱《曼斯菲尔德庄园》的读者会认为它缺乏原则。不过，即便如此，我依然希望您能赏光接受。

　　默里先生将安排寄送。您认为我能描写您在 11 月 16 日的信中简述的那样一位牧师，我深感荣幸。但我要告诉您我**做不到**。我也许能胜任这个人物的喜剧部分，但在正直、热情和文学方面无能为力。这样一个人的谈话必然时常与科学和哲学有关，我对此一无所知；或至少偶尔冒出对别人的引用和暗指，而像我这样的女人只懂母语，对那些阅读甚少，无力写出。在我看来，受过古典教育，或阅读了大量英国文学，包括古代和现代作品，这对于写好您要的牧师必不可少。我想，凭借我所有的自负，我能吹嘘自己是敢当女作家的人中最不学无术、学识浅薄的女人。

相信我，亲爱的先生。

您感激忠诚的谦卑仆人

简·奥斯汀

79. F. 莫利夫人致简·奥斯汀

1815 年 12 月 27 日

索莱

女士，我正焦急等待着对《爱玛》的介绍，您能好心想起我，令我感激不尽。相比而言，这使我能与她提前数日愉快相识。我已经开始熟悉伍德豪斯家庭，感觉他们带给我的快乐和兴趣不亚于班尼特一家、伯特伦一家、诺里斯夫妇，以及所有那些绝妙的前辈们。任何言语都道不尽我对他们的赞赏。

女士，我是您感激的

F. 莫利

80. 致莫利伯爵夫人

1815 年 12 月 31 日
乔顿

夫人：

您的来信让我不胜荣幸，请接收我的谢意，也感谢您对《爱玛》的喜爱。此时我正为世人将如何接受她而心存疑虑，能及早得到夫人的赞许，尤其令我高兴。我深受鼓舞，相信《爱玛》也能获得她前辈们得到的普遍好评；同时也让我相信，我尚未如每个凭借想象力创作的作家迟早会面对的那样，写得力不从心。

夫人，我是
您感激忠诚的仆人
J. 奥斯汀

81. 致安娜·勒弗罗伊

1815 年 12 月？日—1816 年 1 月

我亲爱的安娜：

　　因为我非常想见**你的**杰迈玛①，我相信你也会想见**我的**爱玛，因此我极其愉悦地把它寄来给你阅读。你想保留多久都行，这儿的所有人都已经读过。

---

① 见信件 71 注释。

82. 致詹姆士·斯塔尼尔·克拉克

1816 年 4 月 1 日星期一

乔顿，靠近奥尔顿处

我亲爱的先生：

我对王子的谢意深感荣幸，也很感谢您本人提起这部作品时的友好态度，同时告知之前会收到从汉斯广场寄来的信。我向您保证，信中友好的语调令我非常感激，希望您能将我沉默的原因，视为不愿以无聊的感谢消耗您的时间，也的确如此。

您本人的才华与文学造诣已将您置于各种有趣的环境之中，并得到王子的赏识，我为此给您最深切的祝福。希望您的最新任命会带来更好的结果。在我看来，对王室的服务难称完美，因为这必然要求时间与感情上的大量投入。

您好心向我提醒，为我推荐此时或许应该着手的作品类型，我完全清楚一部历史传奇，以萨克斯堡庄园为背景，也许比我写出的乡村家庭生活画面更能获益或更受欢迎。但我既写不了史诗，也写不出传奇。除非性命攸关，我无法严肃地坐在那儿写出一部严肃的传奇。如果必须让我保持严肃，绝不能轻松地嘲笑自己或别人，我肯定在写完第一章之前就已经悬梁自缢。

不，我必须坚持自己的风格，以我自己的方式继续。虽然我也许无法再获成功，但我相信以其他任何风格一定会完全失败。

亲爱的先生，我依然是
您满怀感激、真心诚意的朋友
J. 奥斯汀

83. 致约翰·默里

亲爱的先生：

我将《季度评论》返还给您，非常感谢。我想《爱玛》的女作者没任何理由抱怨其评价——除了对《曼斯菲尔德庄园》的完全忽略。像《爱玛》评论家那样的聪明人竟然认为它不值得关注，我只能感到遗憾。您会高兴地听说我已经得到王子的感谢，因为我寄给他的那份漂亮的《爱玛》。无论他认为这部作品**我的**部分会怎样，**您的**似乎非常恰当。

鉴于最近在亨丽埃塔街发生的悲伤事件①——我必须请求您无论何时需要与我写信交流，请使用邮政寄给我（J. 奥斯汀小姐），在奥尔顿附近的乔顿。如有任何大宗物品，请在同样的地址加上：**以科利尔的南安普敦马车**寄送。

亲爱的先生，我依然是

您非常忠诚的

简·奥斯汀

---

① 亨利的银行于 1816 年 3 月 15 日倒闭。

84. 致卡罗琳·奥斯汀

1816 年 7 月 15 日星期一

乔顿

我亲爱的卡罗琳：

我已经按照你的指示，发现你的字迹很漂亮。如果你能继续这样进步下去，也许半年之后我就完全无须闭上眼睛。你对卡洛琳娜和她老父亲的讲述特别有趣，令我开怀大笑。我尤其高兴地看到，你能把任何这种荒唐的话题说得趣味盎然，比如对女主角父亲的寻常描述。你已经做得非常不错——如果**真的**缺了什么，那就是这位令人尊重的老人刚二十一岁就结了婚，在二十二岁当上了父亲。

我早早得到了把你的信交给玛丽·简的机会，只需在她和你哥哥打闹时把信从窗户扔进后院。她谢谢你，并通过我来回答你的问题。我要告诉你，她在乔顿的确过得非常愉快，同时她不如料想的那样思念卡西，至于"戴安娜的神庙"①，她很惭愧地说自从你离开后她再也没碰过。她很高兴你又找到了范尼。我猜你已经不知不觉地对她没了耐心，如果她挠你痒痒，只当是个跳蚤。

［詹姆士］·爱德华的拜访对我们来说是极大的快乐。他没

---

① 可能是玛丽·简写的故事、画的画或做的针线活。

有丢失一点好品质或好相貌，唯一的变化是比我们上次见他时老了几个月。他已经很接近我们自己的年龄了，因为**我们**当然没有变老……［致意和签名缺失］

85. 致卡桑德拉·奥斯汀

1816 年 9 月 8 日星期天—9 月 9 日星期一

乔顿

我最亲爱的卡桑德拉：

我极好地承受了今天的来信，谁都会认为这使我很开心。我很高兴你发现切尔滕纳姆那么令人满意。只要水能适宜，其他一切都无关紧要。

上星期四我收到一封查尔斯给你的信。他们在凯珀尔平安顺利，孩子们明显比在布罗德斯泰斯更好。他来信主要询问我们是否方便接待帕〔默〕小姐、小女孩们，以及他本人。他们可以在写信十天后出发，去汉普郡和伯克郡访问，他希望**先**来乔顿。

我已经回复了他，说希望他们可以等到九月的**最后**一个星期，因为我们无法更早邀请他们，不是你的原因，是因为缺少房间。我说你可能 23 日回来。你一旦离开切尔滕纳姆，我会为浪费在路上的任何一个半天感到不满。要是有从亨格福德到乔顿的马车就好了！我说希望他能尽快回信。

他没有在名单中包括需要住宿的女仆，但如果他们带来一位，我想会是如此，我们家中甚至没有给查尔斯本人的床——更别说亨利。可我们能怎么办呢？

我们可以自由使用大宅，帕皮伦家的仆人们一两天后就会搬走。他们自己要赶到艾塞克斯获得财富——不是某个叔叔留下的大笔财富，我猜是尽量搜刮些罗斯托恩太太的遗产。她是个忽然离世的有钱老友和表亲，他们是共同遗嘱执行人。因此肯特郡帕皮伦一家来到这儿有了个快乐的结局。

今天没有晨祷，因此我十二点到一点之间都在写作。本先生下午来了，从天色和声音看来，似乎雨又大了。你让我们对本太太的处境感到困惑，但她有个贴身保姆。F. A. 太太难得气色很好或看着不错。我猜小胚胎很麻烦①。他们昨天和我们一起吃饭，来回路上天气都很好，这在以前几乎没遇到过。她还没找到女仆。

我们在奥尔顿的一天过得很愉快，鹿肉很美味，孩子们表现不错，迪格韦德先生和太太在我们玩猜字和其他游戏时同我们友好交谈。为使爱德华的母亲满意，我必须说他在我的建议下，得体地陪着 S. 吉布森小姐进行娱乐。除了斯威尼先生，什么也不缺；可是哎呀！他前一天被叫去了伦敦。我们趁着月光愉快地走回了家。

谢谢你，我的背好多天几乎一点也不疼了。我觉得激动和疲劳几乎一样有害。所以，我在你离家的时候和情形下生了病。我尽量让自己恢复到很好的状态，因为我听说怀特医生打算离开前来看我。

晚上——弗兰克、玛丽和孩子们早上来看望我们。吉布森先生太太 23 日会来，有太多理由担心他们会住一个多星期。那天我问小乔治时，他能告诉我你去了哪儿，以及会给他带些什么。

---

① 有了身孕。

托马斯·米勒爵士死了。我几乎在给你的每封信中都要加上一个死去的准男爵。

那么你们这儿有 C. 克莱文，还有奥尔良公爵和波科克先生。但你没给这群共同的熟人增加一位新成员真让我难过。一定要遇见某个属于你的人。你谁都不认识，真让我厌烦。

迪格韦德太太和汉娜与老厨师告别了：前者不愿放弃她的情人，那是个品行不端的男人；后者只因什么都做不好。

特里小姐本想这个星期去她姐姐家，但照例推迟了。我可爱的朋友知道有她做伴的价值。自从你离开那天起，我还没见过安娜，她的父亲和哥哥总是去看她。爱德华·〔勒弗罗伊〕和本星期四来过。爱德华在去塞尔伯恩的路上。我们发觉他很令人喜爱。他从法国回来，可想而知会想着法国——对一切都感到失望。他没去过巴黎以外的地方。

我收到一封佩里戈德太太的信，她和她的母亲又去了伦敦。她说法国处处贫穷悲惨：没有钱，没有买卖，只能从旅店老板那儿得些东西。至于她本人目前的状况，凄凉程度不亚于从前。

我还收到一封夏普小姐的信，是她平常的风格。她再次只得比以前更加努力工作，处于更沮丧、更疲倦的状态。她遇见了另一位出色的老医生和他的妻子，他们品行高尚，以纯粹的爱与仁慈喜欢她并治愈了她。斯托勒博士和太太是他们的帕默太太和小姐，因为他们在布里德灵顿。不过，我很高兴地说，这段概述比平时好。威廉爵士回来了，他们从布里德灵顿去了舍韦，她将有个年轻的女家庭教师。

正如我以前所说，我非常喜欢〔詹姆士〕·爱德华的陪伴，但星期五到来时我并不遗憾。这是忙碌的一个星期，我希望从任何同伴带来的想法和安排中得到几日清静。我常常好奇**你**怎么能找到时间做那些事情，还得照看屋子；韦斯顿太太照顾家庭的同时，还能写出那样的书，收集那么多令人费解的词语，更是令人吃惊。当我的脑中满是烤羊肉和嘈杂人声时，写作似乎是不可能的事。

星期一——这是个悲伤的早晨。我担心你没能去矿泉厅。过去的两天非常愉快。我为你而过得很开心。但今天糟糕得可以让你大发雷霆。我希望玛丽在两个星期结束后换个住所。我相信，如果好好留意，你会发现在某个奇怪的角落有更适合你的人。波特为商业街的**名字**收了费。

钢琴真是成功！我相信它会把你赶走。我们听说今天将**没有蜂蜜**。真是个坏消息。我们必须节约如今存储的蜂蜜酒，因为我难过地发现我们的二十加仑几乎吃完了。我无法理解那十四加仑怎会吃了那么久。

我们不太喜欢库柏先生的新布道。它们比以前更加满是重生和皈依，以及他对圣经出版事业的热情。

玛莎向玛丽和卡罗琳问好，她极其高兴地发现她们喜欢那件外套。德巴利一家真令人讨厌！我们明天去看望哥哥，但只住一晚。我不知道**没有**爱德华，他也会喜欢赛马。向所有人问好。

你非常挚爱的

J. 奥斯汀

86. 致詹姆士·爱德华·奥斯汀

1816 年 12 月 16 日星期一——12 月 17 日星期二

乔顿

我亲爱的爱德华：

我现在给你写信的一个原因，是这能让我愉快地给**尊贵的**你写信。我给了你离开温彻斯特的快乐，现在你也许能承认在那儿有多痛苦；现在一切都会慢慢显现——你的罪行和你的痛苦——你多么频繁地乘坐邮车去伦敦，在一个小旅店里挥霍 50 畿尼，有多少次你几乎要绞死你自己——只因老温顿的恶语中伤，或是城里方圆几英里没有大树才没能做到。查尔斯·奈特和他的同伴们大约在今天早上 9 点经过乔顿，比平时晚一些。我和亨利叔叔瞥了一眼他英俊的脸庞，看上去非常健康，心情愉快。

我不知你是否回来看望我们。我当然知道我有何期待，但我什么也不说。我们认为亨利叔叔气色非常好。你要是此时看着他也会这么想，如果你以前没这么做过的话。我们看到查尔斯叔叔毫无疑问的改善非常高兴，无论健康、心情还是相貌——两人都以不同的方式讨人喜欢，又非常和睦，所以他们的来访特别令人愉快。亨利叔叔会写极好的布道词。你我必须弄到一两篇，写进我们的小说里。这会对一卷书很有帮助；我们可以让我们的女主角在一个星期天的晚上大声朗读，就像《古董商》里的伊莎贝拉·沃德在圣鲁斯的废墟中朗读哈茨·迪蒙的经历——但回忆之后，我相信是洛弗尔读的。顺便说一下，我亲爱的爱德华，我很关心你的母亲在她上封信中提到的损失；丢失两章半的内容简直可怕！好在**我**最近没去史蒂文顿，因此没有偷窃的嫌疑——把两章半的内容用于自己的小说，的确很有分量——但我不认为任何那样的偷窃真会对我有用。我该怎么使用你那强劲有力、男子气魄、生机勃勃的内容呢？它充满变化，热情洋溢——我怎么可能把它放入我的一小块（两英寸宽）象牙板？我用一支纤细的毛笔在上面精描细画，辛苦劳作却收获甚微。

你能从亨利叔叔那儿听说安娜的情况非常好。她似乎完全恢复了。本星期六过来，让我和查尔斯叔叔去和他们吃饭，就在明天，但我只能拒绝，因为我没力气走路（虽然我在其他方面都很好），而这个季节不能乘坐驴车。因为我们不想让查尔斯叔叔麻烦，他也拒绝了。

星期二——啊哈！爱德华先生，我怀疑你今天能否在史蒂文顿见到亨利叔叔。我想天气会使你不再盼望他——告诉你父亲我和卡桑德拉姑妈向他问好，腌黄瓜的味道特别棒，同时也告诉他——"告诉他你想做什么"。不，别告诉他你想做什么，而是告诉他祖母请求他如果可以，让乔瑟夫·霍尔交出租金。你一定不能对读**叔叔**这个词感到厌烦，因为我还没写完。查尔斯叔叔感谢你母亲的来信；他很高兴地听说包裹已经收到，还那么令人满意。他请她好心给他**三先令**，他能交给斯特普尔斯夫人，用于偿还她在这儿的债务。

我很高兴地告诉你帕皮伦先生很快会求婚，也许在下星期一，因为他星期六回来——他的**意图**毋庸置疑，因为他已明确拒绝让贝弗斯托克太太继续住在她此时在乔顿的房子里。房子将很快清空，当然是给伊丽莎白·帕皮伦太太准备的。

　　再见我亲爱的！我希望卡罗琳待你不错。

你挚爱的

J. 奥斯汀

87. 致卡桑德拉·埃斯滕·奥斯汀

1817 年 1 月 8 日星期三
乔顿

我亲爱的卡西：

祝你新年快乐。你的六个表兄妹昨天来了，每人吃了一块蛋糕。是小卡西的生日，她三岁了。我们每天早上喂知更鸟时，弗兰克已经开始学习拉丁语。莎莉常常问起你。莎莉·本纳姆有了一条新的绿色长裙。哈丽特·奈特每天来为卡桑德拉姑妈读书。再见，我亲爱的卡西。

卡桑德拉姑妈送上她最深的爱，我们都同样如此。

你挚爱的姑妈
简·奥斯汀

Ym raed Yssac,[①]

I hsiw uoy a yppah wen raey. Ruoy xis snisuoc emac ereh yadretsey, dna dah hcae a eceip fo ekac. Siht si elttil Yssac's yadhtrib, dna ehs si eerht sraey dlo. Knarf sah nugeb gninrael Nital

---

① 简·奥斯汀新年时写给小侄女的可爱书信，全文单词都颠倒了字母顺序。

ew deef eht Nibor yreve gninrom. Yllas netfo seriuqne retfa uoy.
Yllas Mahneb sah tog a wen neerg nwog. Teirrah Thgink semoc
yreve yad ot daer ot Tnua Ardnassac. Doog eyb ym raed Yssac.

Tnua Ardnassac sdnes reh tseb evol, dna os ew od lla.

Ruoy etanoitceffa tnua,

Enaj Netsua.

Notwahc, Naj. 8.

88. 致阿勒西娅·比格

我亲爱的阿勒西娅：

我想我们应该彼此写点什么，虽然我相信欠下的书信绝非**你的**原因，我也希望斯特里特姆的人一切都好，既没有被洪水冲走，也没有因为潮湿而得风湿病。你知道，如此温和的天气让**我们**很愉快；虽然我们有许多池塘，道路的另一边有一条穿过草场的小溪，但除了把我们变得漂亮和能够让我们谈论的事情，其他都不值一提。我们的身体都很好，而**我**当然过了冬天变得强壮起来，离康复不远了。我想我现在对自己的情况比以前了解得多，能当心不再病重。我越来越相信我所有的病痛都是因为**胆汁**，因此怎样治疗自己变得简单了些。我相信你听到我们的这些消息一定很高兴，我也很高兴听说你们近来身体都很好。[詹姆士]·爱德华刚来住了几天，说他父亲身体很好；而他怎么会过来，他父亲如何能让他过来，本身也值得细细讲述。他今天去了韦亚兹，明天回家。他还在长个，越来越好看，至少在他姑妈们的眼中是这样。她们越来越爱他，因为她们发现这个从孩子变成的年轻人的确拥有甜美的性格和热烈的情感：我想努力劝说他务必给威廉·[希思科特]捎些口信，但没有做到。安娜结婚后从来没有现在这般健康强壮，像是从前的她；她能做到时会步行来乔顿看我们，但雨水和泥泞常常把我们隔开。

我和她的祖母只能在乔顿见到她，因为这不是一年中乘坐驴车的时间，我们的驴只得空闲很久，我想等需要再用它们时我们会发现它们的技能已经大大流失。但我们不会一次用两匹，因此不必幻想失去过多。安娜的大孩子刚能独自走路，这在第二个孩子还抱在手里时是很大的方便，两个孩子都健康又漂亮。我希望他们的父亲接受了圣职，全家人都能在一座舒适的牧师住宅安顿下来。我想只等有了副牧师职位就能做成此事。我们自己的新牧师即将就任，也许星期天就能来帮助帕皮伦先生。听完他的第一次讲道我会很高兴。对我们的帕皮伦而言将是个紧张时刻，虽然我们听说他轻松镇定，似乎已经习以为常。我知道我们没有机会在斯特里特姆和温彻斯特之间见到你：你走另一条路，还要拜访两三户人家；不过，如果出现任何变化，你知道自己会多受欢迎。我亲爱的阿勒西娅，爱德华提到一件和你有关的事，我必须承认让我吃惊不已，也有些担心——你竟然把最好的长裙落在了史蒂文顿。当然，如果你在斯特里特姆不用穿，等你去 G. 弗里尔太太家住几天时一定需要。我敢打赌你会为此难过。我们在阅读《诗人的滑铁卢朝圣之旅》①，都很喜欢。你知道没有什么能人人皆爱，但我对有些内容比他以前的作品喜爱得多。开头——我相信他称之为**序言**——非常优美。可怜的人！这个以满怀深情的语言描述的儿子，人们一定会为他的失去感到伤心。他有没有恢

---

① 桂冠诗人罗伯特·骚塞（1774—1843）于 1816 年发表的诗歌。

复过来？希尔先生太太对他目前的状况了解多少？我从多处听说威廉斯小姐的确好些，我很高兴，尤其因为我觉得夏洛特的好转一定是这个消息带来的结果。我希望你从国外收到的来信让你满意。我承认它们不会令**我**满意，除非他们对离开英格兰表示无比遗憾。我们四人衷心祝愿你们所有人新年快乐。代我们向小男孩们问好，如果他们还能记得我们。**我们**完全没有忘记赫伯尔特和埃罗尔俊俏的脸蛋。我敢说乔治亚娜很漂亮。爱德华喜欢学校吗？我猜他的假期还没结束。

你挚爱的

J. 奥斯汀

写这封信的真正目的是向你讨要收据，但我觉得别过早提出会更加礼貌。我们记得梅尼唐的一些极好的橘子酒，完全或主要由塞维尔橘制作而成——要是你能在几周内寄来收据，我们会非常感谢。

89. 致范尼·奈特

1817 年 2 月 20 日星期四—2 月 21 日星期五

乔顿

我最亲爱的范尼：

你独一无二，不可抗拒。你是我生命中的喜悦。你最近的来信太棒了，让我乐不可支！对你那古怪小心脏的此番描述！对想象力如此可爱的展示！你有同等重量金子的价值，甚至是同样重量的新银币①。

我无法言述在阅读你本人经历时我的感受——满怀同情，深感关切，同时满心赞赏又忍俊不禁，我的确如此！

你愚蠢而理智，平常却古怪，悲伤亦活泼，令人恼火又耐人寻味，是所有这一切的完美典范。谁能跟得上你想象力的变幻，品位的无常和感情的矛盾呢？

你太古怪了，同时又自然而然！——你本人如此独特，却又和别人极其相似！

能这样深刻地了解你令我倍感欣慰。你难以想象能如此洞悉你的内心对我来说是怎样的快乐。哦，等你结了婚将是多大的损失！你的单身状态太令人喜爱——是个极其可爱的侄女。当你趣

---

① 1817 年 2 月 13 日推出，取代已贬值的旧货币。

味盎然的头脑全都变成妻子和母亲的柔情时，我会恨你的。

詹［姆士］·怀［尔德曼先生］令我惊恐。他将拥有你。我看见你站在圣坛前。我有点相信 C. 凯奇太太的观察，更相信莉齐的观察；而且，我知道一定如此。他一定想娶你为妻。如果他不这么想就太愚蠢太可耻了；他所有的家人都希望与你结识。

别以为我真有任何反对；我其实对他更多是喜爱，我也喜欢你要入住的房子。我只是不喜欢你竟然会结婚。然而我的确很希望你结婚，因为我知道若非如此，你不会感到幸福；但失去范尼·奈特的损失对我而言将永远无法弥补。我"亲爱的 F. C. 怀尔德曼"侄女只是个可怜的替补。我不喜欢你变得紧张，容易哭泣——这显示你状态不好；但我希望你的斯卡德先生——你一直这样写他的名字（你的**斯卡德**先生总是逗我发笑）——会对你有好处。

卡桑德拉恢复得很好，真令人欣慰！超出了我们的预料。我很容易相信她善于忍耐，一切都好。我一直喜欢卡桑德拉，喜欢她漂亮的黑眼睛和甜美的性情。我的风湿病几乎完全好了——只是时常有点膝盖疼痛，让我记得此事，注意穿衣保暖。卡桑德拉姑妈把我照料得无微不至。

我喜欢你去古尼斯通的拜访，对你而言一定非常愉快；你很久没见过生活舒适的范尼·凯奇了。我希望她能设身处地，给你适当的埋怨和劝告。

你为何一直活在他会娶别人的恐惧中呢？（可是，这又太过自然！）你没有选择自己拥有他，为何不让他在别处得到安慰？你在心里**知道**他无法忍受性格更加活泼的伴侣。你无法忘记自己曾经认为他绝无可能在汉斯广场吃饭。

我最亲爱的范尼，我无法忍受你竟会为他闷闷不乐。想想他的原则，想想他父亲的反对，缺少财产，有个粗俗的母亲，鲁莽的兄弟姐妹，缝缝补补的被褥，诸如此类。但我在白费口舌；不，我对他所有的反对只会让你更想着他，可爱又倔强的范尼。

现在我要告诉你，我们极其喜爱你的亨利，爱到极点，热情洋溢。他是个非常令人喜爱的年轻人。我看不出他有任何不足。他的确完全符合他父亲和姐姐的期望；我也非常喜爱威廉，人人都喜爱他；他正是我们的威廉应有的样子。

简而言之，我们在一起特别开心；也就是说，**我们自己都做得很好**。

迪兹太太和梅都为我们对梅儿子的善意表示感谢；我们只遗憾不能做得更多，分别时我们塞到他手中的 50 英镑已是尽力而为。好心的迪兹太太！我希望她能管好这个玛丽安，这样我就能简单建议她和迪兹先生分房居住①——丑闻和流言——是的，我敢说你听过许多；但我很喜欢查［尔斯］·凯奇太太，并且理由充分。

谢谢你提及她对《爱玛》等书的喜爱，我将此番评价归功于亨利叔叔的衬衫，如今那是许多人的温柔回忆。

星期五——在我昨天开始写这封信时，我完全没想到在你哥哥回去之前将它寄出，但我已快速写完我的愚蠢想法，因此不会

---

① 分房居住几乎是当时唯一的避孕方式。

将它保留太久，以免让我心烦。

非常感谢你的**四对方舞**，我已经对此很有好感，尽管我当然认为它比我们那时的沙龙舞逊色得多。

本和安娜上星期天步行过来看望亨利叔叔，她非常漂亮，让我们很高兴见到她。如此年轻，青春洋溢，纯真可爱，仿佛她此生从未有过邪恶的念头，然而有理由认为她一定有过，如果我们相信原罪之说。我希望莉齐的演出能有妥善的安排。大家都觉得亨利很好看，但不及爱德华英俊。我认为**我**更喜欢他的脸蛋。

威廉气色极佳，胃口很好，似乎身体完全无恙。你今年春天将在戈德默舍姆有个大别离。你**一定**会觉得他们都走了。然而，的确如此！

可怜的克〔卢斯〕小姐！当她开始了解自己时，我会可怜她的。

你不喜欢四对方舞让我特别高兴。对于一位无可救药地爱上**一个人**的小姐，这样很好！可爱的范尼，我绝不相信你是这样，也不会在你想象力的范围之内，如此恶意地诋毁你的理解力。别只为满足你的幻想而破坏你的理智；你的理智值得更好的对待。你不爱他；你从未真正爱过他。

你非常挚爱的
J. 奥斯汀

亨利叔叔和劳埃德小姐今天在迪格韦德先生家吃饭，让我们有机会邀请弗兰克叔叔婶婶来这儿见见他们的外甥们。

90. 致范尼·奈特

1817 年 3 月 13 日星期四

乔顿

想要恰当回复如你所写的这样一封信，我最亲爱的范尼，这完全不可能。即使穷尽余生努力书写，活到玛士撒拉①的年纪，我也无法完成这么完美的长信，但我不能让威廉不带上几行感谢与答复就离开。

我已经不再考虑某先生。根据你的描述，他**不可能**爱上了你，无论他也许做过怎样的尝试；除非他爱得很深，我无法指望这门亲事。我不知杰迈玛·布兰菲尔在做什么。她那么兴致勃勃地不停跳舞是什么意思？是她不在乎**他**，还是仅仅想**显得**对他不在意？谁能懂得年轻小姐的心思呢？

可怜的 C. 米勒斯太太，她久病之后，竟然最终在不合时宜的日子死去！古尼斯通的人见不到你真不幸。我希望以她友好、热心、喜爱社交、乐于组织聚会的性情，她不会知道自己带来了怎样的分离与失望。你说她没留下什么，让我难过又惊讶，也必须向米勒斯小姐表示同情。如果除别的损失外，还要加上收入的实际减少，即便她**是**莫利也难以承受。单身女性尤其害怕贫穷，

---

① 在《圣经》中，玛士撒拉活了 969 岁。

这是赞成婚姻的重要理由，但我无需向**你**细述这个问题，漂亮的宝贝。

正如我以前常说的那样，我想对你说，不要着急，合适的人终究会出现。在今后的两三年间，你将遇到比你见过的任何人都更加出色的那一位，会像**他**曾经那样无比热烈地爱着你，让你彻底着迷，感觉以前从未真正爱过。

因为不用过早进入母亲的角色，你会在体质、精力、身材和容貌上保持年轻，而威廉·哈默德太太因为分娩和育儿正逐渐变老。

奥尔顿的人如今都不参加舞会了吗？你是否听说过吉普一家，或是范尼和她丈夫的消息？F. A. 太太将在四月中旬分娩，样子对**她**而言不算庞大。

卡桑德拉姑妈昨天和迪格韦德太太步行去了韦亚兹。安娜得了重感冒，面色苍白。她刚给茱莉娅断了奶。孩子脾气的差异多快就能显示出来呀！杰迈玛的脾气暴躁易怒（她母亲如此说道），而茱莉娅非常甜美，总是愉悦幸福的样子。我希望安娜不要过早意识到她们的缺点，能早日对杰迈玛的性情给予必要的持续关注。

我最近也收到了你哈利奥特·［摩尔］姨妈的来信，无法理解他们辞退 S. 小姐的打算。她似乎现在很看重她，因为以哈利奥特和埃莉诺的年龄，正需要一位家庭教师。尤其是卡罗琳去学校读书的那几年，依然留下了**贝尔小姐**，尽管那时其他几个都是小娃娃。我敢说他们有足够的理由，虽然我无法洞悉此事，在我知道前我会编造一个拙劣的原因，认为 S. 小姐是那种高傲的女人，从不像贝尔小姐那样，低声下气、奉承讨好家中的主人，并从这样的解释中得到乐趣。

我会以出乎意料的方式回答你的好意提问。"凯瑟琳小姐"[①] 此时被放在书架上，我不知她究竟能否出版；但我有一本能够出版的书[②]，也许会在一年后出现。它很短——大约是《凯瑟琳》的长度。只是告诉你。索尔兹伯里先生或怀尔德曼先生都不会知道。

我恢复得不错，能够四处走走，享受新鲜空气。散步中间我会坐下来好好休息一会儿，从中得到了足够的锻炼。不过，我计划做得更多，因为天气逐渐有了春意。我喜欢上骑驴了，这比用马车更加独立，也少些麻烦，我能在卡桑德拉姑妈步行至奥尔顿和韦亚兹时和她一起去。

希望你能觉得威廉气色不错，他那天得了胆汁热，卡斯姑妈在他本人的要求下给他吃了药。我相信你会赞成。威廉是我最好的朋友。我非常爱他。他的一切都那么自然——他的深情，他的举止，还有他的玩笑。他为我们带来了极大的快乐和趣味。

马特·哈蒙德和 A. M. 肖是我无法在乎的人，但我能理解他们的处境，也很高兴他们那么开心。如果我是里士满的公爵夫人，我也会因为我儿子的选择痛苦不已。那位出身与成长在不忠和离婚家庭的佩吉特将会怎样？我不会对卡罗琳夫人感兴趣。我讨厌所有的佩吉特。

我们对小哈丽特更加担心。最近的消息是，埃弗雷特·霍姆

① 指《北怒庄园》。
② 指《劝导》。

爵士确认有脑积水。我希望上帝能发发慈悲，早日带走她。她可怜的父亲会因为对她的深情而筋疲力尽。他此时不能让卡西离开，她是他的帮助和安慰。

再见，我最亲爱的范尼，什么都不及你的来信令人喜悦；若是得知你的情绪能通过写信得到舒缓，会让这喜悦变得完美。然而你想象力丰富这一点，你怎么可能从未想过。你简直天马行空。你最令人吃惊的性格是，拥有着如此丰富的想象力，异想天开的念头，无拘无束的奇思怪想，你为人处世竟然能够如此理智！我想必须以宗教原则加以解释。好了，再见。上帝保佑你。

你非常挚爱的

J. 奥斯汀

91. 致卡罗琳·奥斯汀

1817 年 3 月 14 日星期五
乔顿

我亲爱的卡罗琳：

你明天将得到我的一份口信，今天会收到包裹。我不想说出口信的内容，那会显得很傻。听说你在《冒牌绅士》上的进展和提高，我很高兴。第一部分很有活力。你已经听到我们的反对意见，身为作者，你能这样接受批评，我对此非常赞许。我希望爱德华并非无事可做。不管克雷文展览结果如何，只要他继续小说创作就可以。在那儿，他会找到自己真正的名声与财富。那是任何 V. 校长都无法剥夺的高贵展览。我本人刚从 S&S 第二版得到将近 20 英镑，给了我这阵非常美妙的文学热情。

告诉你妈妈，我非常感谢她打算送给我的火腿，我也会极其喜欢海角——我应该说**的确**喜欢，因为我已经收到。未来怎样，只与我们的制作时间有关，在亨利叔叔与弗兰克来和我们一起吃饭前不会出现。你知道玛丽·简和她爸爸去城里了吗？他们上星期一到星期六在那儿，她无比开心。她和卡西在凯珀尔街待了一天，她爸爸相信她早上一定和他步行了八九英里。你的弗兰克婶婶和我们一起度过了这个星期，还带了个孩子——每天换一个。钢琴在静静等待，无论你何时能来，都会很高兴见到你。

你挚爱的

简·奥斯汀

92. 致范尼·奈特

1817 年 3 月 23 日星期天—3 月 25 日星期二

乔顿

我最亲爱的范尼：

我非常感谢你能将你和怀尔德曼先生的对话寄给我。我读得趣味盎然，也希望我能不觉冒犯，不会因为他的大脑与我截然不同而把他想得更糟。但我最强烈的感情是**惊诧**，你竟然能如此固执地在这个问题上逼问他；我同意你父亲的想法，这不公平。当他知道真相时会感到不安。

你是个最古怪的人儿！有时会紧张不已，另一些时候却毫不紧张！不容拒绝，冷酷无情，放肆无礼。别逼他再读了。可怜他吧，告诉他真相，向他道个歉。他和我当然完全没必要对小说和女主角的想法保持一致。你知道，完美的状态令我厌烦，让我想要恶作剧；但他说的话很有些理智，我特别尊重他想对所有年轻小姐抱有好感的想法；这显示了一颗和善敏感的心灵。他值得更好的对待，而不是被迫阅读我的更多作品。

不要对亨利叔叔知道我有另一本书可以出版的事感到惊讶。当他问我时我无法说不，但他对别的一无所知。你不会喜欢，因此无需迫不及待。你**也许**会喜欢女主角①，因为她对我而言几乎太好了。

非常感谢你好意关心我的健康；我当然已经好几个星期身体不适，大约一个星期前情况很糟。我时常发着高烧，夜不成寐，但现在好多了，样子也稍有恢复，之前特别难看——晦暗苍白，各种病态的气色。我不可能指望再次容光焕发。在我这个年龄生病是危险的放纵。谢谢你告诉我的一切。我觉得我能说的配不上这些内容，但我向你保证我像往常一样为你的来信深感喜悦，我的兴趣和快乐如你所愿。假如能有一位**马斯登**小姐，我知道她会和谁结婚。

晚上——我写上面的内容时无精打采，头脑迟钝，情绪低落；我现在好些了，至少我自己感觉如此，希望我能更加愉悦。我们这儿要下雨了，之后将是宜人的好天气，正好适合我，因为我的马鞍将会做好，我需要新鲜空气和锻炼。的确，当斯卡利兹的事情②结束后我会非常高兴，对此的等待让我们焦虑不安，尤其是你的祖母。她坐在那儿思考着无法弥补的坏事和不可理喻的行为。

现在来自凯珀尔街的消息好些了。小哈丽特的头痛有所缓解，埃弗雷特爵士对汞疗的效果感到满意，对治愈没有失去希望。我发现这种病如今没被视为无法治愈，只要病人足够年轻，头骨尚未变硬。在那种情况下，积水也许能被水银吸出。可虽然

---

① 《劝导》的女主角安妮。
② 奥斯汀太太的哥哥詹姆士·利-佩罗特即将去世。他死于 3 月 28 日，享年 82 岁。

这对我们来说是个新概念，你也许早就通过你的朋友斯卡特先生熟知此事。我希望他能通过治好威廉的咳嗽保持他的声誉。

告诉威廉，特里格斯依然美丽高傲，她今天特别好意地和我们吃了饭；告诉他我经常玩**九点纸牌**，并且想着他。

安娜没机会逃离了；她的丈夫前几天来过，说她还**不错**，但**无法走这么长的路。她必须乘坐她的驴车过来**。可怜的人啊，她不到三十岁就会憔悴不堪①。我很为她难过。克莱门特也再次怀孕。我对那么多的孩子真感到厌烦。本太太要生第十三个孩子了。

帕皮伦一家星期五晚上回来了，但我还没见到他们，因为我没有冒险去教堂。不过，我只听说他们依然是从前的 P. 先生和他的妹妹。她雇了一位新女佣住在卡尔克太太的房间里，打算也让她当自己的管家。

老菲尔莫昨天下葬了，我对特里格斯说话时，说起葬礼办得十分体面，但他回答的态度让我觉得大家并不这么想。我只能确信在**一个方面**十分体面——特里格斯本人穿着他的绿色大衣走在后面。菲尔莫太太作为主要悼唁者，穿着纱布孝服，裁剪得很短，镶了黑纱花边。

星期二——对于怎么寄这封信我有好几个想法，但最后我已经决定让亨利叔叔把它带到伦敦。我想看看坎特伯雷教堂从那个方向是什么样子。等亨利叔叔离开我们后，我会希望他和你们在

---

① 当时生育对女性的影响。

一起。伦敦对他来说已经变成了可恨的地方，他想到这些总是心情沮丧。我希望他能在你生病时及时照顾你。我相信他做这些一定和其他的事情一样棒。他昨天从史蒂文顿回来，早餐时和我们在一起，还带上了爱德华，只是爱德华在韦亚兹吃了早餐。我们过了个愉快的家庭日，因为奥尔顿一家和我们一起吃了饭，也许这是**她**在好几个月中最后一次对我们这样的拜访①。大家很高兴能够在一起这么长时间，因为她为这一天已经**期待**了三个星期，总的来说时间很准确。

我希望你自己的亨利在法国，而且你收到了他的来信；一旦过了这个章节，他将感到无比幸福。我昨天第一次骑驴出门，非常喜欢。我沿着芒特巷绕到要建新村舍的地方，发现锻炼和一切都非常令人愉快。我还有可爱的同伴，因为卡斯姑妈和爱德华走在我的身旁。卡斯姑妈是个非常出色的护士，体贴备至，不知疲倦！但那些你都知道了。

深爱你的 J. 奥斯汀

---

① 住在奥尔顿的弗兰克和他的妻子。他们的第七个孩子 4 月 15 日出生。

93. 致查尔斯·奥斯汀

1817 年 4 月 6 日星期天

乔顿

我最亲爱的查尔斯：

非常感谢你满怀深情的来信。我没能给你信，但我过去两个星期的确身体很不好，无法书写任何并非完全必要的东西。我得了胆汁热，时常伴随着高烧。几天前我的病痛似乎消除了，但我很惭愧地说，舅舅的遗嘱令我震惊[1]，使我病情恶化。星期五我病得厉害，只能催促卡桑德拉和亨利在参加了前一晚的葬礼后立即返回，她当然照办。也许是她的回来，或是我已经见到了柯蒂斯太太，或者我的病痛选择离开，让我今天早上好些了。此时我住在楼上，得到了悉心的照料。我是唯一一个如此愚蠢的遗产受益人，但虚弱的身体必须原谅脆弱的神经。母亲坚强地承受了对她的遗忘，她对自己从来只有极少的期待。她和你一样认为舅舅一直想比她活得更久。她给你最深的爱，也感谢你的好意关怀，并衷心希望她后面的几个孩子能得到更多，所有的孩子都能立即得到些什么。我的舅母如此真心感受到卡桑德拉陪伴的价值并对她非常仁慈，是个可怜的女人！此时她特别痛苦（因为她的哀伤

---

[1] 奥斯汀一家期待成为遗嘱的直接受益人，然而詹姆士·利-佩罗特将所有遗产都留给了妻子。

从最初开始愈发深切），因而我们对她比以往更加尊重。我们不可能对帕默小姐生病感到惊讶，但我们真心难过，并希望病痛不会持久。我们为 P. 太太的康复祝贺你。至于你可怜的小哈丽特，我不敢对她过于乐观。库克太太对你和她的问询极其友善，她所有的信件都是如此。她说起见到你和**你的**样子，真是无比慈爱。上帝保佑你们所有人。如果没有得到相反的信息，就当我正在变好。

你永远真诚的

J. A.

告诉亲爱的哈丽特，无论她何时再需要我为她效劳，她必须派一辆哈克尼敞篷马车一路过来接我，因为我不够强壮，无法以其他方式旅行。我希望卡西会确保是一辆绿色马车。我忘了用一张合适的镶边纸①。

---

① 在哀悼期间使用的镶了黑边的纸。

94. 遗嘱

本人，乔顿教区的简·奥斯汀，立此遗嘱，将我死后可能留下的一切财产赠予我最亲爱的姐姐卡桑德拉·伊丽莎白，即支付葬礼费用后的剩余财产。留给我的亨利哥哥 50 英镑遗产，给比京太太 50 英镑——我请求方便之时尽快支付。我指定这位亲爱的姐姐作为我的遗嘱执行人。

简·奥斯汀

1817 年 4 月 27 日

我的遗嘱

致奥斯汀小姐

95. 致安妮·夏普

我最亲爱的安妮：

卧病在床的我已经收到你的好意来信。虽然上次给你写信时我满怀希望，信誓旦旦，但我随后的确病得很重。没过几天就病痛来袭，是最严重的一次，让我好几个星期都身体不适，心情非常低落。自从 4 月 13 日开始我就卧床不起，除了有时被搬到沙发上。**现在**，我又好些了，在过去的三个星期，虽然进展缓慢，但的确在恢复体力。我能坐在床上做些事情，此时我正在向你证明这一点。**我的确**能够离开床，只是他们认为坐姿更有好处。该怎样表达生病期间所有家人对我的体贴关照呢？我真的无能为力！——每个亲爱的兄弟都情深意切，焦虑不安！——我的姐姐更是如此！——我用怎样的语言也无法描述她对我的悉心照料。感谢上帝！她的身体似乎**尚且**没有变得糟糕，因为坐在床上从来都不是必须，我宁可希望她不要因此疲惫不堪。我为很多的缓解与舒适感谢上帝！我的头脑总是很清醒，几乎没有任何疼痛；我主要的折磨在于夜晚的高烧、虚弱和倦惰。这已经持续一个多星期，因为我们的奥尔顿医师没有假装能够应对，我们找来了更好的医生。离我们最近的**优秀医师**在温彻斯特，那儿有座医院和顶级医生，其中一位过来看我，**他的**治疗逐渐消除了病痛。结果是，我没有去城里接受一些医生的治疗，而是要去温彻斯特，在那儿住几个星期，看看莱福德先生还能再做些什么，帮我恢复到尚可接受的健康状况。星期六我就要去那儿了，我几乎不用说我最亲爱的卡桑德拉会和我一起。因为只剩两天，你尽可相信我现在的确是个十分孱弱，需要搀扶的病人。旅途只有 16 英里。住在温彻斯特，我们好心的朋友希思科特太太已经为我们安排了舒适的住所，同时安排哥哥的马车，会特意将它送到史蒂文顿。喈，那是詹姆士·奥斯汀太太最善意的行事风格！——但她总的来说**不是**个慷慨的女人，至于对这座继承房产的维修，我亲爱的安妮，在那个方面不必对她有所期待——因为太晚，时间太晚了——而且，这个产业也许十年之内都不属于他们。我的姑妈十分强壮。F. A. 太太卧床的时间比我短得多，还能生个孩子。我们同时困在床上，这么久以来她已经大致恢复。我希望你不会经受更多病痛，我亲爱的安妮，无论你本人还是伊丽莎。在我的手变得更强壮之前，我无法尝试给她写信的快乐，但我珍惜她对此的邀请。相信我，我对你写的一切都很感兴趣，只是出于病人的自私只写了自己。我知道你一定会同情这个可怜的女人，相信她已经竭尽全力。这封信一定会让所有人很感兴趣！如果有可能，我会多么高兴除了美好祝愿外，再写点别的内容！可是你那么担心！每当遭遇痛苦，你总能带来安慰。皮〔尔金顿〕夫人甚至从巴黎向你写信寻求建议！这的确是强者对弱者的影响。加利盖伊·德·孔奇尼永远都是这样①。再见。继续给乔顿写信，两处应该经常交流。我尚未

---

① 利奥诺拉·加利盖伊（1517？—1617）是法国玛丽王后的最爱。她在被砍头前说过类似话语。

提起我亲爱的母亲，在我病得最严重时，她为我痛苦不已，但现在还不错。劳埃德小姐也十分关心。简而言之，倘若我能活到年老之时，我一定会期待现在死去，在失去任何人或他们的爱意之前，享受着这样一个家庭的温暖。我相信**你**也会满心遗憾地回忆起你的朋友简。可上帝已在让我恢复——但愿我**的确**被召唤之时，能比现在的我更适合出现在他的面前！无论疾病还是健康，相信我永远是你真心的朋友。

简·奥斯汀

希思科特太太将是很大的安慰，但我们见不到比格小姐，她游览了半个英格兰，正前往瑞士。

96. 致詹姆士·爱德华·奥斯汀

我最亲爱的爱德华：

　　我无法以更好的方式感谢你在我生病期间对我的深切关怀，只能尽快亲自告诉你我在持续好转。我不会吹嘘我的字迹；除此之外，也不会吹嘘我的脸庞恢复了原有的美貌，但其他方面我都在迅速恢复。现在我从早上9点到晚上10点都不在床上——的确是在沙发上——但我和卡斯姑妈一起用餐：以合理的方式，可以自己吃饭，能从一个房间走到另一个房间。莱福德先生说他会治愈我，如果他失败了，我将写个回忆录，把它放在院长和教士面前，无疑能得到那位虔诚、博学、无私之人的赔偿。我们的住所非常舒适。我们有个整洁的小客厅，从弧形的窗户可以俯瞰加贝尔博士的花园。感谢你的父母好心用他们的马车送我过来，我星期六的旅行只感到一丝疲劳，如果天气晴朗，我会毫不疲倦。可看着好心骑马陪我们过来的亨利叔叔和威廉·奈特几乎一路冒雨前行，我非常难过。我们期待他们明天过来，希望他们晚上住在这儿。星期四是坚振礼和假日，我们会让查尔斯·奈特出来吃早餐。我们只得到**他**这个可怜人的一次拜访，因为他在病房，希望今晚能出来。

我们每天都能见到希思科特太太，威廉·［希思科特］不久会来看望我们。上帝保佑你，我亲爱的爱德华。如果你什么时候病了，希望你能得到像我这样的温柔照料，希望这些满心焦虑、充满同情的朋友能够属于你，并带来同样的可喜缓解。我希望，也相信，你能拥有一切之中最大的幸福，即知道你并非配不上他们的爱。——**我**无法拥有这样的感觉。

你非常挚爱的姑妈
J. A.

如果我没有安排给你写信，你也许会再次收到你玛莎婶婶的来信，因为她让我向你转达她最真心的爱。

97. 致弗朗西斯？·蒂尔森

1817 年 5 月 28 日星期三？—5 月 29 日星期四

戴维斯太太，学院路，温彻斯特

……我的护理令人鼓舞，说要使我恢复健康。我主要待在沙发上，但也可以从一间屋子走到另一间。我坐轿子出去过一次，准备再去一次，若是天气允许就能乘坐马车。在这件事上，我只能再说说我最亲爱的姐姐，我温柔、谨慎、不知疲倦的护工，她尚未因为竭尽全力而导致生病。至于我对她的亏欠，对于此时我所有亲爱的家人的焦虑不安，我只能为此哭泣，祈祷上帝更加保佑他们。

……但我已是太想抱怨。这是上帝的旨意，无论次要原因①能起怎样的作用……

你会见到上校——一位非常体面、心怀善意、不拘礼节之人。他的妻子和妹妹都心地善良、乐于助人，我希望（既然时尚许可）她们穿上比去年更长的衬裙。

---

① 在基督教中，所有事情发生的主要原因都是上帝。

98. 卡桑德拉·奥斯汀致范尼·奈特

1817 年 6 月 18 日星期天

温彻斯特

我最亲爱的范尼：

如今的你对我来说加倍宝贵，因为我们失去了亲爱的她。她的确对你爱得最深，我也永远不会忘记你在她生病期间给她的爱的证明。你写给她温馨可笑的信件，我知道以你当时的心情本该写出截然不同的风格。请接收我能给你的唯一回报，相信你的慈爱行为**得到**了回应；你**的确**使她更加快乐。

即使你的最后一封信也带来了快乐。我只拆开封口便给了她；她打开信自己阅读，接着她递给我读，随后她和我稍稍讨论了信的内容，语气并非不快乐，然而她当时情绪低落，无法对任何事产生从前的兴趣。

从星期二晚上起，她再次陷入病痛后，出现了明显的变化，她睡得更多，也更加安稳，在最后的四十八小时里，她大部分时间都在沉睡而非清醒。她的容貌变了，她陷入昏迷，但我看不出明显的气力衰竭。虽然当时我对恢复不抱希望，我完全没料到会这么快失去她。

我已经失去一个宝贝，这样一位无与伦比的妹妹和朋友。她是我生命中的阳光，加深每一个快乐，抚慰每一个悲伤；我从未向她隐瞒任何想法，仿佛我已经失去了一部分自己。我太爱她了——她也当之无愧，但我知道我对她的情意有时让我对别人不够公平，有些忽视。不止作为普遍原则，我也能够承认，带来此番打击的手是公正的[①]。

你非常了解我，不会担心我的感情给我带来实质的痛苦。我完全清楚这是怎样一场无法挽回的损失，但我完全没被击垮，身体只有轻微的不适，只需一小段时间，通过休息和环境的改变就能消除。感谢上帝让我陪伴她到最后，虽然许多事情让我愧疚，但我深信自己从未有意忽略她的安适。

大约在她安静下来，显然陷入昏迷前的半个小时，她知道自己即将死去。那半个小时她在挣扎，可怜的人儿！她说她无法告诉我们是怎样的痛苦，她极少诉说具体的疼痛。当我问她是否想要什么，她的回答是她只想死去，包括这些话语："上帝给我耐心，为我祈祷，哦，为我祈祷！"她的声音变了，但她只要开口说话都能听清。

我最亲爱的范尼，希望我没有以这些细节让你心碎；我希望能在释放自己感情的同时满足你的心愿。我无法对其他任何人这样写信；事实上你是我唯一的写信对象，除了你的祖母——我星期五给她，而不是给你的查尔斯叔叔写了信。

星期四刚吃过晚餐，我就去镇上做一件你亲爱的姑妈急于做到的事情。我大约五点三刻回到家，发现她正从昏迷和痛苦中恢复；她的情况特别好，甚至能为我详细讲述她发作时的感受，钟

---

① 意为接受上帝的安排。

敲六点时她正安静地对我说话。

我说不清她之后多久又陷入同样的虚弱，接着是她无法言述的痛苦；不过莱福德先生被请来，他设法使她平静下来，到最晚七点时她处于一种平静无知觉的状态。从那时到她停止呼吸的四点半，她几乎一动不动，因此我们怀着对上帝的感恩之心，完全相信她的痛苦已经结束。我坐在她身旁，腿上放着一只枕头支撑她的头部，她的头有六个小时都几乎离开了床。因为疲劳我把位置让给 J. A. 太太两个半小时，然后换回来，大约半个多小时后她咽下最后一口气。

我能亲手合上她的双眼，能最后为她做那些事情对我而言是极大的满足。她的面部没有痉挛，让我们知道她没有承受痛苦。相反，除了头部的不断移动，她看上去像是一座美丽的雕塑。即使现在，她躺在灵柩里，面容甜美宁静，让人凝视她的脸庞时依然感到愉悦。

我最亲爱的范尼，你今天得到了这令人悲痛的消息，我知道你非常痛苦，但我也知道你会向源头寻求安慰，我们仁慈的上帝绝不会听不见你虔诚的祈祷。

最后的伤心仪式将在星期四上午举行；她可爱的身躯将被置于教堂之中。想到她要躺入令她非常仰慕的建筑让我感到欣慰；我希望她宝贵的灵魂安息于一座更壮观的府邸。但愿有朝一日我能与她重逢！

你亲爱的爸爸，你的亨利叔叔，弗兰克，爱德华·奥斯汀而非他的父亲将会参加。我希望他们因为虔诚的付出，谁都无需承受长久的痛苦。仪式必须在十点前完成，因为教堂礼拜那时开始，因此我们会早早回到家，因为之后没有什么需要我们留下。

你的詹姆士叔叔咋天来了，今天会回家。亨利叔叔明天上午去乔顿；他已经在这儿做了一切必要安排，我想他在那儿的陪伴会很有好处。星期二晚上他会再回到我们身边。

当我开始时没想到会写这么长的信，但我发现自己停不下来，希望我给了你更多的快乐而非痛苦。请代我问候 J. 布里奇斯太太（我真高兴她此时和你在一起），给莉齐和其他所有人我最真心的爱。

我最亲爱的范尼，我是——

你最挚爱的
卡斯·伊丽莎白·奥斯汀

我没提及乔顿的任何事情，因为我相信你能从你爸爸那儿得知。

99. 卡桑德拉·奥斯汀致范尼·奈特

1817 年 7 月 29 日星期二

乔顿

我最亲爱的范尼：

我刚刚第三次阅读你的来信，衷心感谢你对我本人每一句善意的话语，更感谢你对她的热情赞扬，我相信你比包括我在内的任何人对此更加清楚。什么也不及你写起她时的态度更令我满意，如果这位可爱的天使知道这儿发生的一切，并且尚未超越所有的尘世感情，她或许会因为被如此怀念而感到喜悦。假如**她**是存活者，我能想象她会以几乎同样的语言说起**你**。你们的性格当然在很多方面极其相似；你们彼此的熟悉与相互的深情完全对等。

星期四对我而言没有你想象的那么可怕。有太多事情需要去做，所以没时间感受更多的痛苦。一切都进行得无比平静，若不是我决心待到最后，聆听众人的话语，我会不知道他们何时离开了屋子。我注视着一条街长度的小小悼念队伍，当它离开我的视线时，我已经永远失去了她。即便那时我也没有无法承受，也不及此刻写起时这么激动不安。谁也比不上这个可爱的人儿，被见到她遗体的人们如此真心哀悼。但愿她离开尘世带来的悲伤，预示着她将在天堂获得的喜悦！

我的身体依然不错——远超任何人的想象，因为我在过去几个月的确非常疲惫并伤心痛苦。但我真的很好，我希望我对上帝的帮助表达了足够的感激之情。你的祖母也比我回家时好多了。

我觉得你亲爱的爸爸气色还不错，我知道他从温彻斯特回家后，似乎比之前好多了。我无需告诉你他给我带来了多大安慰；事实上，我怎样都道不尽从他和每一位朋友那儿得到的善意。

我出门很多，能够做点事。当然那些事情对我非常适合，能让我尽情想念已经失去的她，我的确会想起各种情形下的她。我们亲密交谈的快乐时光，因为她而更加愉悦的家庭聚会，她躺在病房里，她临终之时，以及（我希望）作为天国的子民。哦！如果有一天我能和她在那儿重逢该多好！我知道我对她不再朝思暮想的时候终将到来，但我不愿想到这些。如果我更少想到她在尘世的样子，愿上帝让我永不停止地想着她住在天国，永不停息我想和她一起前往那儿的卑微努力（愿能取悦上帝）。

在阅读我手中的一些宝贵资料时，我发现了一些备忘录，其中她希望把她的一根金链子给她的教女路易莎，还有她的一缕头发是留给你的。你无须担忧，我最亲爱的范尼，你亲爱的姑妈的每一个要求对我都很神圣。请好意告知你想要个胸针还是戒指。上帝保佑你，我最亲爱的范尼。

相信我是你最挚爱的
卡斯·伊丽莎白·奥斯汀